KB018359

유라시아 횡단 인문학

유라시아 횡단 인문학

beyond the Eurasian Humanities

유라시아를 여행하는 한 방법

김규종

글누림

머리말

21세기 한국인은 유라시아 대륙을 잊어버리고 살아간다. 반도라는 개념도 희미하게 존재하는 듯하다. 하지만 우리는 반도 아닌 섬에서 살아간다. 휴전선 철책으로 갈라진 남과 북의 자유로운 왕래가 불가능한 까닭이다. 남북한이 서로 분단되어 다른 정치체제를 수립한 지 어언 70년 넘는 세월이 지나갔다. 일제강점기는 물론 해방공간에서도 경성이나 평양에서 열차를 타면 육로로 북경이나 이르쿠츠크, 모스크바, 파리까지 도달할 수 있었다. 그때 한반도는 섬이 아니라 유라시아 대륙의 일부였다. 용정과 상해, 우수리스크와 하얼빈, 블라디보스토크를 오갔던 윤동주, 김구, 안중근의 길도 육로였다.

『유라시아 횡단 인문학』은 우리가 오랜 세월 망각한 과거를 되살림으로써 오늘의 우리를 돌아보고자 한다. 과거를 알고 현재를 응시하며 미래를 기획하는 능력이야말로 인간을 진화의 사다리 정점에 올려놓은 원동력이 아닐까?! 하지만 오랜 세월 우리는 유라시아를 세분하고 조각내서 전문적이고 개별적으로 이해하고 수용했다. 상호 분리되고 독자적으로 작동하는 분과학문에 기초하여 유라시아를 바라보았다. 그 결과 우리는 역사의 눈으로, 혹은 철학과 문학 또는 예술의 프리즘으로 투영된 유라시아를 단편적으로 바라보는 것에 익숙하다. 유라시아를 전공하는 각 분야 전문가의 도움을 받아서 미시적인 관점으로 유라시아를 보아왔던 것이 일반적이다. 필자는 분과학문으로 개별화된 미시의 유라시아가 아니라, 거시와 통합의 관점에서 유라시아를 보고자 한다.

『유라시아 횡단 인문학』은 통합적으로 사유하는 인문학자의 눈으로 바라본 유라시아를 소개한다. 이 서책은 러시아 문학을 연구하고 가르쳐온 연구자의 협소한 시각과 소박한 방법론에 기초하고 있다는 한계를 인정한다. 반면에 연구자는 특정한 분야에 정통한 전문가가 포착하는 고도의 전문성과 난해함의 장벽을 자유롭게 넘어서고자 노력한다. 그럼으로써 일반 독자에게 어렵지 않게, 하지만 여러 각도에서 유라시아 전반을 조감하고 사유하며 인식하는 기회를 제공하는 것이 서책의 집필 목적이다.

제1장에서는 인류문명의 시원(始原)을 기존에 알려진 4대 문명과 아울러 '초원문명'에서 찾고자 한다. 주지하듯이 4대 문명 가운데 이집트 문명을 제외한 나머지 세 문명은 모두 유라시아에서 발생했다. 최근 연구에 따르면 몽골고원에서 헝가리 초원에 이르는 유라시아 대륙의 광대한 지역에서 유서 깊은 초원문명이 발생했다고 한다. 따라서 19-20세기 유럽 제국주의가 창안해낸 4대 문명 개념으로는 인류 문명사 전체를 통관할 수 없다는 것이 정설로 자리를 잡아가는 듯하다. '선진서양 후진동양'이라는 오리엔탈리즘에 기초하여 성립한 4대 문명 개념을 확장-보완한다는 점에서도 초원문명에 관한 관심과 연구는 앞으로도 필요하고 유용한 작업으로 보인다.

제2장에서는 칼 야스퍼스가 정초한 '축의 시대(Achsenzeit)' 개념에 의지하여 유라시아의 동과 서에서 발흥한 종교사상과 경세제민의 방도, 자연철학을 일별한다. 오늘날의 아프가니스탄 북부 중앙아시아 지역에서 기원전 7세기 무렵 조로아스터(차라투스트라)는 불을 숭배하는 배화교를 창시한다. 기원전 10세기 무렵 인도에서는 우파니샤드 철학이 탄생하여 체계화된다. 우파니샤드 철학의 영향과 토대 위에서 고타마 싯다르타의 불교와 마하비라의 자이나교가 성립한다. 기원전 770년부터 기원전 221까지 550년 이어진 춘추전국시대에 '제자백가'가 등장하여 부국강병과 천하통일을 설파한다. 기원전 6세기 이후 그리스에서는 탈레스와 피타고라스를 비롯한 자연철학자들이 등장하고, 그리스 고전 비극의 대가들이 출현한다. 이 장은 유라시아 전역에서 동시다발적으로 발생한 철학과 사상의 지평을 살피는 공간이다.

제3장은 '유라시아와 육상제국'이라는 제목으로 유라시아를 '제국'이라는 키워드로 접근한다. 기원전 7세기 스키타이의 기마술과 전투기술을 도입하여 강력한 군사력을 확보한 아시리아가 제국을 형성한다. 그 이후 아케메네스 페르시아왕조를 대표하는 인물 다리우스 1세를 기점으로 본격화된 유라시아 세계제국의 시대가 어떻게 진행되었는지 살펴본다. 알렉산드로스의 세계제국과 '팍스 로마나'를 주창한 로마제국, 인도 아대륙을 풍미한 마우리아 왕조, 동아시아의 진나라를 필두로 성립한 중화제국과 그것의 안티테제인 흉노제국, 유라시아 최대판도를 이룩했던 대원제국, 환관 정화의 대규모 해상원정을 끝으로 해양제국 시대를 마감하고 육상제국으로 쪼그라든 명나라까지 흥망성쇠를 거듭했던 유라시아 제국의 이야기를 드러내 보인다.

여기에 인도의 무굴제국과 이슬람권의 아바스왕조, 지중해와 발칸, 아나톨리아와 북아프리카를 아우른 오스만제국, 중국의 청나라와 신흥제국 러시아도 논의에 포함된다.

제4장은 '유라시아와 해상제국'이다. 1000년 동안 이어진 가톨릭 지배의 중세에 움츠려있던 서유럽이 르네상스를 거쳐 세계사의 전면에 나서게 되는 지리상의 발견을 시발점으로 논의가 전개된다. 콜럼버스와 마젤란 등으로 대표되는 대항해시대의 개막과 신대륙의 발견으로 시작된 근대세계를 조망하고자 한다. 육상제국이 아니라 해상제국을 건설하려 했던 유럽 제국주의 발흥과 그 과정을 살펴본다. 유럽 제국주의는 자연과학과 기술 그리고 자본을 적절하게 혼합하여 계몽주의와 산업혁명을 확산하기에 이른다. 그들이 새롭게 형성해낸 자본주의와 국가 그리고 근대적인 의미의 제국을 들여다보고 거기 담긴 함의를 다채롭게 사유하고자 한다. 유럽의 해상제국 시대를 조명하는 작업은 21세기 현대세계를 이해하는 토대로 작동하기도 한다.

제5장 '유라시아와 한반도'에서는 한반도를 둘러싼 대륙과 해양세력의 각축을 다룬다. 호사가들은 한반도가 900여 차례에 달하는 침략의 역사를 경험했다고 말한다. 중국이 혼란과 통일을 겪을 때 한반도에서도 국가교체가 발생한다. 고조선 멸망과 한사군 설치, 고구려의 강성과 한사군 멸망, 당나라 성립과 나당연합군의 백제와 고구려 침공, 당나라 말기의 혼란과 5대 10국 시기의 후삼국 시대와 고려 건국, 원명 교체기에 성립된 조선왕조, 청나라 멸망과 같은 시기의 조선왕조 멸망 등이 그것을 입증한다. 663년 백제 부흥군과 왜의 연합군이 나당연합군에게 패배한 백강 전투 이후 한반도에서 물러났던 일본세력은 1592년 임진왜란으로 다시 한반도에 개입한다.

1868년 메이지유신으로 근대국가의 기틀을 마련한 일본은 1876년 강화도 수호조약을 필두로 1895년 을미사변, 1905년 을사늑약과 1910년 경술국치에 이르기까지 파죽지세로 한반도를 침탈한다. 이런 역사적 사변을 사마천의 『사기』와 김부식의 『삼국사기』 그리고 『일본서기』 같은 역사서에 기초하여 생각해 본다.

제6장은 '유라시아와 동서고전'이다. 축의 시대 이후로 오늘에 이르기까지 숱한 고전이 인류의 등불이 되어왔다. 그 가운데서 장자의 날카롭고 호쾌한 『장자』, 불가의 신비로운 서책 『벽암록』을 동양고전의 정수로 선발하여 생각해본다. 홀연히 자취를 감춘 노자와 달리 저잣거리로 숨어든 시대의 풍운아 장자 이야기는 21세기 현대에도 적잖은 가르침을 줄 것이다. 『벽암록』은 수행자들만의 이야기가 아니라, 세상만사를 자유자재로 통찰하는 불가의 도저한 시각을 제공한다. 반면에 칼라일의 『영웅의 역사』는 세계사를 소수의 뛰어난 영웅이 주도한다는 영웅 사관에 기초한다. 나중에 비판을 받기는 했지만, 칼라일의 관점은 셰익스피어를 인도와 바꾸지 않겠다는 주장으로 확연히 드러난다. 에스파냐의 철학자 오르테가 이 가세트가 남긴 명저 『대중의 반역』은 20세기 초에 기하급수적으로 늘어난 대중의 출현을 국가와 대륙으로 확장하면서 유럽의 세계지배를 당연시하는 오리엔탈리즘의 시각까지 보여준다. 그러나 비판적인 관점으로 서책을 읽어간다면 상당한 교훈을 얻을 수 있을 것이다.

제7장은 '유라시아와 근대문학'이다. 19세기 문학은 어떻게 근대를 인식했는가, 하는 관점에서 출발한 내용이 제7장에 담긴다. 18세기 영국을 필두로 전개된 산업혁명은 정치혁명의 꽃이라 불리는 1789년 프랑스 대혁명과

1810년 훔볼트 대학으로 구체화한 도이칠란트의 정신혁명과 더불어 현대를 형성하는 주춧돌로 작용한다. 이런 사유와 인식에 근거하여 메리 셸리의 장편소설『프랑켄슈타인』을 중점적으로 조명한다. 피조물인 인간의 한계를 넘어서 창조주가 되려는 19세기 프로메테우스적인 도전과 비극적인 결론을 유추하는『프랑켄슈타인』을 통해 당대 유럽인과 유럽 사회를 살펴본다. 현대의 과학소설과 과학영화가 빚지고 있는『프랑켄슈타인』에 나타난 근대성과 과학주의, 식민주의와 오리엔탈리즘 등을 다층적으로 천착하고자 한다. 19세기 유럽 문학에는 괴테의『파우스트』와 위고의『레미제라블』, 톨스토이의『전쟁과 평화』같은 기막힌 작품들이 곳곳에 포진하고 있다. 그러나 지난 세기들과 확연하게 작별하고 인류가 마주한 근대성을 정면으로 포착하고 있다는 점에서『프랑켄슈타인』을 살펴보려고 한다. 여기 덧붙여 도스토예프스키의『지하생활자의 수기』, 조리스 위스망스의『거꾸로』와 나쓰메 소세키의『풀베개』까지 간략하게 일별해 보고자 한다.

제8장은 '유라시아와 격동의 20세기'로 지난 20세기의 얼굴을 돌아보고자 한다. 러시아의 10월 혁명과 제1-2차 세계대전을 서술의 중심에 두고 혁명과 반혁명, 전쟁과 평화의 세기를 그려낸다. 제2차 대전은 인류가 치른 전쟁 가운데 가장 많은 사상자를 냈으나, 동시에 제국들의 식민지가 해방되고 아시아와 아프리카를 중심으로 수많은 신생국이 탄생하는 배경이기도 하다. 오늘날 세계국경을 만들어낸 전쟁의 참화와 그 이후 70년 넘도록 이어지고 있는 장기간의 평화라는 모순적인 면모를 입체적으로 접근하고자 한다. 파스테르나크의 장편소설『지바고 의사』를 추가함으로써 소설에 그려진 1905년 러시아 혁명과 제1차 대전, 10월 혁명, 내전과 신경제정책, 스탈린

의 권력 장악, 제2차 세계대전 및 스탈린의 죽음까지 살펴보려고 한다. 제1차 산업혁명의 뒤를 이어 제2-3차 산업혁명이 잇달아 발생함으로써 20세기에는 인간의 삶이 근본적으로 뒤바뀌게 된다. 전기 에너지와 테일러 시스템으로 대표되는 자동화 공정, 석유로 가동되는 내연기관과 자동차의 등장이 제2차 산업혁명의 핵심이라면, 1970년대의 제3차 산업혁명은 컴퓨터, 통신, 소프트웨어를 축으로 하는 전자-정보 혁명이라 말할 수 있다.

제9장 '유라시아와 21세기'에서는 제4차 산업혁명이 전개되고 있는 21세기의 지금과 여기를 살펴볼 것이다. 2016년 3월 한국과 세계를 뜨겁게 달군 이세돌 9단과 알파고의 대결을 필두로 하여 드론과 3차원 인쇄기, 자율주행 자동차와 사물 인터넷 등이 불러일으킬 근본적인 변화양상을 분석할 것이다. 여기에 여성 인공지능 운영체제 사만다와 사랑에 빠진 인간 남성 테오도르의 이야기를 그려낸 영화『그녀 Her』를 살펴봄으로써 인간과 인공지능(사이보그) 사이에 어떤 교감과 사랑이 가능할 것인지도 들여다볼 것이다. 그리함으로써 유발 하라리가 제기하는 호모사피엔스의 종말과 '호모 데우스'가 진정 가능할지, 하는 문제도 생각하고자 한다. 아울러 외부로부터 변화를 강요당하고 있는 대학의 실체를 다면적으로 살핌으로써 21세기 인류 공동체의 지속 가능한 생존과 미래기획을 모색하려 한다. 1810년 설립된 훔볼트 대학 이후 근대적인 지식의 보고였던 대학이 오늘날 맞이하고 있는 위기를 어떻게 극복할 것인지 하는 문제를 예일대 석좌교수이자 세계주의자인 임미누엘 월러스틴의 시각을 빌려 조명하고자 한다.

『유라시아 횡단 인문학』은 특정한 전문분야에 기초하여 제한된 시공간이나 인물, 역사와 철학 혹은 문학을 천착한 기존의 서책과 다르다. 필자가 오랜 시간 공들여 탐독하고, 사유하고, 기록하고, 고민한 내용을 여러 각도와 층위에서 서술한 서책이기 때문이다. 내로라하는 '유라시아 전문가'는 아니지만, 필자는 러시아와 유라시아를 오래도록 사유하고 고민해온 사람이다. 유라시아 시공간이 함유하는 규모는 개인이 가늠하기 힘들 정도로 유구하며 장대하다. 그래서 지금까지 출간된 서책들이 '코끼리 다리 만지기 식'으로 집필된 것도 사실이다. 『유라시아 횡단 인문학』은 그런 허점을 나름대로 극복해보려고 한다. 난해한 전문성과 그로 인해 발생한 지나친 세분화를 극복하여 통합적 시각을 확보하고, 가독성 높은 글쓰기와 신천옹의 통합적인 시야와 전망을 획득하고자 한다. 서책 곳곳에 양념처럼 역사와 사건 및 인물과 결부한 영화를 소개해 놓았다. 이 또한 독자들의 이해를 높이기 위한 시도였음을 밝혀둔다. 결론적으로 우리가 아침저녁으로 언론에서 마주하는 '신남방정책'과 '신북방정책', 중국의 '일대일로'같은 거대한 기획에 잠재해 있는 유라시아의 여러 면모를 독자 여러분에게 소개하고자 한다. 강호 제현의 질정과 지도편달을 기대한다.

2020년 7월
복현동 연구실에서
김규종

차 례

1부

유라시아의 포괄적 이해

1.
유라시아와
인류문명

4대 문명과 초원 문명

지구에는 모두 7개의 대륙이 있다. 아시아, 아프리카, 유럽, 북아메리카, 남아메리카, 오세아니아, 남극이 그것이다. 유라시아(Eurasia)는 유럽과 아시아를 하나의 대륙으로 일컫는 말이다. 북아메리카와 아시아의 경계를 이루는 베링해협에 위치하며 추코트카 자치구에 속하는 라트마노프(Ratmanov) 섬이 유라시아 동단이다. 얼음의 나라 아이슬란드가 유라시아 서단에 자리한다. 북유럽의 노르웨이, 스웨덴, 핀란드 세 나라와 러시아 북부지역이 유라시아 북단에 위치한다. 호주 북부에 자리한 세계최대 무슬림의 나라 인도네시아가 유라시아 남단을 이룬다. 이것이 자연 지리적인 의미의 유라시아다.

문명사적인 시각으로 유라시아를 보면, 서쪽으로는 아일랜드와 영국, 동쪽으로는 러시아와 일본이 가장 끝에 자리한다. 유라시아 면적은 대략 5300

만 평방킬로미터, 세계인구의 3분의 2인 50억이 유라시아에 거주한다. 지구상에서 유라시아만큼 거대하고 역사-문명적으로 중요한 지역은 존재하지 않는다. 일부 연구자들은 아프로-유라시아라는 개념을 쓰기도 하는데, 유라시아에 아프리카를 더한 개념이다. 수에즈 지협으로 유라시아와 아프리카가 연결되어 있고, 호모사피엔스의 출발지가 아프리카이며, 유구한 이집트 문명이 아프리카에서 발생했다는 사실 등이 아프로-유라시아 개념정립의 토대로 작용한다.[01]

우리가 유라시아에 주목하는 이유 가운데 하나는 이집트, 메소포타미아, 인더스, 황하 문명으로 불리는 세계 4대 문명 때문이다. 대략 1만 년 전에 시작된 신석기 혁명 이후에 인류는 수렵-채집 생활과 작별하고 농경과 목축에 기초한 생산경제로 이동한다. 서아시아의 메소포타미아 지역에서 시리아와 팔레스타인을 거쳐 이집트의 나일강에 이르는 비옥한 초승달 지대에는 밀과 보리, 양과 염소가 야생하고 있어서 농경과 목축에 알맞았다. 기원전

---

01 유라시아의 동서가 직간접적인 교류와 소통으로 긴밀하게 연결되어 있었다면, 아프리카는 클레오파트라가 통치했던 프톨레마이오스 왕조가 기원전 31년 악티움 해전에서 로마의 옥타비아누스에게 패배하여 이듬해 멸망한 후에는 유라시아와 연결고리가 끊겼다고 봐야 한다. 아프로-유라시아를 언급하는 연구자들 역시 사하라 이북의 아프리카를 고려한다. 지중해 남부와 사하라 이북에 존재한 이집트 문명과 무어(Moore)인으로 표상되는 이슬람세력을 염두에 두고 있다. 실제로 사하라 이남의 아프리카와 사하라 이북의 아프리카는 지역적-역사적-문명적으로 격절(隔絶)되어 있다.

6500년 것으로 보이는 세계 최고(最古)의 농경생활 유적은 메소포타미아의 자르모(Jarmo)에서 발견되었다. 자르모 유적에서는 밀과 보리는 물론, 양과 소의 뼈 화석도 출토되었다.

유라시아 지도를 북에서 시작하여 남으로 통관해보면 유라시아 최북단에는 영구동토지대인 툰드라가 자리한다. 툰드라 아래 삼림지대가 있고, 그 아래는 삼림초원지대이며, 삼림초원지대 아래 초원지대가 있다. 초원지대 아래는 반사막지대이며, 반사막지대 아래는 사막지대다. 이집트의 나일강과 서아시아의 메소포타미아, 인도의 인더스 유역 연 강수량은 200mm 미만으로 반사막지대에 속한다. 반면에 황하 유역의 연 강수량은 500-700mm 정도다. 따라서 습윤(濕潤)지대가 아닌 반사막지대와 건조지대에서 인류 최초의 문명이 발생한 것이다. 이집트와 유프라테스, 인더스의 대표작물은 밀과 보리이며, 황하의 대표작물은 조와 수수로 알려져 있다.

기원전 3000년 전후한 시기에 이집트의 멤피스, 메소포타미아의 우르와 우루크, 인더스의 하라파와 모헨조다로, 황하의 은허 같은 지역에 도시 문명이 탄생한다. 이것을 가리켜 세계 4대 문명이라 한다. 문명탄생을 가능하게 한 배후에는 공통으로 커다란 강이 있다. 나일, 티그리스와 유프라테스, 인더스와 황하가 그것이다. 건조지역에 자리한 4개의 지역에서 어떻게 대규모 농업 공간이 형성될 수 있었는지, 하는 의문이 생겨난다. 연구자들에 따르면, 이 강들은 주기적으로 범람하여 중하류지역에 비옥한 토양이 마련될 수 있었다고 한다.

6650 킬로미터의 나일강은 5월부터 수량이 증가하기 시작해서 8월에 절

정에 이른다. 그 후에는 수량이 감소하여 이듬해 1월부터 4월까지는 낮은 수위를 보인다. 나일강의 범람은 상류 지역인 에티오피아 고원지대에 쏟아지는 계절적인 강우가 원인 제공자로 지적된다. 에티오피아 고원지대에 내리는 비가 나일강 전체수량의 80%를 차지한다는 통계가 그것을 입증한다. 메소포타미아의 티그리스와 유프라테스 역시 연중 두 차례에 발생하는 정기적인 범람으로 비옥한 토양이 형성되었다. 총길이 3200 킬로미터에 이르는 인더스강은 카일라스[02] 인근에서 발원하여 눈과 빙하가 녹은 물을 싣고 북서쪽으로 히말라야산맥 기슭을 따라 흐른다. 중상류 계곡지역에 하라파가, 하류 지역에 모헨조다로 유적이 남아 있다. 티베트 동부 고원지대에서 발원하여 5464 킬로미터를 흐르는 황하는 그 유역에 난주, 서안, 개봉, 제남 같은 도시를 낳았다. 홍수로 쓸려온 비옥한 성분의 토양이 축적되어 농경이 가능했던 황하의 중하류와 지류 유역의 구릉지에서 발생한 문명이 황하 문명이다.

문명이 발생한 네 지역의 또 다른 공통점은 문자의 발명이다. 문자는 지식과 정보를 보존-전달하고, 국가를 통치하며, 문명을 발전시키는 필수적인 요소다. 인간의 기억은 정확하지 않을 뿐 아니라, 선택적 기억으로 인한 오류도 적지 않다. 더욱이 구전으로만 전해지는 기억의 대물림은 숱한 오류의 온상이다. 이런 맥락에서 지식과 정보의 생산과 전달, 유통과 보존을 위한

---

02   카일라스는 티베트 남서쪽 오지에 피라미드 형상으로 우뚝 솟은 해발 6714미터의 산이다. 불교와 힌두교, 자이나교의 성산으로 불가에서는 카일라스를 수미산(須彌山)이라 부른다.

│ 로제타석. 높이 114센티미터, 폭 72센티미터, 현무암 재질, 대
영박물관 소장. 위로부터 이집트 상형문자, 민용문자, 그리스
알파벳의 표기 방식

최적의 수단은 문자일 수밖에 없다. 문자라는 기록수단을 가지고 4대 문명 창시자들과 후계자들은 각자의 역사와 문화, 정치와 경제를 발전시킨다.

4대 문명에서 사용된 문자들은 상형문자라는 공통점을 가지고 있다. 어떤 모양이나 형태를 모방해서 만든 문자를 상형문자라 한다. 1799년에 발견된 로제타석에 새겨진 이집트 상형문자인 히에로글리프(Hieroglyph), 기원전 3000년 무렵부터 수메르인들이 사용하기 시작한 메소포타미아 지역의 쐐기문자(설형문자)[03], 아직도 완전하게 풀리지 않은 수수께끼의 인더스문자, 현대까지도 널리 통용되는 황하의 한자(漢字)는 하나같이 상형문자의 형태를 가지고 있다. 문자는 국가를 유지-발전시키는 동력이었을 뿐 아니라, 지배와 피지배계급을 나누는 수단이 됨으로써 불평등한 인간세계의 강력한 원인 제공자로도 기능하게 된다.

고대 그리스의 역사가이자 『역사 Historiae』의 저자인 헤로도토스(기원전 484-기원전 425)는 "이집트는 나일강의 선물"이라는 명언을 남겼다. 나일강은 이집트가 없어도 존재할 수 있지만, 나일강 없는 이집트는 생각할 수 없다는 것이다. 이집트 문명은 나일강에 터를 잡고 기원전 3100년 무렵 멤피스를 중심으로 파라오(Pharaoh) 체제를 성립시킨다. 이집트 문명은 기원

---

03   지금까지 알려진 인류 최초의 문자는 수메르 문자로, 기원전 3000년 무렵부터 사용된 상형문자다. 수메르 문자는 훗날 획으로 이루어진 쐐기문자(설형문자)로 변형된다. 쐐기문자는 수메르인부터 페르시아인까지 3000년 이상 서남아시아 여러 민족이 사용했다.

전 525년 페르시아 제국에게 멸망할 때까지 2600년 장구한 세월을 유지한 역사를 자랑한다. 고왕국, 중왕국, 신왕국으로 삼분하고, 각각의 왕국에 모두 합해 26왕조가 존립하고 사라진 것으로 역사가들은 기술하고 있다.

한국의 성서에서 아직도 '바로'라고 표기돼있는 파라오는 고대 이집트의 정치와 종교의 최고수장을 가리키는 말이다. 파라오는 '두 땅의 주인'이자 '모든 사원의 수장'이라는 두 가지 의미의 호칭이다. '상이집트'와 '하이집트' 모두를 통치하는 정치적인 군왕이자, 지상의 신으로 제사를 집전하고 신전을 건설하는 존재가 파라오였다. 아크나톤(Akhnaton)이나 투탕카멘(Tutankhamen) 같은 파라오가 유명하지만, 역사적으로 흥미로운 파라오는 람세스(Ramses) 2세. 기원전 1279년부터 1213년까지 66년 동안 파라오 자리에 있은 인물이다.

성서『출애굽기』에서 람세스 2세는 폭군이자 동시에 이스라엘 사람들을 가혹하게 핍박한 인물로 그려진다. 그것에 기초하여 세실 데밀 감독이 연출한 〈십계〉(1956)나 만화영화 〈이집트 왕자〉(1998) 등은 람세스 2세를 폭력적이고 잔악한 통치자로 그려냄으로써 실제의 람세스 2세를 크게 훼손한다. 프랑스의 이집트 전문 고고학자인 크리스티앙 자크(Christian Jacq)는 아랍세계와 이집트 문명을 향한 기독교와 서양문명 그리고 미국의 역사왜곡에 반기를 든다. 그는 고고학을 버리고 장편소설『람세스』(1997)를 출간한다. 이집트 문명의 마지막 왕국인 신왕국의 절정기를 통치한 람세스 2세를 여러 각도에서 천착한 소설이『람세스』다.

소설에서 흥미롭게 그려진 대목은 철기 문명의 대표자 히타이트와 청동기

| (상단 왼쪽부터) 영화 〈십계〉 · 〈이집트 왕자〉 포스터, 람세스

문명의 대표주자 이집트가 벌인 카데시(Kadesh) 전투다. 람세스 2세가 친히 대군을 몰고 철제무기로 무장한 히타이트의 무와탈리스(Muwatallis) 2세와 기원전 1274년에 팔레스타인 지역의 지배권을 둘러싸고 오늘날 레바논과 시리아 국경 부근인 카데시 들판에서 맞붙은 싸움이 카데시 전투다. 양군의 전술과 전투대형이 세세하게 알려진 인류 최초의 거대 전투이자, 5-6천 대에 이르는 사상 최대 규모의 전차들이 맞붙은 전투이기도 하다. 이집트 전차에는 마부 1인과 사수 1인이 탑승했고, 히타이트의 전차에는 마부 1인과 사수 1인 외에 전투병 1인이 추가로 탑승했다고 전한다. 카데시 전투가 끝난 15년 뒤 이집트와 히타이트는 상호불가침조약을 맺는다. 이집트가 승리를 거두지 못한 전투였지만, 자크는 람세스의 영웅적인 면모를[04] 부각한다.

『람세스』에서 자크는 실증적인 고고학이 아니라, 문학적 상상력을 동원

---

04 이것에 관한 본보기로 아부심벨 하나만 생각해보자. "아부심벨 신전은 람세스 2세를 기리기 위해 3000년 전에 건축되었다. 60년 넘게 이집트를 다스린 위대한 파라오 람세스 2세는 정치적인 영향력을 대내외에 과시하고자 크고 작은 기념물을 남겼다. 그 하나가 이집트 남부 아부심벨에 세운 거대한 신전이다. 히타이트와 결전을 벌인 카데시 전투의 승리를 기념하려고 이집트 남부 사암층을 뚫어 왕을 위한 대신전과 왕비 네페르티티를 위한 소신전이 만들어진다. 신전은 정면 높이 32미터, 너비 38미터이며 안쪽으로 63미터를 파고 들어갔고, 입구에는 높이 22미터에 이르는 람세스 2세의 좌상 4개를 세웠다. 신전의 규모도 경이롭지만, 더욱 놀라운 것은 신전 안쪽 깊숙한 내부 성소에 매년 두 번, 람세스 2세가 왕위에 오른 즉위 기념일(10월 22일)과 람세스 2세의 생일(2월 22일)에 태양이 비추도록 설계했다는 사실이다. 이것은 3000년 전 태양의 움직임을 면밀하게 계산할 수 있었던 이집트의 빛나는 천문학 지식과 건축기술 덕분에 가능했다. 『세계일보』, 최현태, 2019.8.17.

하여 독자를 경탄하게 한다. 자크는 람세스 2세가 다스리던 이집트가 당대 세계최강의 군사 강국이자 문화 대국이라고 기록한다. 소설 끝에서 그는 그리스의 장편 서사시 『일리아스』와 『오디세이야』의 작가인 호메로스를 이집트의 나일강 하구에 자리한 알렉산드리아로 오게 한다. 대단히 흥미로운 대목이다. 호메로스의 생몰연대는 정확히 알 수 없지만, 그의 서사시는 대략 기원전 8-9세기에 집필된 것으로 알려져 있기 때문이다. 기원전 13세기의 통치자 람세스 2세가 다스리던 이집트로 기원전 8-9세기의 서사시인 호메로스를 데리고 들어오는 크리스티앙 자크.

최소 400년 이상의 시차가 나는 두 사람을 람세스 2세의 시공간으로 등장시키는 자크의 상상력은 비상하다. 더욱 흥미로운 점은 호메로스가 강제로 이집트에 들어오는 것이 아니라는 사실이다. 자크에 따르면, 호메로스는 그리스에 살면서도 동시대 최고 수준의 문화와 예술의 나라 이집트를 선망의 대상으로 생각했다는 것이다. 그리하여 호메로스는 삶의 마지막을 자신의 조국 그리스가 아니라, 이집트에서 마무리하겠다는 생각을 했다고 한다. 자크의 상상력이 얼마나 많은 독자를 설득시켰는지는 미지수다. 하지만 이집트를 비롯한 아랍세계와 이슬람을 바라보는 서구인들의 왜곡되고 편협한 시각과 미국과 구약성서 중심의 관점에서 벗어나고자 하는 작가의 의도는 제대로 관철된 것 같다.

메소포타미아 문명은 티그리스강과 유프라테스강 사이에 자리하는 메소포타미아 평원에서 발흥한 문명이다. 기원전 3000년 무렵 수메르인이 메소포타미아에 정착하여 우르와 우루크 같은 도시국가를 건설한다. 이런 까닭에 메소포타미아 문명을 말할 때 우리는 수메르 문명을 거명하게 된다. 메소포타미아 문명에서 단연 흥미로운 것은 『길가메시 서사시』다. 우리에게는 『일리아스』와 『오디세이아』가 친숙한 서사시겠지만, 인류 최초의 서사시는 『길가메시 서사시』로 알려져 있다. 우루크의 제1왕조 다섯 번째 왕인 길가메시가 폭정을 거듭하자 신들이 점토로 용감한 인간 엔키두를 만들어 길가메시의 버릇을 고치려 한다.

길가메시와 엔키두는 사력을 다해 결투를 벌이지만 승부를 보지 못한다. 싸우는 와중에 그들은 상대방에게 호감을 느끼고 싸움을 중지한다. 힘이 두 배로 커진 그들은 모험 행각을 벌이고 다니다가 레바논 삼나무 숲을 지키는 괴물 훔바바를 죽이게 된다. 그들은 이슈타르 여신이 보낸 황소마저 죽이는 바람에 분노한 신들이 엔키두를 죽이게 된다. 엔키두가 죽자 인생무상을 느낀 길가메시는 영생불사를 추구하다가 영생의 비밀을 알고 있는 유일한 인간 우트나피슈팀의 도움을 받아 불사의 약초를 구하게 된다. 하지만 우루크로 귀환하는 길에 길가메시는 목욕하다가 불사의 약초를 뱀에게 뺏김으로써 죽어야 하는 인간의 숙명을 수용하게 된다.

『길가메시 서사시』가 흥미로운 이유 가운데 하나는 성서에 나오는 '노아의 방주' 이야기와 우트나피슈팀이 전해주는 '홍수 이야기'의 닮은꼴 때문이다. 성서에서 신은 타락하고 사악해진 인간들을 벌하려고 홍수를 일으킨다. 반면에 『길가메시 서사시』에서 신들은 인간이 너무 많아지고 소란스러워진 탓에 그들을 징벌하고자 홍수를 일으킨다. 양자 모두 홍수를 매개물로 하여 인간을 징벌하는 신의 의지를 보여준다. 하지만 신은 정직한 인간을 선택하여 절멸을 피한다. 인간은 거대한 방주를 만들고, 그곳에 각종 동물 한 쌍을 태우고 대홍수를 맞이한다. 홍수가 지나가고 신이 선택한 인간은 산에 도착한 방주에서 나와 신에게 축복을 받는다.

연대기 순으로 보면 기원전 24세기 무렵 지어진 『길가메시 서사시』가 구약성서 가운데 창세기에 나오는 '노아의 방주' 이야기보다 앞선다. 성서가 『길가메시 서사시』에서 차용했다는 결론이 가능하다. 홍수설화는 『길가메시 서사시』 이외에도 기원전 1700년 무렵 바빌로니아에서 성립된 『아트라하시스 서사시』와 비슷한 시기에 창조된 수메르의 『에리두 창세기』에도 나온다. 그러므로 성서의 세계관 가운데 일부는 당대 서남아시아 지역에서 널리 통용된 설화[05]의 요소를 히브리 방식으로 재현한 것으로 생각할 수 있다.

함무라비 법전으로 널리 알려진 메소포타미아에서는 달의 운동을 바탕으로 한 태음력을 비롯하여 천문학과 수학이 발달하여 농업에 이용되었다. 태음력은 1년을 12개월, 1개월을 30일로 나누고, 3-4년에 한 번씩 윤달을 두었다. 천문학도 발달하여 일식과 월식이 일어날 날을 예측했다. 메소포타미

---

05   홍수설화는 비단 메소포타미아 지역의 전유물이 아니라, 유럽과 아프리카, 아시아 곳곳에서 찾을 수 있다. 만주족의 창세신화인 『천궁대전』에서는 창조의 여신 '아부카허허'에 적대적인 남성신이자 악마의 대표신인 '예루리'가 홍수와 연관돼있는 점이 흥미롭다. "예루리 때문에 산과 땅이 동요하고, 살이 잔혹하게 찢기고, 땅에는 물이 넘쳐나고, 비바람이 사방에 퍼붓고, 해와 달이 빛을 잃고, 유성이 하늘 가득 날아다니고, 만물이 참혹하게 망하였다." 『왜 우리 신화인가』, 김재용-이종주 공저, 도서출판 동아시아, 1999, 352쪽.

아에서는 60진법[06]에 따른 수학이 발달하여 곱하기와 나누기, 분수와 대분수까지 썼다고 전한다. 시간이나 각도를 재는 데도 60진법을 응용하여 1시간을 60분, 1분을 60초, 원의 각도를 360°로 나누었다. 7일을 1주일로 정하고, 하루를 24시간으로 나눈 것도 메소포타미아에서 유래되었다. 메소포타미아는 아나톨리아에서 발흥한 철기문화의 히타이트에게 기원전 16세기에 멸망함으로써 역사 속으로 사라진다.

인더스 문명은 기원전 2500년 무렵 오늘날 파키스탄에 속하는 인더스강 유역에서 성립되었다. 인더스 문명은 중상류에 자리한 하라파와 하류에 자리한 모헨조다로를 대표로 하는 도시 문명을 발달시켰다. 두 도시는 반듯한 도로망으로 연결된 계획도시로 목욕탕과 회의장, 곡물창고와 상하수도 시설 같은 공공시설을 완비했다. 이집트의 피라미드나 메소포타미아의 지구라트(ziggurat) 같은 거대 건축물이 부재하다는 점이 특징적이다. 이와 아울러 인더스 문명은 여타 문명에 비교해볼 때 그 자취가 많지 않다[07]. 인더스 문명의 창시자들은 드라비다족이며, 그들은 거대한 문명보다는 교역을 통한 상업문

---

06   메소포타미아에서 60진법이 발달하게 된 이유 가운데 하나는 효율적인 농지 배분이다. 숫자 60은 1과 자신을 제외하고도 2, 3, 4, 5, 6, 10, 12, 15, 20, 30의 10개 약수를 가진다. 60에 내재한 이런 특성을 메소포타미아 거주민들은 정확하게 이해하고, 농경생활과 같은 일상에 활용한 것이다.

07   모헨조다로에 남아 있는 인더스 문명의 유적 파괴양상이 심각해서 일군의 서방 고고학자들은 발굴된 유적을 다시 땅속에 묻어야 할 지경이라고 주장하기도 한다.

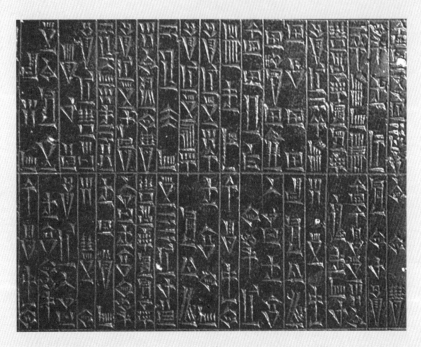

함무라비 법전. 기원전 1792-1750년 사이에 재위한 바빌론 제6대 함무라비 왕 시절에 만들어진 당대 최고의 법전. 아크드어로 기록돼 있고, 1901년 수사에서 발견되어 루브르 박물관에 소장.

명을 발전시킨 것으로 유명하다.

해마다 정기적으로 불어오는 계절풍, 즉 몬순을 이용하여 드라비다족은 메소포타미아와 교역했다. 인더스강은 인도양의 아라비아해로 흘러드는데, 인더스 문명 창시자들은 돛단배로 그곳을 출발하여 페르시아만을 거쳐 메소포타미아의 우르와 교역한 것이다. 인더스 문명은 기원전 1800년부터 쇠퇴의 길로 접어들다가 기원전 1500년 무렵 아리아인들에게 정복당한다. 일부 사람들은 인더스 문명을 일군 드라비다족이 흔적도 없이 사라져버렸다고 말하지만, 오늘날에도 드라비다족은 인도 남부와 스리랑카 등지에 거주하고 있다.

아리아인은 중앙아시아에서 유목생활을 하던 유럽계통의 백인 종족으로 철제무기를 사용하고 기마전술에 능숙했다. 인도 북서부 지역을 거쳐 인더스 문명을 침탈해 들어온 아리아인은 건조지역의 하라파와 모헨조다로를 버리고 동쪽으로 이동을 계속한다. 기원전 1000년 무렵에 그들은 연중 강우량이 풍부한 갠지스강 유역에 이르러 벼농사를 중심으로 하는 '습윤문명'을 창시하기에 이른다. 그런데 상형문자인 인더스문자는 대략 250-500자로 구성되었는데, 전문가들조차도 완전히 해독하지 못하는 상태가 계속되고 있다. 그런 연유로 인더스 문명의 실체는 아직도 온전하게 제 모습을 드러내지 못하고 있다.

황하 문명은 황하의 주기적인 범람과 그로 인한 토양의 퇴적에 기초해서 만들어진 문명이다. 황하의 하류 지역은 범람이 심각해서 농경은 불가능했기 때문에 황하 중류 지역을 중심으로 문명이 형성되었다. 중국사를 이야기할 때 하나라, 상나라, 주나라를 거명하는 일이 첫 번째 단계다. 아직도 하나라의 존재는 널리 받아들여지고 있지 않다. 지난 1900년 무렵 상읍(商邑)이 사마천의 『사기』에 기록돼 있는 '은허'라는 사실이 확인됨으로써 상나라는 그 실체를 인정받게 되었다. 은허 유적지에서는 거북의 등딱지와 수소의 견갑골(肩胛骨)에 명문이 새겨진 갑골문(甲骨文)이 다량 출토되어 황하 문명의 실재와 상나라의 실존을 확증했다.

청동기 문화에 기초한 상나라는 기원전 17세기 말부터 600여 년 계속된다. 기원전 1100년 무렵 유목계통의 주나라가 농경계통의 상나라를 멸망시키고 황하 문명을 계승하게 된다. 갑골문자에 바탕을 둔 한자가 주나라에 이르러 널리 사용됨으로써 관료들을 통한 지역통합에 이르게 된다. 유가의 주창자인 공자가 『논어』에서 일관되게 돌아가고 싶어 한 예(禮)의 본향은 주나라였다. '극기복례'의 '예'가 가리키는 것이 주나라의 예법이었다.

주나라 이후에 일관되게 천명(闡明)된 것이 '천명사상(天命思想)'인데, 그 것은 봉건제도의 핵심을 이루는 하늘의 명을 가리킨다. 하늘과 하늘의 명이 있고, 그것을 대행하는 천자가 있고, 천자를 보필하는 제후들이 있고, 그들을 다시 보필하는 대인, 귀인, 관인 같은 벼슬아치들이 있으며, 그들을 보좌하는 사농공상의 사민(四民) 계급이 존재했다. 사민 계급 아래 천민이나 노비 같은 최하층 계급의 사람들이 자리했다. 그리하여 천자에서 시작하여 천민과 노비에 이르는 수직적 구조의 위계질서가 만들어진 것이다. 이런 위계질서는 춘추전국시대에 동요하다가 통일왕조 진나라 이후에 다시 정립된다.

황하 문명에서 가장 흥미로운 점은 한자의 사용이다. 이집트와 메소포타

미아, 인더스 세 지역의 문명에서 사용된 문자는 오늘날 쓰이지 않는다. 그
것들은 고대문헌의 일부로 남아 있을 따름이다. 하지만 한자는 다른 삶을 영
위하고 있다. 동아시아 지역을 흔히 한자 문화권[08]이라고 부른다. 남북한과
중국-대만, 일본을 공통으로 묶어주는 문화 단위로 한자를 거명하기 때문이
다. 간자체를 쓰는 중국과 정자체를 고집하는 한국과 대만, 자기네 방식으로
한자를 정립시킨 일본. 나라마다 조금씩 형편은 다르지만, 아직도 한자를 통
한 필담이 가능한 지역이 동아시아다. 3천 년 넘는 장구한 세월을 견디며 이
지역의 문자와 언어생활을 주도한 한자의 생명력은 자못 놀라운 것이다.

초원 문명은 초원에 거주하는 유목민이 중심이 되어 형성된 문명을 일컫
는다. 유목민은 초원지대에서 양이나 소, 말, 낙타 같은 가축을 사육하면서
물과 풀을 찾아 주기적으로 이동하는 사람들을 가리킨다. 유목민 한 사람에
게 필요한 토지면적은 농경민의 100배 정도에 이른다고 알려져 있다. 환경

08　한자 문화권 또는 한자권에 대하여 동경대 사이토 교수는 흥미로운 견해를 제시한
다. 그에 따르면, 한자와 한문의 유통과 아울러 선비계층이 한자 문화권 성립에 필수
적이라는 것이다. 춘추 후기 이후 제후들이 객관적인 규범에 기반을 둔 가신(家臣)을
등용하기 시작했는데, 이들이 자유로운 지식인 '선비(사)'계층을 형성했다. 선비들은
전국시대에 영향력을 극대화하였고, 통일왕조 진나라 이후 문자통일 정책으로 한자
가 제국의 문자로 보편성을 획득한다. 한당(漢唐) 시대에 중국본토를 중심으로 1차
한자권이 완성된다. 한자는 외교문서에 사용됨으로써 한반도와 일본열도, 류구열
도(琉球列島)와 인도차이나반도 동부지역으로 확대되어 동아시아 중심의 2차 한자
문화권이 성립된다. 『한자권의 성립』, 사이토 마레시 지음, 허지향 옮김, 글항아리,
2018, 48-61쪽.

적 요인으로 인해 농경과 비교하면 현저하게 떨어지는 목축의 생산성이 원인이다. 대규모 홍수나 가뭄, 느닷없이 찾아오는 추위가 목축에 절대적으로 필요한 물과 풀을 고갈시켜버릴 위험이 상존(常存)했기 때문이다.

인류 역사에서 유목의 시작은 대략 9000년 전 소아시아(오늘날 터키) 지역에서 시작된 것으로 알려져 있다. 당시에는 돼지, 소, 말, 염소, 닭 같은 가축을 사육했는데, 훗날 말이 운송수단으로 활용되면서 돼지와 닭은 이동의 어려움 때문에 농경민들이 기르게 된다. 오늘날에도 유목민의 사육대상에 돼지와 닭은 배제되어 있다.

유목민은 건조지대나 반건조지대의 오아시스 정착민, 즉 농경민과 교류하면서 생계를 유지했다. 교류의 핵심은 탄수화물과 단백질이었다. 농경민은 보리와 밀, 수수 등을 재배함으로써 탄수화물을 생산했고, 유목민은 고기와 유제품 같은 단백질과 양질의 옷감을 만들 수 있는 가죽을 생산했다. 농경민에게 필요한 단백질과 가죽, 유목민에게 필요한 탄수화물이 적절하게 교환됨으로써 초원의 유목민과 건조지대의 농경민은 생계를 유지해 나갔다. 이동 생활자인 유목민이 정착 생활자인 농경민을 찾아가 교역하는 형태를 취했기 때문에 초창기 유목민은 상인 구실까지 병행했다고 전한다.

유목민이 발흥시킨 초원 문명은 북위 50도에서 40도에 이르는 지역에 있는 초원지대를 중심으로 분포하고 있다. 오늘날의 지명과 국가로 이야기해 보면 동유럽의 헝가리부터 흑해 연안의 러시아 남부지방과 광활한 중앙아시아와 시베리아를 거쳐 몽골초원에 이르는 거대한 공간을 아우른다. 이처럼 드넓은 지역에 유목민들이 거처를 마련하고 세력을 규합으로써 차례로 제국을 건설하면서 농경문명, 즉 4대 문명과 교류하면서 유라시아 역사의 주역으로 떠오르게 되었다는 것이 초원 문명의 고갱이다. 그런 까닭에 일부 대담한 연구자들은 초원 문명을 제5의 문명[09]으로 불러야 한다는 주장까지 펼치고 있는 형국이다.

실크로드와 문명교류

초원 문명이 의미 있는 것은 유라시아 동서 문명교류의 가교(架橋) 구실을 했다는 점에서도 찾을 수 있다. 동서양 문명교류는 오늘날에는 당연시되는 개념이지만, 태곳적에도 교류는 언제나 있었고, 그것을 위한 길 또한 존재해왔다. 우리에게 가장 익숙한 길은 실크로드, 비단길이다. 실크로드라는 말을 처음으로 만들어 쓴 사람은 도이칠란트의 지리학자이자 지질학자인 폰 리히트호펜(Ferdinand von Richthofen)이다. 그는 1877년부터 1912년까지 5권에 이르는 저작을 출간하는데, 『중국, 여행의 결과와 그것에 기초

---

09   예컨대 경희대 강인욱 교수는 이런 주장을 펼친다. "세계 4대 문명은 19세기 이래 세계를 식민화한 서구 기독교 세계관이 확장된 결과다. 메소포타미아 문명은 성서의 고향이라는 이유로 18세기 이후 집중적인 연구대상이 되었고, 이집트와 인더스 문명 역시 서구 식민화로 연구가 진행되었다. 초원 문명은 다른 패러다임에서 발생하고 발달했다는 점에서 제5의 문명이라 칭할 수 있다. 초원 문명은 기원전 3500년 무렵 시작되어 스키타이를 거쳐 흉노 때 제국을 세웠고, 몽골제국에서 정점에 도달했다." 『유라시아 역사기행』, 강인욱 지음, 민음사, 2015, 28-30쪽.

한 연구 China, Ergebnisse eigener Reisen und darauf gegründeter Studien』가 서책의 원제다. 1877년에 출간한 제1권에서 리히트호펜은 비단 길[10] 용어를 사용한다.

실크로드를 생각하면 한국인들은 대개 중국과 로마를 떠올린다. 중국의 한나라와 그 수도였던 장안과 로마제국의 심장 로마를 잇는 장장 8천 킬로 미터에 이르는 동서 문물교류의 길 실크로드를 연상한다. 하지만 역사는 다른 사실을 말한다. 당시 로마제국을 중국에서는 대진국(大秦國)이라 불렀는데, 한나라도 대진국도 실크로드를 스스로 개척한 일도 없고, 실크로드 존재 자체를 알지도 못했다는 것이 정설이다. 오히려 동아시아의 한나라와 지중해 세계의 로마를 잇는 실크로드를 만들고 연결하여 교역로로 활용한 사람들은 중앙아시아 건조지역에 살던 유목민들과 그들이 세운 국가였다.

『고대문명교류사』와 『초원 실크로드를 가다』의 지은이 정수일 교수는 한반도의 대표적인 실크로드와 동서양 문명교류 전문가다. 그에 따르면, 실크로드에는 유라시아의 동서를 가로지르는 3대 간선, 즉 가장 중심이 되는 큰 길 세 개가 있고, 유라시아 남북을 세로로 관통하는 5대 지선이 있다. 그와 더불어 3대 간선과 5대 지선을 촘촘한 그물망처럼 얽혀주는 수많은 갓길과 샛길이 있다. 이렇게 그물망처럼 유라시아의 동과 서, 남과 북을 이어주는

---

10   비단길은 영어로 'Silk Road'인데, 그것은 폰 리히트호펜이 만들어낸 독일어 '자이 덴슈트라세 Seidenstrasse'를 문자 그대로 번역한 것이다.

| 실크로드(오아시스로)

빼곡하게 둘러친 높고 험준한 산을 이리저리 에둘러서 낸 오아시스로

길을 총칭하여 실크로드라고 한다. 그런 연유로 어느 특정한 한 두 개의 길을 가리켜 실크로드라고 부르는 것은 올바르지 않다는 결론이 나온다. 실크로드의 중추인 3대 간선에는 오아시스로, 초원길 그리고 해로(海路)의 세 가지가 있다. 사막과 사막을 연결하는 길이 오아시스로, 유라시아 북방 초원지대를 관통하는 것이 초원길, 배편으로 유라시아의 바다를 이어주는 길이 해로, 이들 세 길이 3대 간선이다. 3대 간선을 따라가면서 실크로드를 생각해보자.

유라시아 지도를 보면 히말라야산맥을 중심으로 세계의 지붕이라 불리는 파미르 고원이 자리한다. 파미르 고원 동쪽에 천산산맥이 있고, 서쪽에는 힌두쿠시산맥이 위치하는데, 천산산맥과 힌두쿠시산맥 아래 건조지역을 이어주는 길이 오아시스로다. 오아시스로는 한나라 무제 때 장건이 처음 개척하기 시작한 길로 알려져 있다. 만리장성 북쪽에 자리한 흉노가 장성 아래 위치한 한나라와 오랫동안 세력다툼을 벌이면서 초원지대를 장악한다. 우마(牛馬)도 그렇고 인간도 다니기 편리한 초원길을 흉노가 장악하는 바람에 한나라는 어쩔 도리 없이 초원길 아래로 장건을 보내 흉노세력을 이간질하려고 무진 애를 쓴다. 오아시스로가 만들어지게 된 것은 한 무제의 대(對) 흉노 전쟁에서 기원한다.

한나라와 흉노 사이에 벌어진 흉노 전쟁이 시작된 이유는 초창기 한나라가 성립된 직후인 기원전 200년에 한 고조 유방과 흉노의 선우[11] 묵돌이 맞붙은 평성(平城)의 '백등산(白登山) 전투'에서 기원한다. 진나라의 뒤를 이어 중원의 패자로 등장한 한나라 유방과 북방의 신흥강자로 우뚝 선 선우 묵돌의 피할 수 없는 승부가 벌어진 것이다. 32만 보병을 이끌고 유방이 거짓 후퇴하는 묵돌을 추격하다가 기병 중심의 흉노에게 포위당해 7일 밤낮 갇혀버린 곳이 평성의 백등산이다. 위기일발의 상황에서 유방은 묵돌의 아내 연지에게 후한 선물을 주어 퇴로를 열고 도주하게 된다. 이 사건을 '평성의 치욕', 즉 '평성지치(平城之恥)'라 한다.

백등산 전투 이후 한나라는 70년 넘도록 장성 북쪽의 흉노에게 쌀과 비단 같은 공물을 바치고 여인들을 보냄으로써 화친을 유지하는 조공정책을 실행한다.[12] 흉노와 맺어진 불평등 관계를 혁파하려고 기원전 127년부터 무제가 40년 정도 이어지는 흉노 전쟁을 시작하게 된다. 흉노 전쟁의 와중에 한

---

11   흉노의 왕을 '선우(單于)'라 부르고, 선우의 부인을 '연지(閼氏)'라 한다.

12   몽골 연구자로 유명한 경도 대학의 스기야마 마사아키 교수는 백등산 전투와 관련하여 흥미로운 견해를 피력한다. "한나라는 명분상으로는 흉노왕가의 인척이라는 지위에 의해, 실질적으로는 공물이라는 경제적인 공출을 통해 살아남을 수 있었다. 한 제국은 개국하자마자 흉노제국의 속국이 되었던 것이다. 백등산 전투는 흉노와 한이라는 두 제국의 전쟁에 머물지 않고 세계사에 획을 긋는 상징적인 의미를 갖고 있다. 이른바 유목민의 시대가 본격적으로 막이 오른 것이다. 그것은 '중앙 유라시아 시대'의 시작이기도 했다. 그것은 근대 서양식 국가의 '총과 탄약시대'와 '해양의 시대'가 시작되기 전까지 무려 2000년 동안 지속되었다." 『유목민의 눈으로 본 세계사』, 스기야마 마사아키 지음, 이경덕 옮김, 시루, 2013, 153-154쪽.

나라가 흉노세력을 피하려고 소규모 오아시스 국가를 정복하면서 개척한 길, 그것이 오아시스로다. 실크로드는 좁고 험한 산간오지로 이어진 오아시스로를 중국 사료에서 상당히 미화해서 오늘날까지 전해지고 있다는 것이 학계의 통설이다.

초원 실크로드라고도 불리는 초원길은 천산 북쪽의 오손(烏孫)과 서돌궐, 몽골제국 원나라 시기의 차가타이한국이나 오고타이한국 같은 지역을 포함하는 길이다. 초원길은 유라시아 대륙의 북방 초원지대를 가로지르는 교류와 소통의 길이다. 『고대문명교류사』에서 정수일 교수는 실크로드의 출발점을 장안(長安)이 아니라, 신라의 경주로 비정(批正)한다. 그는 경주 불국사의 석가탑에서 출토된 대진국 로마의 십자가와 유리제품 같은 유물을 근거자료로 제시한다. 설령 로마와 경주가 직접 연결돼 있지 않았다 해도 한반도가 유라시아 문명교류의 중핵인 실크로드의 변방에 존재했던 것은 아니라는 사실을 강조한다.

초원길은 남송을 멸망시켜 몽골에 편입시킨 쿠빌라이 칸이 지배하던 몽골제국 시기에 실크로드의 중심으로 부상한다. 인류 역사에서 가장 광대한 육상제국을 건설한 나라가 몽골제국이기에 초원길 역시 대단히 넓은 강역과 연결된다. 이슬람 지역에 건설된 일한국, 중앙아시아 지역의 오고타이한국과 차가타이한국, 러시아의 모스크바를 아우르는 킵차크한국까지 대원제국의 지배영역은 광활하기 그지없었다. 이렇게 극동의 유라시아에서 출발하여 중앙아시아를 거쳐 유럽 러시아의 심장부 모스크바에 이르는 광대한 문명교류의 길이 초원길이었다.

바닷길, 해로를 전면적으로 개척한 왕조 역시 몽골제국이었다. 해로의 출발지는 원나라의 수도인 대도[13]인데, 그것은 백하(白河)강을 거쳐 관문식 수로인 통해하에서 발해만과 연결된다. 그것은 다시 발해만을 거쳐 중국의 황해를 지나 동중국해를 경유하여 말라카 해협에 이른다. 말라카 해협을 지나서 해로는 인도양을 거쳐서 호르무즈 해협을 끼고 있는 페르시아만을 지나 시나이반도에 도달한다. 시나이반도가 자리한 지중해를 통해서 그리스와 로마까지 항해를 마치면 해로에게 주어진 사명이 완수된다. 증기기관이 발명되기 이전에 이토록 머나먼 여정을 항행했던 주역은 증기선이 아니라, 바람을 이용한 범선(帆船), 즉 돛단배였음을 생각할 때 문명교류를 향한 동서의 열망이 얼마나 대단했는지 확인할 수 있다.

실크로드를 통한 문명교류의 실체를 파악하는 작업이 필요해 보인다. 유라시아 문명교류의 논의에서 맨 처음 제기하고 싶은 대상은 말이다. 말은 오래전부터 인간이 가축화하여 고기를 이용한 것으로 알려져 있다. 그러다가 말의 빠르기에 주목하면서 말의 쓰임새에 변화가 오기 시작한다. 말은 순발력과 기동성이 뛰어나지만, 길들이기 어려운 거친 야생성을 가진 동물이다. 그것을 순화하는 데 필요한 도구로 인류가 만들어낸 것이 재갈과 고삐다. 기원전 30세기 무렵의 일이다. 어금니 안쪽 두 번째 이를 빼거나, 이를 작게 갈

13　대도(大都)는 1267년부터 지금까지 800년 가까운 세월 동안 중국의 심장 구실을 해오고 있다. 그것은 원나라(대도)와 명나라(북경), 청나라(연경), 중화민국과 현대중국(북경)에 이르기까지 이름만 바뀌었을 뿐, 수도로서 중국의 정치와 행정의 중심지다.

고 나서 그곳에 작은 자갈을 넣고 끈을 단 것이 재갈과 고삐의 시작이다. 기수가 말에 앉아서 재갈과 연결된 고삐를 당기면 통증 때문에 말이 가다가 멈추게 되는 원리를 이용한 것이 재갈과 고삐다.

이렇게 하여 말은 식용에서 이동용 수단으로 용도 전환하게 되는데, 그것을 가속화한 것이 바퀴의 발명이다. 두 개의 바퀴를 축(軸)으로 연결하여 수레가 만들어지고, 그것을 끄는 동력원으로 말이 활용되기 시작한다. 운송용 마차가 등장한 것이다. 호모사피엔스가 가지고 있는 정복욕은 운송용 마차를 전차(戰車)로 전환하도록 한다. 기원전 20세기 무렵에 안드로노보(Andronovo)인[14]이 전차를 발명한다. 전차는 빠른 속도로 유라시아 곳곳으로 전파되는데, 기원전 18세기에는 서남아시아까지 진출하게 된다. 그러므로 마차와 전차는 초원 문명의 대표적인 발명품 가운데 하나다.

기원전 8세기 무렵에는 초원지대의 강자 스키타이가 카펫을 이용한 카펫안장[15]과 등자를 발명함으로써 말의 기동력을 배가시킨다. 등자는 좌우의 두발을 말의 몸통에 밀착시킬 수 있도록 함으로써 기수의 자유자재한 동작을 가능하게 한 것이다. 스키타이가 나무 등자를 발명한 데 반해서 초원의 선비족과 고구려는 금속제 등자를 발명했다고[16] 한다. 고구려의 무용총 벽화의

---

14 안드로노보인은 아리안족의 선조인데, 그들은 러시아를 유럽 러시아와 아시아 러시아로 가르는 기준점인 우랄산맥과 서시베리아 지역에 널리 거주했던 종족이다.

15 초원지대의 또 다른 강자 흉노는 나무를 이용한 나무안장을 발명했다고 전한다.

16 『유라시아 역사기행』, 39쪽.

수렵도에서 금속제 등자의 실물을 확인할 수 있다.

무용총 수렵도에서 흥미로운 점은 '파르티안 사법(射法)'이라 불리는 활 쏘기 방식이다. 기원전 53년에 파르티아(Parthia)의 수레나스(Surenas)가 로마의 크라수스(Crassus)와 맞붙은 카레(Carhae) 전투에서 선보인 활쏘기 방식이 파르티안 사법이다. 파르티아 기병들이 후퇴하는 척하면서 패주하는 양상을 보이자 보병의 로마군단이 뒤쫓는다. 그러다 어느 시점에 이르러 갑자기 몸을 돌려 속사(速射)로 활을 쏘기 시작한다. 몸통은 앞을 향하고 있지만, 머리는 뒤를 향해서 화살을 날리는 것이다. 그로 인해 크라수스의 로마 군단이 궤멸적인 패배를 경험한다.

파르티안 사법이 5세기 말 6세기 초로 여겨지는 고구려 무용총 벽화에 그려져 있다. 범을 사냥하는 무사는 달리는 말과 같은 방향으로 시위를 당기고 있는 데 반해, 두 마리 사슴을 노리는 무사는 말과 반대 방향으로 고개를 돌리고 화살을 쏘려고 한다. 파르티안 사법이 중앙아시아와 오손, 고비사막 등을 거쳐 고구려까지 전파된 것이다. 파르티안 사법 역시 초원길을 통한 유라시아 문명교류의 실체 가운데 하나라고 말할 수 있다.

오늘날 러시아에 속한 중앙아시아의 알타이 지역에서 융성했던 파지리크 황금 문화도 문명교류의 좋은 본보기다. 황금을 주조로 하여 기원전 5세기에 발흥하여 천년 정도 유지됐던 것이 파지리크 황금 문화다. 파지리크 황금 문화는 서쪽으로는 그리스까지, 동쪽으로는 흉노, 선비, 오환(烏桓)까지, 한반도로 본다면 고구려, 신라, 가야까지도 영향을 주고받았다. 그 가운데 주

비너스상. 다산과 풍요 혹은 성공과 안녕의 상징

목할 만한 것이 파지리크 고분군이다. 파지리크 고분군에서 발견된 쿠르간[17]과 신라의 경주에 있는 적석목곽분 구조는 대단히 유사하다.

　　신라에서는 왕이 죽으면 땅을 파고 그곳에 나무로 무덤방을 축조한다. 무덤방에 사자(死者)의 시신과 부장품을 넣고, 그 위에 돌을 덮는다. 돌을 덮은 다음, 그 위에 흙을 깔고, 다시 그 위에 둥그렇게 봉분을 쌓는다. 이런 무덤 형태를 적석목곽분이라고 한다. 파지리크 고분군의 쿠르간도 적석목곽분과 유사한 구조로 만들어진다. 땅을 파서 무덤방을 축조하고, 그곳에 시신과 부장품을 넣는다. 그리고 그 위에 돌을 덮는다. 쿠르간의 무덤축조 작업은 이것으로 종결된다. 돌 위에 흙을 덮고, 다시 봉분을 축조하는 작업이 빠져 있을 뿐이다. 풀이 자라기 어려운 자연 지리적인 요인 때문이 아닌가 보인다. 연구자들은 흉노를 매개로 하여 파지리크 고분군 문화가 극동의 신라까지 전파된 것으로 보고 있다.

　　프랑스에서 출발하여 러시아의 페테르부르크를 거쳐 중국의 요령성에 이르는 유라시아 전역에서 출토되고 있는 비너스상도 문명교류의 실체로 제시할 수 있다. 미의 여신 비너스가 아니라, 다산과 풍요의 상징인 비너스상이 유라시아의 20여 곳에서 출토된 것이다. 서로 다른 문화와 문명을 바탕으로 하는 유라시아의 동과 서에서 똑같은 형상이 출토되고 있음은 문명의 소통과 교류 이외에는 달리 설명할 길이 없다. 같은 맥락에서 경주의 천마총에

17　　쿠르간(kurgan)은 러시아어로 대규모 고분을 가리킨다.

서 출토된 천마(天馬) 역시 문명교류의 하나로 이해할 수 있다. 유라시아 곳곳에서는 날개 달린 하늘의 말, 천마가 다채롭게 형상화되었는데, 그것은 페가수스(Pegasus)나 그리핀(Griffin) 등으로 표현된다. 신라의 천마 역시 그런 종류의 하나라 하겠다. 천마의 머리에 브이(V)자 형태의 뿔이 달려 있는데, 이것은 유라시아 초원문화 곳곳에서 발견되고 있다.

유라시아 횡단 인문학

2.
유라시아와
축의 시대

'축(軸)'의 사전적 의미는 "바퀴 가운데 뚫린 구멍에 끼우는 나무막대나 쇠막대"를 일컫는다. 이륜마차는 두 바퀴 사이에 막대를 넣어서 굴러가도록 하고, 그 위에 공간을 만들어 사람이나 동물 혹은 물건을 실어 나르도록 한 것이다. 동력의 원천은 말이지만, 말의 힘을 극대화하도록 추동하는 도구는 바퀴를 이어주는 축이다. 이 경우 축은 활동이나 회전의 중심이 된다는 의미에서 상징성을 지니며, 차축(車軸)이라고 불린다.

신석기 혁명 이후 4대 문명과 초원 문명을 만들어낸 인류는 고도의 지적-정신적 활동에 소용되는 사상과 종교, 철학과 과학 등에 관심을 보이게 된다. 그 결과 만들어진 사유와 인식체계가 오늘날까지 심대한 영향을 미치고 있다. 이것을 처음으로 착안한 인물은 도이칠란트의 철학자 칼 야스퍼스이며, 그것을 '축의 시대 Achsenzeit'라고 규정한다. 1949년에 출간된 『역사의 기원과 목표 Vom Ursprung und Ziel der Geschichte』에서 야스퍼스

는 인류의 정신적인 비상(飛翔)이 고도로 응축된 시기라는 의미로 '축의 시
대'라는 용어를 쓴다.

야스퍼스가 말하는 축의 시대는 기원전 800년부터 기원전 200년까지 대
략 600년에 이르는 시간대를 포괄한다. 그 시기에 중국에서는 공자와 노자,
묵자와 장자 등을 중심으로 한 철학 체계가 완성된다. 인도에서는 우파니샤
드 철학이 성립되고, 고타마 싯다르타가 붓다가 된다. 중앙아시아 지역에서
는 조로아스터가 팔레스타인에서는 선지자 엘리아, 이사야, 예레미야 등이
활동한다, 그리스에서는 서사시인 호메로스와 비극 시인들, 헤라클레이토스
와 탈레스, 피타고라스 같은 자연과학자, 소크라테스와 플라톤, 아리스토텔
레스 같은 철학자가 빛을 발한다.

축의 시대는 유라시아의 동과 서에 걸치는 방대한 지역을 두루 포괄한다.
그 시기에 동서양은 어느 일방이 우위를 점하거나 일방적으로 지배하는 관
계가 아니라, 보편성에 기초한 인류 공통의 정신적 자산을 확보한다. 유라
시아 전역에서 동시다발적으로 태어난 철학과 종교의 개화기라고 명명해도
좋은 시기가 축의 시대. 현대의 철학자와 종교학자들도 인류가 아직도 축
의 시대를 뛰어넘는 지적-정신적 통찰에 이르지 못했다[01]는 사실에 공감한

---

01   이 문제에 대해서 야스퍼스는 오리엔탈리즘의 관점을 적나라하게 드러낸다. 그는
      축의 시대 이후 로마를 기점으로 발원한 서양의 과학과 기술의 진보가 세계를 추동
      해왔다고 주장한다. 중국과 인도, 중앙아시아 지역은 과학과 기술의 진보와 그것에
      기초한 정신적 발현에 실패함으로써 근대 이후의 세계는 서양이 주도권을 가지게

다. 축의 시대에 생성된 근본적인 정신적인 성찰과 인식방법에 의지하여 21세기 인류도 인간실존에 관한 본원적인 문제를 사유하고 있다. 그런 점에서 우리는 축의 시대의 소산이자 결정체인 거인들의 무동(舞童)을 타고 세계와 자연 그리고 인류와 제4차 산업혁명 같은 기술적 진보를 생각하고 있다. 거인들과 그들이 내세운 사상과 종교의 궤적을 추적해보자.

탄생지와 생몰연대가 불분명한 조로아스터[02]는 대략 기원전 7세기 중엽에 오늘날의 이란 북부 혹은 아프가니스탄 북부, 즉 중앙아시아 지역에서 출생한다. 20세 무렵 종교 생활에 접어든 그는 30세에 조로아스터교를 창시한다. 그는 낮과 밤이 규칙적으로 반복된다는 점에 주목한다. 끊임없이 찾아오는 어둠의 밤이 지나가면 광명의 낮이 오고, 이런 현상은 부단히 반복된다. 조로아스터는 밤과 낮의 교체와 반복에서 세상을 지배하는 신, 아후라 마즈다와 앙그라 마이뉴를 생각해낸다. 낮의 신, 광명의 신, 선신 아후라 마즈다와 밤의 신, 어둠의 신, 악신 앙그라 마이뉴. 두 신들의 대결과 각축으로 역사를 파악했던 인물이 조로아스터다.

그의 생각에 따르면, 9천 년 혹은 1만 2천 년 뒤에 아후라 마즈다와 앙그라 마이뉴 사이에 최후의 대결이 펼쳐지며, 선신 아후라 마즈다가 궁극적인

되었다는 관점을 제시한다. 하지만 선진서양과 후진동양이라는 도식에 기초한 이런 사유와 인식체계는 이분법의 논리에 갇혀 대립적인 관계만을 드러낼 뿐이다.

02 조로아스터(Zoroaster)의 독일어 표기는 차라투스트라(Zarathustra)이며, 불을 숭배했기 때문에 조로아스터교는 배화교(拜火敎)라고 불리기도 한다.

승리를 거두게 된다. 그리하여 아후라 마즈다를 따르는 사람은 천국에 간다는 것이다. 기원전 6세기에 조로아스터교는 세계최초의 대제국 아케메네스 왕조 페르시아의 국교가 되며, 기원후 224년부터 651년까지 존속한 사산왕조 페르시아의 종교이기도 하다. 무하마드가 창시한 이슬람교가 전파되기 이전에 적어도 1,000년 동안 중앙아시아 지역을 대표하는 종교가 조로아스터교였다. 오늘날에도 15만 정도의 신자가 조로아스터교를 숭배하는 것으로 알려져 있다.

조로아스터교의 교리는 유일신 야훼(YHWH)를 신봉하는 유대교에도 어느 정도 반영되어 있다. 조로아스터교가 성립된 이후 유대인의 역사를 보자. 기원전 7세기 초에 아시리아의 뒤를 이어 신바빌로니아가 강성해지면서 메소포타미아 지역의 강력한 정복왕조로 등장한다. 그 결과 근동의 유다왕국까지 멸망 직전의 위기에 내몰린다. 구약성서에 '느부갓네살'이란 이름으로 등장하는 정복 군주 네부카드네자르(Nebuchadnezzar) 2세가 당시 신바빌로니아의 군주였다. 그의 명을 받아 홀로페르네스(Holofernes)가 유다왕국을 정벌하려고 한다. 유다의 지배자들이 항복을 준비할 때 유디트(Judith)라는 여성이 적장의 목을 베어 오겠다고 한다.

30살 안팎의 과부인 유디트가 유다왕국이 절체절명의 위기에 빠지자 홀연히 대담한 제안을 하고 나선 것이다. 일주일 시간을 준다면 홀로페르네스의 목을 가져오겠다며 늙은 유모를 대동하고 신바빌로니아 진영으로 길을 떠난다. 홀로페르네스를 술에 취하게 하여 유디트가 그의 목을 베어내는 장

〈적장의 목을 베는 유디트〉(카라바조, 1598-1599)

면[03]은 카라바조, 젠틸레스키, 티치아노 같은 화가들이 형상화하여 우리에게도 잘 알려져 있다. 유디트의 활약에도 불구하고 유다왕국은 신바빌로니아에게 기원전 601년에 멸망하고, 수많은 히브리인이 바빌론으로 끌려간다. 그들은 바벨탑이라고 불리는 지구라트 건설의 강제노역에 동원된다. 역사에서는 이것을 일컬어 '바빌론 유수'라고 한다.

신바빌로니아의 억압에도 불구하고 유대인들은 회당을 지어 기도하고, 안식일과 유대교 절기를 지킨다. 예언자들은 언젠가 그들이 팔레스타인으로 돌아갈 것이라는 희망을 일깨운다. 기원전 538년 페르시아가 신바빌로니아를 멸망시킨 후 키루스 2세는 유대인들의 귀향을 선포[04]한다. 유대인들은 폐허가 된 예루살렘 성전을 복구하고, '야훼'를 유일신으로, 자신들은 신에게 선택받은 민족이라고 자처하고, 구세주인 '메시아'가 찾아와 구원할 것이라고 믿었다. 조로아스터교의 아후라 마즈다처럼 유대교의 구약에는 그들을 구원할 메시아의 강림이 들어있다. 기독교와 이슬람교에서도 최후의 심판이 굳건하게 자리한다. 조로아스터교에서 발원한 최후의 심판 사상은 유대교와 기독교, 이슬람교에 이르기까지 면면히 이어지고 있다.

---

03   반면에 구스타프 클림트는 원초적이고 야성적인 '팜므 파탈(Femme fatale)'로 유디트를 그려냈다.

04   구약의 『이사야』에서는 유대인을 해방하고 팔레스타인으로 돌아가도록 한 페르시아의 키루스 2세를 하느님의 '기름 부음을 받은 자'로 보고 있다.

고대 인도를 대표한 사상과 철학 체계를 우파니샤드 철학이라 부른다. 기원전 10세기부터 기원전 6세기 무렵까지 활약한 위대한 사상가들의 사유와 인식을 담은 것이 우파니샤드 철학이다. 그것은 최고의 존재에 대한 사유와 아울러 도덕성과 영생, 윤회와 인과율 같은 문제를 천착한 것으로 알려져 있다. 우파니샤드 철학에 기초하여 기원전 5-6세기 무렵에 자이나교와 불교가 성립한다. 불살생(不殺生)을 주장하면서 철저한 고행과 금욕주의를 내세운 자이나교의 대표적인 조사(祖師)는 마하비라(Mahavira 기원전 599-527)였다. 불교와 달리 자이나교는 인도에서만 정착함으로써 대외적으로는 잘 알려지지 않은 종파다. 자이나교는 불교의 업(카르마)이나 해탈(니르바나), 열반 같은 개념을 불교와 공유하고 있다.

석가족인 정반왕과 마야부인의 아들인 고타마 싯다르타는 29세에 아내 야쇼다라(Yasodhara) 공주와 아들 라훌라(Rahula)를 버리고 출가한다. 그가 6년의 구도 끝에 깨달음을 얻어 창시한 종교가 불교다. '깨달음을 얻은 자'라는 의미로 고타마 싯다르타는 '붓다'라 불리게 된다. 붓다는 인간에게 숙명적으로 부여된 윤회와 업, 즉 인과율로 인해 야기되는 번뇌를 벗어나 해탈의 경지를 얻는다. 하지만 붓다는 자신이 도달한 도저한 깨달음을 대중에게 즉시 설하지는 않는다. 그것은 불가(佛家)의 본원적인 문제, 즉 난해함이 원인이었다고 전한다. 인간이 품고 있는 대상에 대한 '상(相)'과 그것의 본바탕에

자리하고 있는 '법(法)' 사이의 거리가 너무나도 멀었던 때문이다.[05]

그러던 어느 날 우루벨라의 해 질 무렵 붓다는 불을 숭배하던 가섭 형제를 데리고 산에 오른다. 저녁노을로 붉게 불타오르는 하늘을 보면서 붓다는 묻는다. "무엇이 불타고 있는가?" 저녁노을이 불타고 있다는 대답을 들은 그는 다시 묻는다. "또 무엇이 불타고 있는가?" 대답하지 못하는 가섭 형제에게 붓다는 다시 말한다. "비구들이여, 사람도 저와 같이 불타고 있다. 사람의 무엇이 불타고 있는가."[06] 붓다는 인간의 눈과 귀, 코와 혀, 육신과 의식이 불타고 있다고 설한다. 그리하여 눈이 보는 물질과 귀가 듣는 소리, 코가 맡는 냄새와 혀가 느끼는 맛, 몸이 접촉하는 감촉과 의식이 소비하는 생각이 불탄다고 말한다. 모든 것이 불타는 까닭을 붓다는 탐욕과 분노와 어리석음, 이른바 '탐진치(貪瞋恥)'에서 보았다. 불가에서는 인간을 옥죄고 괴롭히는 '탐진치'를 '삼독(三毒)'이라 부른다.

탐진치 삼독으로 인해 인간의 '수비뇌고(愁悲惱苦)'와 생로병사가 생겨나고 있음을 붓다는 설법한다. 일상에서 인간이 경험하는 슬픔과 고뇌, 도저히 극복할 수 없는 생로병사가 모든 인간에게 예외 없이 찾아온다는 것이다. 죽고 나면 모든 것이 사멸하면 좋겠지만, 생로병사와 수비뇌고가 영원히 순환

---

05   상에 담긴 허상과 무상을 『금강경』은 이렇게 깨우친다. "세상 모든 것은 나름의 상을 가진다. 그 모든 것은 허망하다. 만약 모든 상이 진정한 상이 아님을 깨닫게 된다면 붓다의 눈으로 세상을 보는 것이다. 凡所有相 皆是虛妄 若見諸相非相 卽見如來."

06   『붓다의 치명적 농담』, 한형조 지음, 문학동네, 2011, 106쪽.

한다는 것이 문제다. 깨달음을 얻지 못한 인간은 윤회의 사슬을 끊을 수 없다는 것이다. 불가에서 말하는 깨달은 자들, 다시 말해 붓다가 된 사람들은 윤회를 영원히 벗어나는 길을 깨우친 해탈한 사람들이다.

붓다는 해탈에 이르는 '고집멸도(苦集滅道)'의 사성제(四聖諦)와 팔정도(八正道)의 방법론을 설파한다. 인간은 태어나는 즉시 존재에서 야기되는 괴로움을 피할 수 없다는 것이 고(苦)의 요체다. 우리의 괴로움은 애욕과 집착으로 인해서 생겨난다는 것이 집(集)이고, 애욕의 완전한 소멸로 괴로움을 멸할 수 있다는 것이 멸(滅)의 본질이며, 멸의 상태가 곧 해탈이다. 애욕은 육체적인 쾌락만을 의미하는 것이 아니라, 인간이 애착심을 가지고 추구하는 대상 일체를 가리킨다. 가족이나 친구, 연인이나 권력, 물적인 욕망이나 명예 같은 모든 것을 탐하는 마음을 애욕이라 한다. 애욕과 완벽하게 단절하게 되면 우리는 괴로움에서 벗어날 수 있는데, 괴로움을 멸하는 여덟 가지 방법을 일컬어 팔정도[07]라 한다.

기원전 1100년 무렵 주나라가 상나라를 멸하고 호경(鎬京)에 도읍한다. 주나라는 서융의 공격을 받아 기원전 771년에 수도를 호경에서 동쪽의 낙읍으로 옮기게 된다. 그리하여 기원전 1100년부터 기원전 771년까지를 서주(西周) 시대라 부르고, 낙읍으로 천도한 이후 기원전 770년부터 기원전

---

07   팔정도는 정견(正見), 정사유(正思惟), 정어(正語), 정업(正業), 정명(正命), 정념(正念), 정정진(正精進), 정정(正定)의 여덟 가지 수행방법을 일컫는다.

403년까지를 동주시대 혹은 춘추시대라 한다. 기원전 403년부터 진나라가 중국을 통일하는 기원전 221년까지를 전국시대라 한다. 550년 동안 중원의 통일정권이 부재한 혼란기를 춘추전국시대라 칭한다.

춘추시대에는 100여 개의 크고 작은 나라가 존립했다면, 전국시대에는 진, 한, 위, 연, 초, 제, 조의 7개국, 이른바 전국 7웅만 남는다. 이들 일곱 나라가 물고 물리는 합종과 연횡, 전쟁과 화평을 거듭하면서 최후의 일국이 남게 되는 치열한 쟁투가 200년 가까운 세월 계속된다. 중국사에서도 드물게 전개된 오랜 전란의 시기에 사상사적으로 대단히 풍요로운 유파가 등장하여 부국강병과 개인의 수양과 경세제민의 방법론을 두고 각축한다. 소위 백가쟁명, 백화제방, 제자백가의 시대가 전개되는 것이다. 그 가운데서 오늘날까지도 영향력을 행사하고 있는 유가와 도가, 변방의 약소국이었던 진나라가 천하통일의 대업을 이루도록 초석을 놓은 상앙(商鞅)의 법가를 살펴보자.

'온고이지신 가이위사의(溫故而知新 可以爲師矣)'[08]로 유명한 유가의 비조 공자는 '인'을 바탕으로 하는 예악사상을 내세운다. 유가는 처음부터 끝까지 인간중심 철학을 주장한다. 『논어』 '위령공'편에 나오는 '인능홍도 비도홍인(人能弘道 非道弘人)'이라는 구절이 그것을 웅변한다. "사람이 도를 넓히는 것이지, 도가 사람을 넓히는 것이 아니다." 공자의 어록 가운데 가장 유명한

---

08   『논어』 '위정'편에 나오는 구절이다. 옛것을 익히고 새것을 알면 능히 선생이 될 수 있다는 말인데, 우리는 '온고이지신'만 기억한다. 그것은 '가이위사의'를 말하기 위한 전제조건에 지나지 않는다.

말은 "아침에 도를 들으면 저녁에 죽어도 좋다.(朝聞道 夕死可矣)"('이인'편)
일 것이다.

　도에 관한 질문을 받자 공자는 "나의 도는 하나로 꿰뚫는 것(吾道 一以貫
之)"('이인'편)이라고 답한다. 공자의 수수께끼 같은 답변에 주석을 행한 이
가 증삼(曾參)이다. 증삼은 '충서忠恕'의 개념으로 '일이관지'를 해석한다. 어
떤 학자는 충서를 진실한 용서라고 해석하지만, 어떤 연구자는 충과 서를 개
별적인 개념으로 파악한다. 충을 적극적인 인의 수행방법, 즉 '기욕립이립
인, 기욕달이달인(己欲立而立人 己欲達而達人)'('옹야'편)으로 서를 소극적인
인의 수행방법, 즉 '기소불욕물시어인(己所不欲勿施於人)'('위령공'편)으로 이
해한다. 전자는 "내가 서고자 한다면, 다른 사람도 서게 해주고, 내가 통달하
고자 한다면, 다른 사람도 통달하게 해주라!"는 말이다. 후자는 "내가 하고자
하지 않는 바를 다른 사람에게도 시키지 말라"는 뜻이다.

　공자의 도는 추상적이고 사변적인 도가 아니라, 구체적이며 실제적인 의
미의 도에 가깝다. 그는 말한다. "3년 동안 공부를 하고도 벼슬을 하고자 하
지 않음은 얻기 어려운 생각이다.(三年學 不至於穀 不易得也)"('태백'편) 상아
탑에 들어앉아 고담준론을 일삼고 탁상공론에 매진하는 지식인이 아니라,
현실세계에 학문을 적용할 수 있는 식자의 필요성을 주장한다. 비교적 느슨
한 쟁투의 시기인 춘추시대 말기를 살아간 공자는 지식과 도의 요체를 인의
예악을 실현하는 방편으로 보았다.

　공자가 생각한 지식인의 전형은 군자다. 소인의 대척점으로 공자가 구
상화한 군자는 이후 유가뿐 아니라, 일상적인 담론에서 언급되는 이상적

인 지식인의 전형이 된다. 군자가 두려워해야 하는 세 가지가 있다고 공자는 말한다. "천명과 대인과 성인의 말씀(君子 有三畏, 畏天命, 畏大人, 畏聖人之言)"('계씨'편)이다. 천자가 대행하는 하늘의 명령(천명)을 두려워하고, 천자 가운데 최상의 존재인 성인을 두려워해야 하는 것은 자명하다. 그런데 공자는 군자가 '대인'을 두려워해야 한다고 말한다. 대인은 관인, 귀인과 더불어 선비에게 벼슬자리를 제공할 수 있는 위치에 있는 인물이다. 군자에게 현실 정치판에서 자신의 이상을 실현할 기회를 베풀 수 있기에 대인을 두려워하라고 말한 것이다.

군자는 '수기치인(修己治人)'을 근본으로 삼아 인격수양과 학문연구에 진력하면서 각기 보필대상을 구한다. 우리에게 익숙한 '수신제가 치국평천하' 개념은 수기치인 연후에 군자가 보필하는 대상에 따라서 나뉜 것이지, 시간적 순차성에 따른 것이 아니다. 소학의 '육예'를 익히고, 대학에서 공부한 사람으로 가문을 위해 일하는 지식인은 제가하는 사람이고, 제후를 보좌하는 일을 하면 치국하는 자이며, 천자를 위해 진력하는 자라면 평천하에 일익을 담당한 것이다.

공자는 이립(而立)한 후 35세 되던 해에 노나라의 정변 때문에 이웃한 제나라로 망명한다. 당시 제나라 왕은 경공이고, 그를 보필하는 재상은 안영이었다. 경공이 청년재사 공자의 명망을 듣고 그에게 정사(정치)의 요체를 묻는다. 공자의 대답이 명쾌하다. "임금이 임금답고, 신하가 신하답고, 아비가 아비답고, 자식이 자식다워야 한다.(君君 臣臣 父父 子子)"('안연'편) 각자가 맡은 직분을 충실하게 수행한다면 나라의 정치가 제대로 굴러갈 것이라는 명언이다. 경공은 공자를 등용하려 하지만 안영의 반대로 실현되지 않는다.

평생을 공부하는 사람, 학인(學人)으로 살았던 지식인 공자는 자신이 도달한 공부를 구체적으로 실현하고자 천하를 철환(轍環)하지만, 누구도 공자를 등용하지 않는다. 그것은 공자가 추구했던 이상사회가 당대와 너무나 동떨어진 서주 시대였기 때문이다. 크고 작은 나라들이 생명을 부지하고자 각축하던 시간대에 500년 전의 세계를 동경하고 그 세계의 예악과 법도를 실천하고자 했던 보수주의자가 공자다. 실천적인 지식인으로 경세제민에 이르는 길을 찾지는 못했지만, 공자는 안회와 증삼, 자공과 자로 같은 제자를 육성하고, 『춘추』를 집필하고 『시경』과 『서경』을 엮고, 『역경』을 손보는 등 유가의 비조로 오늘날까지 영향력을 행사하고 있다.

유가와 쌍벽을 이루는 도가의 비조는 노자다. '학이'편에서 시작하여 '요왈'편으로 끝나는 『논어』가 1만2천 자 정도라면, 노자의 『도덕경』은 5천 자 정도로 소략한 편이다. 37장까지가 '도'를 다룬다면, 38장부터 81장까지는 '덕'에 관한 글이다. 『도덕경』에 관한 전문가로 명성을 날린 대만의 남회근에 따르면, "중국의 모든 왕조의 전성기에 정사를 처리하는 공통된 비결이 있었는데, 그것이 안으로는 황로를 사용하고 밖으로는 유술을 드러내 보인다(內容黃老 外示儒術)는 것이다."[09] 황로는 도가사상을 의미하고, 유술은 공맹지학을 가리킨다.

---

09   『노자타설』, 남회근 지음, 설순남 옮김, 부키, 2012, 16쪽.

유가의 도가 인간중심 철학으로 일관했다면, 도가의 도는 처음부터 끝까지 자연 중심이다. 『도덕경』 25장에 나오는 구절이 그것을 압축한다. "사람은 땅을 따르고, 땅은 하늘을 따르며, 하늘은 도를 따르고, 도는 자연을 따른다.(人法地 地法天 天法道 道法自然)" 결론을 내지는 않았지만, 사람은 자연을 따라야 한다(人法自然)는 것이 노자의 생각이다. 이미 1장에서 도의 실체를 명확하게 규정하지 않은 노자는 14장에서 그것을 한결 모호하게 만들어버린다. "아무리 들여다보아도 보이지 않고, 아무리 귀를 기울여도 들리지 않으며, 아무리 붙들고자 해도 얻을 수 없는 것(視之不見 聽之不聞 搏之不得)", 그것이 도의 본질이라는 것이다.

공자는 경세제민의 방도가 있다고 생각했기에 10여 년 세월 풍찬노숙(風餐露宿)하면서 천하를 철환한다. 그러나 노자는 개인의 노력으로 뒤바뀔 천하정세가 아님을 절감하고, 푸른 소를 타고 함곡관을 지나 서역으로 자취를 감춘다. 그가 숨어버린 내력을 절실하게 드러내는 대목은 『도덕경』 67장이다. "내게는 세 가지 보물이 있어서, 그것을 간직하고 소중히 지키고 있다. 그 하나가 자애로움이고, 그 둘이 검약이며, 그 셋이 천하를 위해 감히 나서지 않는 것이다.(我有三寶 持而保之. 一曰慈 二曰儉 三曰不敢爲天下先)"

천하의 지식인들이 권력자를 찾아다니면서 각자의 식견과 재주를 유세하여 벼슬자리를 얻고자 했던 시기에 노자는 세상을 등진다. 그것의 근거가 천하를 위해 나서지 않음이다. 당시에 천하를 위한다는 명분으로 지식인이 권력자들에게 제시한 방편은 부국강병책이었다. 아방(我邦)을 부강하게 하여 타국을 병탄하는 방책을 세우도록 군왕을 설득한 것이다. 그런 까닭에 춘추전국시대에는 전란이 끊일 날이 없었고, 수많은 백성이 전장으로 끌려나가야 했다. 세상의 이치를 깨달은 자가 어찌 그런 참혹함을 방조할 수 있겠는가, 하는 것이 노자의 사유였다.

'천하를 위해 감히 나서지 않음'의 철학은 훗날 장자의 사유에서 명징한 귀결을 얻는다. 『장자』의 '양왕(讓王)'에 "두 팔이 천하보다 무겁다.(兩臂重於天下)"는 말이 있다. 영토를 두고 이웃 나라와 다투며 근심하는 군주에게 현인이 내린 처방이 다툼과 작별하라는 것이다. 같은 맥락으로 초나라 소왕이 나라를 잃고 도주할 때 그를 도왔던 양 잡는 백정 도양열(屠羊說)의 이야기가 나온다. 소왕이 국권을 회복하여 도양열에게 포상과 삼공(三公)의 지위를 내리려 하자 그것을 끝내 거부한 도양열. 그것을 노자는 『도덕경』 9장에서 선취(先取)한다. "공을 세우면 물러나는 것이 자연의 이치다.(功遂身退 天之道)"

도를 설파하면서 노자는 자연, 그중에서도 '물'에서 많은 준거를 취한다. 물과 결부된 가장 유명한 대목이 8장에 나온다. "최고의 선은 물과 같다. 물은 만물을 이롭게 하지만 다투지 아니한다. 많은 사람이 꺼리는 곳에 자리한다. 고로 도에 가깝다.(上善若水 水善利萬物而不爭 處衆人之所惡 故幾於道)" 물에 내재한 속성을 들여다보고 거기서 도의 본체를 포착하는 노자의 통찰이 두드러지는 장면이다. 지구상의 모든 생명은 물에 기초하여 살아간다. 생명발생의 근원은 물이고, 물 없이 존립 가능한 생명체는 하나도 없다. 그런데 물은 장애물을 만나면 그것보다 높아질 때까지 기다리거나, 혹은 장애물을 우회하는 전략을 쓴다. 장애물과 다투는 법이 없다. 일컬어 "흐르는 물은 앞을 다투지 아니한다.(流水不爭先)" 물은 사람들이 꺼리고 폄훼하는 낮은 곳에 자리한다. 그러기에 물은 도의 본성에 가깝다.

8장의 논리를 노자는 66장에서 보다 구체화하여 제시한다. "강과 바다가 수많은 골짜기의 제왕이 될 수 있음은 아래에 잘 있기 때문이다. 그래서 수많은 골짜기의 왕이 된다. 그러므로 백성들 위에 있고자 하면 반드시 그 말을 낮춰서 하고, 백성들 앞에 서고자 하면 그 몸을 백성들 뒤에 두어야 한다.(江海所以能爲百谷王者, 以其善下之, 故能爲百谷王. 是以欲上民, 必以言下之. 欲先民, 必以身後之)" 노자는 물의 속성을 빌려 최고 권력자가 취해야 할 기본적인 방도를 제시하고 있다. 물이 세상의 가장 낮은 곳에 자리함으로써 가장 높은 것들을 아우르는 제왕이 되는 것처럼 정치 권력자도 언제나 그 말과 몸을 낮추라는 것이다.

도가는 훗날 탁발선비의 당나라에서 국교가 된다. 그리하여 노자의 저작 『노자』가 『도덕경』으로, 장자의 저작 『장자』가 『남화경』으로, 열자(列子)의 저작 『열자』가 『청허경』으로 숭상되면서 도교 삼경으로 불리게 된다. 우리가 흔히 도가를 노장사상으로 부르는 까닭은 노자와 장자를 도가의 대표적인 사상가이자 이론가로 생각하기 때문이다. 더욱이 무제 치하의 사마천은 『사기열전』에서 노자와 장자를 신불해와 한비자를 묶어서 '노장신한열전'으로 소개한다. 도가의 대표자인 노자와 장자를 아우르고, 법가의 한비자와 도가에서 출발하여 법가로 귀의한 신불해를 하나의 장에서 소개한다. 반면에 사마천은 공자를 『세가』와 『중니제자열전』에서도 기술함으로써 무제 이후 한나라가 공식화한 유가와 공자에 대한 존숭을 구체화한다.

전국시대에 하나의 사상체계로 완결된 법가에는 이회, 오기, 상앙, 신불

유라시아 횡단 인문학

해, 한비자 등이 속한다. 한비자는 전국 7웅의 하나인 한나라의 공자(公子)로 변법을 주장하지만, 받아들여지지 않는다. 그는 누구나 법을 준수해야 하고, 법을 어기면 지위고하를 막론하고 벌을 받아야 한다고 설파한다. 그는 법령을 명(名)이라 하고, 그것에 기초하여 상벌을 주는 것을 형(刑)이라 했으며, 양자를 일컬어 '형명지술(刑名之術)'이라 한다. 그는 상앙과 신불해 같은 법가 초기 인물들의 이론을 정교하게 다듬어 법가의 이론체계를 종합한다. 그가 내세운 법가의 핵심은 '법을 통한 국가통치'였으며, 그것을 적극적으로 수용한 인물이 훗날 중국을 통일한 진나라의 정(政)이다.

한비자보다 앞선 시대에 법가로 부국강병을 실현한 인물이 상앙이다. 상앙의 성은 공손(公孫)이고, 위(衛)나라 왕의 서자였기 때문에 위앙(衛鞅)으로도 불린다. 상앙이 태어났을 때 위나라는 주변 강국인 위(魏)나라와 조(趙)나라의 속국처럼 국세가 빈약했다. 그는 어릴 때부터 법가의 '형명학'을 공부하여 뛰어난 재능을 보여 위(衛)나라의 재상 공숙좌(公叔座)를 보좌한다. 그러나 위나라 혜왕이 자신의 재능과 그릇을 헤아리지 못하자 상앙은 위나라를 떠나 진(秦)나라로 간다. 기원전 361년 진나라 왕이 된 효공(孝公)은 부국강병을 도모하고자 천하의 인재를 두루 천거하는 정책을 전개한다. 상앙은 효공에게 마음이 끌린 것이다.

기원전 359년 상앙은 효공의 명을 받들어 변법(變法)으로 진나라를 일신하기 시작한다. 그는 자신의 지론에 따라 엄격한 법과 제도로 군왕의 통치권을 강화하여 진나라를 강력한 중앙집권국가로 개조하고 농업생산력과 군사력을 증강하는 데 진력한다. 기원전 340년에 공적을 인정받아 상(商)을 포함한 15개 읍을 효공에게 하사받고 상군이라 불리게 된다. 사마천이 『사기열전』에서 '상군열전'을 기록한 것은 이런 사실에서 출발한다. 진나라의 재상이 된 이후에도 상앙은 법을 집행함에 한 치의 실수나 인정도 용납하지 않는 비정함과 냉철함을 보여준다.

상앙의 생각을 명징하게 드러내는 말이 있다. "백성은 일이 성사된 것을 함께 즐거워할 수는 있지만, 일의 시작을 함께 논의할 수는 없다.(民 可與樂成 不可與慮始)" 불학 무식한 백성들과 더불어 일의 시작과 과정, 결과를 함께 의논할 수는 없지만, 일이 완수되어 함께 즐거워할 수는 있다는 것이다. 상앙의 이런 생각은 일찍이 공자가 내세운 주장이기도 하다. 『논어』 '태백' 편에 이런 구절이 나온다. "백성은 도리를 따르게 할 수는 있지만, 그것을 알게 할 수는 없다.(民 可使由之 不可使知之)" 올바르게 배우지 못한 어리석은 백성들에게 심오한 이치나 법도를 깨우칠 방도가 없다는 것이 공자의 생각이었다. 흥미로운 점은 공자의 생각을 훗날 법가의 냉철한 실천가 상앙이 고스란히 되풀이하고 있다는 사실이다.

상군은 변방의 약소국 진나라를 일약 강대국으로 도약시키는 결정적인 역할을 담당한다. 그러나 기원전 338년 효공이 죽자 변법으로 피해를 보았던 반대파가 모반혐의로 상앙을 무고하여 체포하고 '거열형(車裂刑)'으로 다스린다. 상앙은 20년 세월 변법으로 진나라를 중앙집권에 기초한 법치국가로 탈바꿈시켜 전국시대 초기의 강국 위나라를 제압하고 수도를 함양으로 옮기는 등 중원의 강자로 만든다. 그것이 훗날 진나라가 전국 7웅의 쟁패 속에서 천하통일의 대업을 마련하는 토대로 작용한다. 그러나 상앙은 지나치게 가혹한 변법과 법률 집행으로 다수의 반대파를 만들어냄으로써 스스로 파멸의 길로 들어서게 된다.

춘추전국시대를 풍미한 제자백가를 『사기』에서는 공자, 맹자, 순자의 유가(儒家), 묵적의 묵가(墨家), 노자, 열자, 장자의 도가(道家), 혜시, 공손룡의 명가(名家), 상앙, 한비자의 법가(法家), 추연의 음양가(陰陽家)의 6가로 분류하였다. 반면에 유향, 유흠 부자가 남긴 『한서예문지』에서는 『사기』의 6가에 귀곡자, 소진, 장의의 종횡가(縱橫家), 여불위, 유안의 잡가(雜家), 허행의 농가(農家), 손무와 손빈, 사마양저의 병가(兵家)를 덧붙여 10가를 언급하고 있다. 춘추전국시대는 세계 철학사의 관점에서 보더라도 전무후무한 사유와 인식 및 실천방도의 거대한 도가니였다. 『노자타설』에서 남회근은 진한(秦漢) 이전 시기에는 유가와 묵가 및 도가가, 당송(唐宋) 이후에는 유가와 도가 및 불가가 철학과 사상의 주류를 형성했다고 말한다.

아울러 그는 유불도 삼가(三家)에 관해 함축적인 설명을 덧붙인다. "5.4운동으로 '타도공가점(打倒孔家店)'을 주장했지만, 유가는 곡물가게와 같아서 타도할 수 없다. 유가를 타도한다면 먹을 밥, 즉 정신적인 양식이 사라져버린다. 불가는 잡화점이다. 대도시의 백화점처럼 각양각색의 일용품이 구비되어 있다. 돈이 있으면 물건을 살 수 있지만, 돈이 없으면 구경만 해도 그만이다. 하지만 거기 있는 것들은 인생에 없어서는 안 될 필수적인 것들이다. 도가는 약국이다. 병이 나지 않으면 평생 상대할 필요가 없으나, 병이 나면 스스로 찾아 들어가야 한다."[10] 유불도 혹은 유불선 삼가는 21세기까지도 동북아 여러 나라의 정신과 철학, 처세와 실생활에 영향력을 행사하고 있다.

유라시아 동쪽에서 조로아스터와 붓다, 제자백가가 출현하여 새로운 종교와 사상체계를 형성했을 때, 그리스와 소아시아에서도 인간의 새로운 지적-정신적 활동이 왕성해진다. 소아시아 해변의 교역 중심지 밀레토스를 중심으로 자연철학이 발전한다. 기원전 6세기에 탈레스(Thales)는 만물의 근원은 물이라는 주장을 내세운다. 그는 모든 생물 속에 물이 함유되어 있다고 생각했기에 만물은 물에서 생겨나 다시 물로 돌아간다고 주장한다. 탈레스의 뒤를 이은 아낙시만드로스(Anaximandros)는 만물의 근원이 구체적인 형상을 가진 물이 아니라, 불확정적이고 끝이 없는 무한자(apeiron)라고 주장한다. 그에 따르면, 무한자는 태어나지도 죽지도 않고, 시작도 끝도 없는 존재로 여기서부터 차고 더운 것과 건조하고 습한 것이 생겨난다고 한다. 아낙시만드로스 이후에 밀레토스 철학을 대표한 아낙시메네스(Anaximenes)는 만물의 근원을 공기에서 보았다. 그는 공기가 농축되면 온도가 내려가서 바람, 구름, 흙, 돌이 되고, 공기가 희박해지면 불이 된다고 믿었다.

그리스와 터키, 불가리아 사이에 자리한 트라키아 출신의 데모크리토스(Democritus)는 원자론을 내세웠다. 기원전 5세기 무렵에 그는 우주공간이 무한한 공간인 진공이며, 존재(물질계)를 이루고 있는 무수한 원자가 진공 속

---

10   『노자타설』, 16쪽.

을 움직이고 있다고 생각했다. 원자는 영원하고 눈에 보이지 않으며, 그 이상 나눌 수 없을 만큼 작다. 원자는 비어있지 않고, 완전히 꽉 차 있으며 압축할 수 없다. 아킬레우스의 역설로 유명한 제논(Xenon)은 인식론의 역사에 한 획을 그은 인물로 오늘날까지도 인구에 회자(膾炙)되고 있다. 기원전 6세기에 활약했던 피타고라스(Pythagoras)는 '만물의 근원은 수'라는 명제를 내세운다. 그는 수가 물질의 본질을 결정하고, 음악 역시 수와 분리될 수 없다고 생각했다. 피타고라스에게 수는 물질적인 세계는 물론, 영적인 세계의 수수께끼를 푸는 열쇠였다. 그를 추종한 피타고라스학파는 '수비철학' 같은 신비주의에 경도된 종교집단으로 간주된다.

자연철학이 발전하던 시기 그리스에서는 아이스킬로스(Aeschylus), 소포클레스(Sophocles), 에우리피데스(Euripides)로 대표되는 고전비극이 탄생한다. 아이스킬로스는 『오레스테스 삼부작』으로 알려진 『아가멤논』, 『제주(祭酒)를 바치는 여인들』, 『자비로운 여신들』을 집필한다. 아트레우스 가문에 내려진 신의 저주 때문에 형제간의 살육이 되풀이되는 처절한 비극이 전개된다. 탄탈로스가 신들의 권능을 시험한 사건으로 시작된 제우스의 저주는 펠롭스와 아트레우스, 아가멤논과 오레스테스에 이르는 5대에 걸친 가문의 시련과 비극을 담고 있다. 그 가운데서도 오레스테스의 '친모살해' 모티프는 오늘에도 우리를 전율과 공포로 몰아간다. 오레스테스에게 어머니 클리타임네스트라를 죽이도록 사주하는 엘렉트라(Electra)의 형상에서 취재한 '엘렉트라 콤플렉스'는 현대 심리학의 주요한 개념으로 자리 잡는다.

소포클레스는 무엇보다도 『오이디푸스(Oedipus)』로 알려진 비극 시인이다. 아버지를 죽이고 어머니와 결혼하여 자신의 동생들이자 자식들을 낳게 될 것이라는 신탁을 안고 태어난 인물 오이디푸스. 그를 죽일 수 없었던 아버지 라이오스와 어머니 이오카스테의 노력에도 불구하고 신탁은 어김없이 실현된다. 우연히 발생한 사건이지만, 그가 구현한 '친부살해' 모티프와 '오이디푸스 콤플렉스'는 훗날 도스토예프스키의 『카라마조프의 형제들』과 셰익스피어의 『햄릿』에서도 찬란하게 되살아난다. 레바논 내전을 배경으로 현대판 오이디푸스 콤플렉스를 실감 나게 재연한 드니 빌뇌브의 영화 『그을린 사랑』(2010)은 전쟁과 종교 그리고 인간의 조건을 처절하게 그려냄으로써 21세기의 비극을 사실적으로 구체화한다.

고전 그리스 비극을 대표하는 세 사람 가운데 가장 젊은 극작가 에우리피데스는 소피스트 이후 그리스 철학에 강화된 사변적이고 분석적인 성격의 영향을 받게 된다. 예컨대 『엘렉트라』에서 클리타임네스트라는 나약하고 인간적인 모습으로 그려지고, 친모를 살해한 남매는 슬픔과 죄의식으로 가득 차서 그들에게 부여된 비참한 운명을 노래한다. 더욱이 클리타임네스트라의 신격화된 두 오빠 카스트로와 폴리데우케스가 나타나 오레스테스와 엘렉트라에게 중요한 전갈을 남긴다. 그들의 어머니는 합당한 징벌을 당했으나, 친모살해는 수치스러운 행동이며, 따라서 그들은 참회하고 영혼을 정화해야 한다는 것이다. 예정된 신탁에 따라 비극의 주인공이 수동적인 행위에 머무르지 않고, 적극적이며 인간적인 면모를 드러내는 것이다.

에우리피데스는 소피스트뿐 아니라 소크라테스에서 비롯되는 아티카 철학의 영향을 비극에서 극대화했다는 평가를 받는다. 그런 점에서 1872년에

│ 영화 〈그을린 사랑〉 포스터

출간된 니체의 『비극의 탄생』은 음미할 만하다. 서책에서 니체는 고전 그리스 비극이 쇠퇴하게 된 원인을 비극에 도입된 그리스 철학의 사변적이고 분석적이며 인본주의적인 성격에서 포착한다. 니체는 그리스 예술의 두 가지 요소를 아폴론적인 요소와 디오니소스적인 요소로 파악한다. 조화와 균형, 이성을 중시하는 아폴론적인 요소와 혼란과 불균형, 감성적인 면을 중시하는 디오니소스적인 요소의 결합이 그리스 예술의 근간이라고 말한다. 아폴론적인 요소를 대표하는 양식이 조각과 건축 같은 조형예술이며, 디오니소스적인 요소를 대표하는 양식은 음악과 시 같은 비조형예술이라 할 수 있다. 비극은 조형예술과 비조형예술의 결합으로 생성되었는데, 사변적이고 분석적인 그리스 철학이 득세함에 따라 아폴론적인 요소가 강화되어 비극이 쇠퇴하게 되었다는 것이 니체의 일관된 주장이다. 그리고 그와 같은 성격을 가장 잘 드러내는 극작가가 에우리피데스라는 것이다.

그리스 희극을 대표하는 극작가는 아리스토파네스(Aristophanes)였다. 30년 가까이 진행된 펠로폰네소스 전쟁(기원전 431년-기원전 405년)으로 인한 폐해를 여성들의 섹스 거부로 종결시키자는 희극 『리시스트라테 Lysistrate』[11]

---

11   도이칠란트의 펜클럽 부회장을 지낸 유명작가 크리스티네 브뤼크너는 『데스데모나, 당신이 말을 했더라면...』(2003)에서 리시스트라테를 공박하는 강력한 여성 주인공이자 고급창녀인 메가라를 등장시킨다. 메가라는 아테네 여성들과 스파르타 여성들이 연합하여 남정네들이 불필요한 전쟁과 살상을 그만두도록 힘을 합쳐야 한다고 주장한다. 원숙한 나이의 브뤼크너는 인생의 경륜에서 우러나오는 다채로운 경험과 인식에 기초하여 두 여자 이야기를 유쾌하고 흥미롭게 전개하고 있다.

는 오늘날까지도 생생한 교훈과 웃음을 던져준다. 아리스토텔레스는 호메로스의 장편 서사시 『일리아스』와 『오디세이아』, 아이스킬로스와 소포클레스, 에우리피데스의 비극, 그리고 아리스토파네스의 희극에 근거하여 인류 최초의 문예비평서인 『시학(Poetika)』을 집필하기에 이른다. 비극과 서사시를 논의의 정점에 두되, 역사보다 비극이 우위에 있음을 갈파한 아리스토텔레스는 희극에 관한 논의를 유보함으로써 이탈리아의 기호학자 움베르토 에코가 장편소설 『장미의 이름』(1980)을 집필하도록 인도한다.

지금까지 살펴본 것처럼 유라시아의 동쪽 중국의 황하 유역을 지반으로 한 중국의 춘추전국시대에 나타난 제자백가, 인도에서 발흥한 우파니샤드 철학에 기초한 자이나교와 불교, 중앙아시아에서 발생한 조로아스터교, 그리고 유라시아의 서쪽 지중해 지역에서 발흥한 그리스의 자연철학과 고전 비극은 오늘날까지 깊이와 폭에서 비할 바 없는 생동감과 영향력을 확보하고 있다. 그것을 촌철살인(寸鐵殺人) 격으로 명료화한 것이 '축의 시대'다.

3.
유라시아와
육상제국

　지금부터 대략 1만 년 전에 신석기 농업혁명이 발생하고, 그것에 기초하여 인류문명은 비약적으로 발전한다. 세계 4대 문명과 초원 문명이 그것을 웅변한다. 문명은 도시를 낳고, 그것은 다시 국가를 형성한다. 크고 작은 국가들은 인간의 욕망에 따라 흥망성쇠와 부침을 거듭한다. 국가들의 힘겨루기가 본격화되면서 세계사에 등장한 것이 제국이다. 제국은 이질적인 문화적 정체성을 가지고 서로 떨어진 지역에 거주하는 다수의 민족이나 국민을 지배하는 정치체제를 가리킨다. 그런 까닭에 제국은 자신의 정체성은 간직하면서 더 많은 국가와 민족과 영토를 흡수하는 성격을 가지게 된다. 선단식 경영을 당연히 여기는 한국의 재벌기업이 여러 분야의 업종에 참가함으로써 문어발식 경영을 하는 것과 다르지 않다.

　제국은 여러 민족을 포용하기 때문에 문화적 다양성을 가지며, 동시에 여러 나라를 지배하기 때문에 국경 또한 탄력적이다. 유동적인 국경과 문화적 다양성, 이 두 가지가 제국의 기본적인 요소다. 인류 최초의 제국이라 불리는 아케메네스 페르시아왕조 이후 2500년 이상 제국은 가장 일반적인 형태의 정치체제였다. 절대다수의 호모사피엔스가 생활해온 유라시아 대륙의 거주자들은 장구한 세월 제국의 신민(臣民)으로 살아왔다. 하나의 제국이 붕괴하면 다른 제국이 그 자리를 차지하는 과정이 부단히 되풀이되면서 세계사가 진행되어온 것이다.

한반도에 직접적인 영향력을 행사해온 중국을 생각해보면 제국의 역사가 일목요연하게 이해할 수 있다. 중국을 설명하는 사자성어로 기억할 만한 것이 '합구필분 분구필합(合久必分 分久必合)'이다. 합쳐진 지 오래면 반드시 쪼개지고, 쪼개진 지 오래면 반드시 합쳐진다는 뜻이다. 중국의 상고시대인 하-상-주나라 이후 550년 동안 진행된 춘추전국시대를 지나 중원의 최초 통일왕조인 진나라가 성립한다. 진나라 이후 중국에 세워진 왕조들의 역사를 돌이켜보면, 그것은 거대한 땅덩어리를 두고 제국과 제국이 끊어지고 이어지기를 반복한 것이다.

제국을 유지하는 대표적인 수단은 전쟁이다. 제국은 순순히 복종하는 국가와 민족은 자연스럽게 흡수-통합하고, 끝까지 저항하는 나라나 민족은 전쟁으로 복속시킨다. 그 결과 제국은 만족할 줄 모르는 거대 블랙홀처럼 자국의 영토를 최대로 확장하고 노동력을 확보한다. 그런 까닭에 제국이나 제국주의자 같은 용어에는 부정적인 이미지가 깊이 각인돼 있다. 반면에 제국은 인류문화의 근간이라 부를 수도 있다. 로마의 개선문이나 콜로세움을 로마제국과 분리해서 생각할 수 없다. '해가 지지 않는 나라'로 불린 대영제국은

1851년 만국박람회에서 '수정궁(Crystal Palace)'이라는 건축물을 세상에 선보인다. 프랑스 대혁명 100주년을 기념하여 1889년에 개최된 파리의 만국박람회는 '에펠탑'이라는 기념비적인 건축을 인류에게 선사한다. 이런 본보기는 제국을 경험한 모든 나라에 적용할 수 있다.

제국의 문화는 다양한 민족과 국가를 바탕으로 하기에 혼성문화를 구축하고 지향한다는 특징을 가진다. 그리스의 폴리스 문화, 특히 아테네 문화를 계승한 로마제국은 로마 자체의 문화와 그리스 문화가 뒤섞인 혼성문화를 소유한다. 오늘날의 이란과 아라비아반도 전역, 이집트를 포함한 북아프리카와 터키 일부까지 아우르는 3대륙에 걸친 대제국이었던 아바스 왕조(750-1258)는 페르시아와 그리스, 아랍문화까지 흡수한 대표적인 혼성문화 제국이었다.

21세기 세계최강 제국은 미국인데, 우리가 제국 아메리카를 말할 때 붙이는 수식어가 '세계의 용광로'다. 그만큼 세계전역의 인종과 언어와 문화가 뒤섞여 만들어진 나라가 미국이고, 미국문화는 세계에서 가장 풍부하고 다채로운 혼성문화인 셈이다. 예컨대 로스앤젤레스에서 멕시코 이민 3세가 이탈리아 냉동피자를 중국제 오븐에 구워 먹으면서 코카콜라를 마시고 일본영화 『카게무샤』(1980)를 '구글'로 내려받아 한국산 75인치 고화질 텔레비전으로 본다고 생각해보자. 『카게무샤』는 일본의 '전국시대'를 배경으로 한 영화인데, 구로사와 아키라 감독이 미국의 자본지원을 받아서 완성한 작품이다.

황하 유역의 중원지역을 바탕으로 성립한 중국은 그 바깥에 사는 사람들을 야만인으로 생각했다. 자기네를 세계의 중앙이나 중심에 두고, 동서남

수정궁. 길이 564미터, 폭 124미터, 높이 32.4미터, 면적 7만 제곱미터 (21,212평) 유리와 철골로 건축된 당대 최신건축의 결정체.

북 사방의 거주민을 각각 동이, 남만, 서융, 북적이라 부른 것이다. 펠로폰네소스 반도에서 찬란한 문화를 발전시킨 그리스인들이 자국 너머의 거주민을 '바르바로이(Barbaroe)'라고 부른 것과 같은 맥락이다. 그리스의 폴리스들은 제국으로 확대되지 않았지만, 중국은 사방천지의 오랑캐와 야만인들을 포섭하여 혼성문화의 제국을 만들어낸다. 현대중국의 통계에 따르면 14억 중국인 가운데 한인(漢人)이 92%를 차지한다고 하는데, 이른바 순수혈통의 한인이 얼마나 되는지 알 도리는 없다. 그도 그럴 것이 한족의 확대재생산은 지금도 계속되고 있기 때문이다. 티베트의 수도 라싸로 진입하는 중국인의 숫자는 나날이 증가하고 있다. 그것을 가능하게 하는 것이 라싸로 연결되는 촘촘한 철도망이다. 북경-라싸, 성도-라싸, 중경-라싸, 난주-라싸, 상해-라싸, 광주-라싸를 잇는 철도가 티베트의 문화와 원주민을 억압하고, 한인과 중국 문화를 크게 활성화하고 있다.

미국의 본보기에서 우리는 흥미로운 문제를 제기할 수 있다. "21세기 세계제국은 가능한가?!" 오늘날 세계의 개별국가들은 역사적으로 확립해온 자기들의 정체성을 계속해서 상실해가고 있다. 위에 제시한 로스앤젤레스의 멕시코 이민 3세 대신에 경북 청도나 전남 담양에 사는 베트남 여성을 대입해보면 그들의 차이는 대동소이하다. 5대양 7대륙에 거주하는 인간과 그들을 묶어주는 개별국가 시스템이 커다란 틀 안에서 뒤섞이고 있다. 세계화된 자본과 그것에 기초한 초국적 기업과 다국적 기업이 세계화와 지구제국을 추동하고, 세계전역에 깔린 전자 네트워크 월드와이드웹(WWW)이 단일한 세계제국을 만들고 있는 것 같다.

유라시아 횡단 인문학

급속도로 진행되는 세계화와 더불어 지구 전역으로 확산하고 있는 지역별 블록화 경향도 주목할 만하다. 유럽연합과 북미의 나프타, 동남아시아의 아세안 12개국 연합, 남아메리카의 메르코수르(MERCOSUR), 아프리카 대륙의 아프리카 해방동맹 같은 대륙별 지역별 연합체가 정치와 경제통상 영역에서 활성화되고 있다. 개별국가의 범위와 경계를 뛰어넘어 실행되는 인적-물적 교류가 확대일로를 걷는다. 따라서 위에 거명한 지역 연합체를 지구 전체로 확대하면 세계제국의 출현도 불가능한 것은 아닐 듯하다. 이 경우 우리는 동북아지역을 고려해야 한다. 남북한과 중국, 대만, 일본과 러시아를 묶어내는 국가연합체를 상정해볼 수도 있다는 얘기다.

　　유라시아 대륙에서 명멸해간 제국을 역사적 순차성에 따라 살펴보는 것은 세계제국 성립 가능성에 비추어 유의미하고 흥미로운 작업이다. 이란 고원에서 발흥한 유목민의 제국 아케메네스 페르시아왕조가 최초의 제국이다. 오늘날의 이란과 이라크, 아프가니스탄과 투르크메니스탄 일부, 아라비아 반도 북부지역과 터키, 이집트와 유럽의 마케도니아 일부까지 포함하는 광대한 영토가 페르시아 제국의 통치 공간이다. 페르시아 제국의 대표적인 지배자는 '왕 중의 왕'이라 불렸던 다리우스 1세다. 다리우스는 제국을 20개의 속주(屬州)로 나누고, 그곳에 총독을 파견하여 통치한다. 속주의 총독을 감시하기 위해 '왕의 눈'이나 '왕의 귀'로 불리는 관리를 활용한 인물이 다리우스 1세다. 그는 제국의 영광을 위해 그리스 원정을 단행하지만, 마라톤 전투에서 의외의 패배를 경험한다. 다리우스는 그것을 만회하려고 2차 그리스 원정을 준비하다가 병사한다. 그의 뒤를 이은 인물이 성서에서 바빌론 유수로 인해 페르시아에 살던 이스라엘 여인 에스더를 왕비로 맞이한 크세르크세스(아하수에로)였다.

다리우스 1세를 역사적인 인물로 만든 것은 다름 아닌 길이다. 페르시아 제국의 수도인 수사에서 시작하여 아나톨리아 반도의 사르데스에 이르는 2475킬로미터에 이르는 길을 만든 것이다. 이것이 이른바 '왕의 길'이다. 다리우스는 대략 25킬로미터 마다 말을 바꿔 타는 역참(驛站) 111개소를 설치한다. 왕의 길에는 말뿐만 아니라, 전차도 달릴 수 있었으며, 불과 1주일 만에 주파 가능한 것으로 알려져 있다. 페르시아 제국은 정보수집, 효율적인 행정과 치안유지에 왕의 길을 사용한다. 왕의 길은 공용이기도 했지만, 상인들도 이용할 수 있어서 제국의 상업발달과 문화교류를 활성화하는 데 유용하게 작용했다.

페르시아는 제국의 효율적인 지배와 통치를 위해 왕의 길 이외에도 '아람어(Aramaic language)'라는 문자를 사용한다. 당대 페르시아 제국의 모든 공문서는 아람어로 기록된다. 아람어는 히브리어 대신 유대인의 언어가 된다. 구약성서 가운데『다니엘』과『에즈라』가 아람어로 씌어 있으며,『탈무드』역시 아람어로 기록된다. 아람어가 강력한 영향력을 행사한 시기는 기원전 300년부터 기원후 650년 무렵이며, 그 이후 아람어는 아랍어에 밀려난다. 예수와 그의 제자들 역시 히브리어가 아니라, 아람어를 사용한 것으로 보인다. 아람어를 사용한 예수가 히브리어를 사용하는 주류 유대인들에게 경멸당했다는 기록이 있다. 훗날 예수가 폰티우스 필라투스(본디오 빌라도)에게 십자가형(책형)을 당하게 되는데, 십자가에 '나사렛 예수 유대인의 왕'

이라는 글씨가 기록된다. 그것은 아람어, 그리스어, 라틴어로 표기된다. 로마제국이 통치한 근동의 팔레스타인 지역의 공용어가 아람어, 그리스어, 라틴어였던 까닭이다.

아케메네스 페르시아왕조를 이어서 알렉산드로스 제국이 등장한다. 그리스 북부지역 마케도니아 출신의 알렉산드로스는 기원전 330년에 페르시아 제국을 멸망시킨다. 그는 페르시아 제국의 영토에 그리스 본토와 인도의 펀자브 및 인더스 유역까지 보탬으로써 아프로-유라시아 대제국을 건설한다. 알렉산드로스의 이름을 딴 도시 알렉산드리아 수십 개가 제국 곳곳에 세워진다. 그 가운데 대표적인 도시가 이집트의 나일강 하구에 건설된 알렉산드리아다. 당대의 알렉산드리아는 백만 인구를 포용하는 세계최대의 도시였고, 세계의 배꼽(Omphalos)이라 불렸다. 세계최대 규모의 도서관을 가진 알렉산드리아에 없던 것은 단 한 가지 '눈(雪)'이었다고 전해질 만큼 알렉산드리아는 알렉산드로스 제국의 영화를 웅변한다.

알렉산드로스 제국의 뒤를 이은 것은 로마제국이다. 로마는 기원전 3세기 무렵 이탈리아반도를 통일하고, 그다음에는 숙적 카르타고와 이집트마저 복속시키면서 제국의 위용을 갖춰 나간다. 전성기의 로마는 이탈리아와 발칸반도 전역, 흑해 서북부 연안지역, 이베리아반도와 갈리아 전역 및 웨일스와 잉글랜드, 이집트와 지중해 연안의 북아프리카 및 근동의 팔레스타인 지역과 소아시아 전역을 포용한다. 따라서 로마를 지중해에 바탕을 둔 해상제국이라고도 부를 만하다. 특히 아우구스투스(기원전 27년-기원후 14년)부터 마르쿠스 아우렐리우스(161년-180년)에 이르는 이른바 '오현제' 200년의 기간은 '팍스 로마나 Pax Romana'로 불린다.

제국을 경영하면서 로마가 건설한 도시와 식민지는 무려 5600개에 이른다고 한다. 그 가운데 파리와 빈, 런던 같은 도시는 오늘날 프랑스, 오스트리아, 영국의 수도다. 313년에 콘스탄티누스는 기울어져 가는 로마제국을 부활시키고자 기독교를 국교로 공인하는 '밀라노 칙령'을 반포한다. 이로써 로마는 기독교의 세계화 원년을 마련하게 된다. 그러나 불과 163년 뒤인 서기 476년에 게르만의 용병대장 오도아케르(Odoacer)에게 멸망한다. 그리고 1000년 뒤인 1453년에 콘스탄티노플에 도읍하고 있던 동로마제국마저 오스만튀르크에 멸망함으로써 로마제국은 역사의 뒤안길로 영원히 사라져버린다.

유라시아 대륙에서 다소 비켜서 있는 인도의 제국 가운데 마우리아 왕조와 굽타 왕조를 보자. 인도는 히말라야산맥과 카라코람산맥, 티베트고원이 병풍처럼 둘러쳐져 중국과 국경을 접하고, 서쪽으로는 힌두쿠시산맥으로 아프가니스탄과 파키스탄과 접경한다. 인도양에 면해 있는 인도의 왼편으로는 아라비아해가, 오른쪽으로는 벵골만이 자리한다. 북쪽과 서쪽으로는 고산지대로, 남쪽으로는 바다로 유라시아 대륙과 분리되어 있어서 인도 아대륙이라 불린다. 인도 아대륙의 면적은 328만 평방킬로미터로 한반도의 15배 정도에 이른다.

중앙아시아 유목민인 아리아인들이 기원전 20세기 무렵에 인더스 문명의 주역인 드라비다족을 정복한다. 아리아인들은 브라만, 크샤트리아, 바이샤, 수드라의 네 가지 계급으로 주민을 나누어 통치한다. 이것이 공식적으로는 1947년에 폐지된 카스트제도다. 브라만은 성직자 계급으로 신성시되며,

크샤트리아는 귀족과 무사 계급으로 사회 안정을 위해 복무하는 계급이다. 바이샤는 농업이나 상업에 종사하는 생산자 계급이며, 수드라는 청소나 잡일 같은 크고 작은 육체노동에 종사하는 계급이다. 브라만, 크샤트리아, 바이샤가 아리아인이 속한 계급이며, 수드라는 원주민이 속한 계급이다. 이들 계급 이외에도 '달리트(Dalit)'라고 불리는 불가촉천민 계급이 있어서 21세기 인도의 심각한 사회문제로 남아 있다.

아리아인들은 기원전 1000년 무렵 인더스의 건조지대를 벗어나 북동쪽의 갠지스강 방향으로 이동하여 벼농사를 시작한다. 그들은 세계최초의 습윤문명을 건설하고 벼농사에 기초한 제국 마우리아 왕조를 건설한다. 기원전 4세기 무렵 찬드라굽타가 건설한 마우리아 왕조는 130년 남짓 존속하다가 멸망하고, 굽타 왕조(기원후 320년-520년)가 뒤를 잇게 된다. 굽타 왕조 시기에 세계최대 규모의 다신교라 할 수 있는 힌두교가 체계화된다. 힌두교는 우주의 영원한 정수이자 모든 개인과 현상의 정수인 아트만(atman)의 원리가 세상의 모든 것을 통제한다고 믿는 종교다. 오늘날 인도 아대륙의 지배적인 종교는 힌두교다. 카란 조하르 감독의 영화 『내 이름은 칸』(2010)에서 아직도 계속되는 힌두교와 이슬람교의 갈등이 그려져 있다.

굽타 왕조가 지배하던 시기에 세계최초로 영(零), 혹은 공(空)이 탄생한다.[01] 영이나 공은 산스크리트어로 '슈냐 shunya'라고 표기한다. 『반야심경』

---

01   로버트 카플란은 『존재하는 무 0의 세계』(2003)에서 0의 출현을 수메르에서 보고

에 나오는 '색불이공(色不異空) 공불이색(空不異色) 색즉시공(色卽是空) 공즉시색(空卽是色)'이 말하는 '공'이 그것이다. 눈에 보이는 현상이 실재하는 존재가 아니기에 존재와 비존재는 근본적으로 서로 다르지 않다는 의미다. 붓다는 이런 개념에 착안하여 존재하되 존재하지 않는 숫자 0을 가지고 가장 큰 수인 무량대수(無量大數)를[02] 창안했다고 전한다. 헤아릴 수 없을 정도로 큰 수인 무량대수의 원천은 0에 근거한다.

오늘날 우리가 쓰고 있는 0부터 9에 이르는 아라비아 숫자의 원산지는 인도다. 기원전 3세기부터 인도에서 만들어지기 시작한 숫자는 아라비아를 거쳐 무어인의 북아프리카를 지나 이베리아반도를 경유(經由)해서 1200년 무렵 유럽 전역으로 퍼지게 된다. 인도에서 출발한 숫자가 대략 800년 동안 아랍세계와 북아프리카를 거쳐 이탈리아 수학자 피보나치(Fibonacci)의 『산반서(Liber abaci)』로 유럽에 소개된다. 세계 최고의 발명품 가운데 하나인 숫자가 태어난 곳은 인도인데, 경유지인 아라비아가 원산지로 불리는 아이러니가 발생한 것이다.

550년에 이르는 춘추전국시대를 거쳐 기원전 221년에 출범한 진나라가

있다. 반면에 랍비이자 철학자인 이스라엘의 마르크 알랭 우아크넹은 『수의 신비』(2006)에서 산스크리트어인 슈냐에서 0의 기원을 포착한다.

02   '무량대수'보다 더 큰 숫자가 있다. 그것은 '무량대수' 더하기 1이다! 이것은 수의 속성 때문에 가능하다. 세상에 가장 큰 수는 존재하지 않는다. 가장 큰 수에 1을 더하면, 가장 큰 수보다 더 큰 수가 만들어지기 때문이다.

중국 최초의 제국이다. 불과 15년 존속한 진나라의 뒤를 이른 한나라는 기원 220년까지 400여 년 존속한다. 한나라는 북방초원의 제국 흉노와 오랜 세월 화친과 대립을 되풀이하면서 기반을 닦아나간다. 한 제국의 멸망 이후 중국은 360년 동안 위진-남북조의 혼란상을 경험한다. 581년 선비족 출신 양견이 세운 수나라가 중국을 통일했으나, 619년 멸망하고 탁발선비의 제국 당나라가 그 뒤를 잇는다. 300여 년 이어진 제국 수나라와 당나라의 중국은 위진-남북조시기에 북방 유목민이 세력을 확장하면서 성립한 이민족 왕조다.

당나라 멸망 이후 중국은 5대 10국의 혼란을 겪으면서 한족의 송나라(960-1279)와 거란족의 요나라(916-1125), 그리고 여진족의 금나라(1115-1234)가 각축하는 형국을 보인다. 이들 왕조의 뒤를 이어 몽골 시대가 열리는데, 몽골은 이슬람과 유럽에 중국 문명을 전파한 세계제국이다. 몽골제국은 송나라에서 발명한 화약, 나침반, 활판 인쇄술 같은 선진문물을 세계제국의 연결망을 통해 유럽으로 전해준다. 칭기즈칸의 손자이자 몽골의 5대 칸으로 즉위한 쿠빌라이가 1271년 국호를 '대원(大元)'으로 고침으로써 성립한 원나라는 1368년 멸망할 때까지 세계최대의 육상제국을 경영한다.

대원제국은 중국은 물론 이슬람 세계와 중앙아시아 및 러시아까지 포괄하는 '팍스 몽골리카(Pax Mongolica)'를 건설한다. 그들은 한 무제가 개척한 좁고 험준한 오아시스로가 아닌, 북방의 초원길과 바닷길로 유라시아의 동과 서를 효율적으로 연결함으로써 인류 역사상 최대판도의 제국을 경영하게 된다. 대원제국 시기에 유럽으로 전해진 화약은 대포의 발명과 맞물리면서 유럽의 군사혁명을 촉발한다. 유럽의 중세를 유지해온 근간인 성곽이 대포의 등장으로 깨지고, 총이 사용되기 시작함으로써 무사 계급의 꽃인 기사 계급이 몰락의 길을 걷기 시작한다. 유럽의 근대를 촉발한 대표적인 요소 가운데 하나인 화약이 대원제국을 거쳐 유럽에 도입되었음은 아이러니하다.

대원제국을 이어서 1368년 한족의 주원장이 세운 명나라가 중국을 차지한다. 남경에 도읍했던 주원장 홍무제와 달리 3대 황제 영락제는 수도를 북경으로 옮기고, 내성인 자금성을 건설하면서 황제 권력을 강화하는 등 명나라의 근간을 만들어나간다. 그가 총애했던 이슬람교도 환관인 정화는 1405년부터 1433년에 이르는 28년 동안 7차례에 걸쳐 해상원정을 감행한다. 그의 원정 경로는 오늘날 인도차이나의 참파와 말라카, 인도의 코지코드와 이란의 호르무즈, 아라비아반도의 아덴과 메카, 아프리카 소말리아의 모가디슈와 탄자니아의 잔지바르까지 아우른다. 콜럼버스의 '지리상의 발견'을 훨씬 능가하는 정화의 원정으로 30여 국가가 명나라에 조공하고, 화교가 동남아시아 전역으로 진출하는 계기가 마련된다.

임진왜란을 계기로 명나라의 세력이 약해질 무렵 중국 북동부 지역의 만주족(여진족) 출신 누루하치(태조)가 세력을 장악하면서 1616년 여진족을 통일하고 칸에 올라 대금(大金)[03]을 세운다. 그의 아들 홍타이지(숭덕제)가 국호를 청으로 바꾸고 산해관(山海關)을 넘어 명나라를 공격하기 시작한다. 3대

---

03   중화의 송나라와 거란의 요나라와 정립했던 금나라와 구별하기 위해 누루하치가 세운 대금을 후금(後金)이라 부른다.

유라시아 횡단 인문학

황제 순치제에 이르러 북경에 도읍하고 중국을 석권한다. 순치제를 이어 즉위한 강희제에서 시작하여 옹정제와 건륭제에 이르는 3대 135년에 이르는 기간이 청나라의 극성기다. 그들의 치세에 청나라는 유라시아 전체 육지면적의 18%를 점유한다. 강희제는 1689년 러시아의 표트르 대제와 네르친스크 조약을 맺게 되는데, 그것은 중국이 맺은 최초의 평등조약으로 기록된다. 1949년 건립된 현대중국의 강역(疆域)은 한족이 아닌 만주족의 청나라가 확장한 강역을 고스란히 물려받은 것이다.

러시아는 카스피해로 흘러드는 볼가강을 이용해서 이슬람 상업권역과 모피교역을 했던 모피의 나라였다. 이슬람 상인들에게 모피를 제공한 사람들은 발트해의 스웨덴계통 바이킹 루스(rus')인이다. 러시아라는 나라의 이름은 루스에서 연원한다. 9세기 말에 루스인의 우두머리인 류리크가 모피 집산지 노브고로드에 나라를 세웠고, 이것이 훗날 키예프 공국이 된다. 그러나 1243년 튀르크 계통 유목민인 킵차크가 키예프 공국을 점령하고 볼가강 하류도시 사라이(Saraj)를 수도로 하는 킵차크한국을 세운다. 250년 가까이 이어진 킵차크한국으로부터 러시아를 해방한 이는 모스크바 공국의 이반 3세였다. '뇌제(雷帝)'라고도 불린 이반 4세는 모스크바 공국을 비잔틴 제국의 후예로 내세우면서 자신을 '차르'라는 호칭으로 부르게 한다.

1598년부터 시작된 동란의 시대를 마감한 1613년에 러시아는 미하일 로마노프를 비조(鼻祖)로 하는 로마노프 왕조가 성립한다. 로마노프 왕조가 성립하기 이전인 1574년 이반 4세에게 시베리아 지역을 위임받은 스트로가노프 집안은 무력집단 카자크를 고용하여 지배지역을 확장해 나간다. 그들은 시베리아에서 부드러운 금이라 불린 수달과 담비의 가죽을 얻고자 하였다.[04] 예르마크 티모페예비치는 볼가강 유역에서 활동하던 카자크의 우두머리로 1581년 스트로가노프가 우랄산맥 이동의 시베리아 원정대를 조직하자 대장으로 참여한다. 1584년 불의의 죽음을 맞이하기 전까지 그는 시베리아의 3분의 1을 정복한다. 그가 죽은 뒤에도 카자크들은 시베리아 동쪽으로 전진을 거듭한다. 1000명 내외로 구성된 카자크 첨병은 정탐과 모험을 지속했으며, 그들이 시비르한국을 붕괴시킨 이후 시베리아라는 명칭이 생겨났다.[05] 그리하여 그들은 1646년에는 아무르강에 도달하고, 1651년에는 예로페이 하바로프가 거란족의 후예인 다우르족의 알바진 요새를 점령한다. 그것을 바탕으로 러시아는 훗날 시베리아의 요충지 하바로프스크를 건설하기에 이른다. 그리하여 러시아는 불과 70여 년 만에 시베리아 전역을 점령하게 된다.[06] 시베리아 정복으로 러시아는 유라시아의 3분의 1에 이르는 삼림지대와 툰드라 지역을 지배하는 대제국을 이룩하게 된다. 특히 러시아의 개혁군주 표트르 대제는 아시아의 바다로 진출하라는 유언을 남긴다. 그 결과 덴

---

04   『동아시아, 해양과 대륙이 맞서다』, 김시덕 지음, 메디치, 2015, 159쪽.

05   『유목민의 눈으로 본 세계사』, 60쪽.

06   러시아의 시베리아 진출에는 1689년 청나라의 강희제와 러시아의 표트르 대제가 체결한 네르친스크 조약이 자리한다. 이 시기 청나라는 동투르키스탄과 티베트 지역에서 세력을 키우던 중가르 왕국과 전쟁을 벌이고 있었다. 청과 교역을 맺고 싶어 하던 러시아와 러시아가 중가르와 결탁하는 것을 두려워한 청이 자연스럽게 화친조약을 맺은 것이다. 『동아시아, 해양과 대륙이 맞서다』, 166쪽.

마크 출신 용병인 비투스 베링이 두 차례에 걸친 탐험으로 아시아와 북아메리카 사이의 해협과 바다를 발견하였고, 그것은 베링해협과 베링해로 명명되기에 이른다. 러시아제국의 끊임없는 팽창이 아시아를 넘어 북아메리카로 확장되는 장면이다.

몽골 이후의 역사를 돌이켜보면 러시아는 몽골의 패권, 즉 킵차크한국에서 태어났다. 그 이후 러시아의 확대와 거대화, 즉 러시아제국의 길은 몽골 지배의 전복된 형태라 할 수 있다. 장구한 세월 러시아는 몽골이 재앙을 가져다준 악의 화신이라 외쳐왔다. 그리하여 러시아의 차르는 몽골이라는 악의 지배로부터 러시아 민중을 구원했다는 신화를 지배 이데올로기의 수단으로 활용했으며, 러시아 정교는 그 신화를 장엄한 것으로 승화하는 구실을 해왔다. 거기서 나온 말이 '타타르(Таrap)의 멍에'다.[07] 몽골은 자칭(自稱)이고, 타타르는 타칭(他稱)인데, 러시아는 몽골을 지옥에서 왔다고 생각한다. 소는 러시아이고, 소가 끄는 마차에 앉아 있는 것이 몽골이라는 의미의 용어가 '타타르의 멍에'다. 하지만 러시아제국 이후 소련의 80년 지배에 이르는 4세기 반 동안 러시아는 유라시아 북방의 대지와 주민들을 지배해왔다. 러시아제국이 몽골제국의 뒤를 이어 성립되었기 때문에 서구는 러시아가 몽골에서 태어났다고 생각해왔다. 실제로 러시아제국과 소연방에 있던 여러 민족과 러시아 공화국 내부의 다채로운 집단은 몽골 시대에서 기원을 찾을

---

07   『유목민의 눈으로 본 세계사』, 385쪽.

수 있다. 몽골제국과 러시아제국 또는 소련의 관계는 동전의 양면처럼 상호 맞닿아 있음을 부정할 수는 없을 것이다.

20세기 들어서 발생한 1-2차 세계대전은 선발 제국주의 국가들과 후발 제국주의 국가들 사이의 충돌이다. 1945년에 종결된 2차 세계대전 이후 수많은 신생국이 태어나고, 제국은 종말을 고한 것처럼 보인다. 그러나 자본주의 진영의 미국과 사회주의 진영의 소련을 중심으로 한 패권경쟁이 반세기 가까이 진행된다. 1980년대 동구의 실존 사회주의 국가들의 연쇄적인 몰락과 1991년 소련의 붕괴는 단일 패권제국 미국을 승리자로 남긴다. 그러나 21세기 초에 세력을 확대한 유럽연합과 시진핑의 '일대일로(一帶一路)'를 통한 영광의 재현을 꿈꾸는 중국의 제국화가 진행됨으로써 세계는 분화하고 있다. 이와 아울러 거대자본을 앞세운 초국적 기업과 다국적 기업이 전자와 정보통신으로 연결됨으로써 단일한 세계제국화 경향도 감지되고 있다.

세계를 지배하는 단일제국 혹은 몇 개로 나뉜 거대국가들이 지배하는 미래상을 다룬 일군의 소설이 우리에게 세계제국의 문제를 고찰하도록 한다. 1924년 소련의 예브게니 자먀틴이 출간한 『우리(My)』, 1932년 영국의 올더스 헉슬리가 집필한 『멋진 신세계(Brave New World)』 그리고 1949년 조지 오웰이 펴낸 『1984』 등이 그것이다. 그들은 소설에서 인류를 지배-통치하는 단일제국이 과연 가능하겠는가, 또한 그런 제국에서 인간은 얼마나 행복하며 인간다움을 지킬 수 있겠는가, 하는 문제를 천착한다. 제국의 지배욕망과 개인의 자유와 자유의지가 충돌할 경우 그 결과는 어떻게 될 것인가, 하는 문제도 다층적으로 제기된다.

싫든 좋든 제국을 살피지 않고 세계역사를 통관하는 것은 불가능하다. 제국은 과거의 역사일 뿐만 아니라, 현재 진행형이기도 하며, 앞으로 다가올 인류의 미래상일지도 모른다. 제국에 대한 올바른 이해를 통한 세계사의 이해는 여전히 필수적인 과제가 아닐 수 없다. 이런 의미에서 육상제국의 역사와 더불어 해상제국의 역사 또한 우리의 접근을 기다리고 있다.

4.
유라시아와
해상제국

유라시아의 육상제국은 거의 아시아 제국의 독무대였다. 알렉산드로스 제국은 너무 일찍 소멸했고, 지중해 세계를 중심으로 전개된 로마제국도 서로마제국의 붕괴 이후에는 득세하지 못한다. 1453년 오스만 튀르크에게 멸망한 동로마제국 이후에 유럽은 해양으로 눈을 돌린다. 그것은 이슬람에 기초한 오스만제국의 압도적인 위력을 우회하는 방편이기도 하다. 장구한 세월 아시아에 눌려있던 유럽은 아시아에서 유입된 문물과 유럽적인 사유와 인식의 전환을 거치면서 근대라는 도도한 물결을 선취함으로써 해양제국의 시대를 여는 데 성공한다.

유럽의 근대를 추동한 근본적인 동인(動因)은 어디서 온 것일까, 하는 문제 제기가 유의미하다. 유럽의 근대 태동기를 12-13세기로 이해하는데, 당대 세계최강은 대원제국이다. 세계 4대 발명품 가운데 대원제국의 화약과 나침반이 유럽으로 전파된다. 종이는 이미 8세기 무렵 아라비아에 도착하여 훗날 유럽에 보급된다.[01] 화약과 대포로 중세유럽의 근간인 봉건제도가 무너지고, 나침반을 이용한 장거리 항해가 가능해진다. 여기 덧붙여 구텐베르크의 금속활자를 통한 대량인쇄가 유럽의 지식 대중화를 선도하는 출판문화를 가능하도록 한다.

중세유럽 내부에서 발생한 획기적인 변화 가운데 하나는 대학의 출현이다. 중세유럽의 지식생산과 유통에서 지배적인 위치에 있던 기관은 수도원이었다. 1980년에 출간된 에코(Eco)의 장편소설『장미의 이름』에서 그것을 확인할 수 있다.『장미의 이름』은 이탈리아 북부의 베네딕트 수도원에서 벌어지는 연쇄살인 사건을 모티프로 벌어지는 지적 스릴러다. 에코는 수도원의 장서관에 보관돼있는 수많은 서책에 관한 정치(精緻)한 논의를 전개하면서 당대 지식의 보고(寶庫)로 수도원을 거명한다.『장미의 이름』은 아리스토텔레스의 기념비적인 저작『시학』에서 왜 희극관련 논의가 거의 나오지 않는가, 하는 문제를 집중적으로 다룬다. 에코는 중세유럽의 엄숙주의와 경건주의가 '웃음과 희극'을 원천적으로 봉쇄했다는 논지에 근거하여『시학』가운데 희극 부분의 의도적인 소실을 주장한다.

---

01   서기 751년 이슬람의 아바스 제국과 중국의 당나라가 현재의 키르기스스탄에 있는 탈라스(Talas) 평원에서 맞붙는다. 탈라스 전투를 통해 중국의 제지기술이 아바스 제국에 전해짐으로써 이슬람 세계의 지식혁명에 기여한다. 8세기 말부터 아바스의 수도 바그다드에서 종이가 대량 생산되어 이슬람 전역으로 퍼져 나간다. 서기 900년 무렵에는 이집트의 카이로, 12세기 중엽에는 에스파냐의 발렌시아와 톨레도에서도 종이가 생산되어 유럽에서도 종이가 보급되기 시작한다.

수도원 바깥 세계의 세속적인 지적 욕망과 사회적 필요에 따라 생겨난 것이 대학이다. 11세기 말에 이탈리아의 볼로냐대학을 시발점으로 유럽 곳곳에 대학이 설립된다. 중세유럽 대학에서는 자유7학예(Sept Ars Liberaux)를 교양과목으로 가르쳤다. 그것은 다시 트리비움(Trivium)과 크바드리움(Quadrium)으로 나뉜다. 전자에는 기초적인 인문 교양이라 할 수 있는 문법, 수사, 변증의 세 가지 교과목이 포함된다. 문법은 해당 언어를 올바르게 쓰고 읽기 위한 수단이다. 수사는 글과 말을 상대방에게 적절하게 전달하는 방식을 배우는 학문이며, 변증은 논증과 체계를 가지고 토론하는 방법을 가르친다. 21세기 대학에서도 이들 세 교과목은 여전히 필수적인 교양교과목이다. 독서와 사유, 글쓰기와 토론이야말로 동서고금을 막론하고 지식인이 되는 제1과 제1장이기 때문이다.

크바드리움에는 산술, 기하, 천문, 음악의 네 가지 교과목이 들어간다. 이 과목의 공통점은 수(數)나 숫자를 기초로 하는 자연교양 교과목이라는 점이다. 아레초의 구이도(Guido d'Arezzo 990-1050)가 오선보표를 만들어낸 이래 음악은 '아르스 노바(Ars Nova)'로 불리면서 시간예술로 자리 잡는다. 트리비움과 크바드리움의 일곱 가지 교양교과목을 가리키는 자유7학예를 공부한 학생이 각자의 전공영역을 심화하여 신학, 의학, 법학박사 학위를 받는 방식이 중세유럽의 대학교육[02]이다. 대학의 등장은 지식과 정보의 원천이 수

---

02   그런데 시간과 더불어 자유7학예만을 전문적으로 공부하는 사람들이 등장하게 되

도원에서 대학으로 이동하기 시작했음을 의미한다. 수도원의 고급한 지식과 정보뿐만 아니라, 저잣거리에서 요구하는 보편지식의 요구, 즉 학문의 대중화에 대한 사회적인 요구가 발생함으로써 대학이 성립한 것이다.

원근법도 유럽의 근대를 촉발한 중요한 계기로 작용한다. 중세미술은 아름다움의 추구가 목적이 아니라, 종교의 보조수단으로 인간을 교화하는 것이 주된 목적이었다. 가장 중요한 대상이 그림의 중앙에 자리하는 천편일률적인 양식으로 그려진 성화(聖畵)가 대표적이다. 거기에는 인간의 시각과 감정이 빠져 있다. 원근법은 대상의 중요도에 따라 크기와 위치를 결정하는 것이 아니라, 가까이 있는 것은 크고 뚜렷하게, 멀리 있는 것은 작고 흐릿하게 그리는 것을 말한다. 관념적인 그림이 아니라, 사람의 눈에 보이는 그대로 재현하는 것이 원근법의 본질이다.

15세기 초에 피렌체의 건축가 브루넬레스키가 수학에 기초하여 처음으로 원근법을 발견한다. 피렌체의 마사초가 1427년에 그린 『성삼위일체』에서 원근법을 구현한 것으로 전해진다. 그러나 현대인의 눈으로 보면 궁륭 너머의 천장이 뒤로 무너져버릴 것 같은 인상을 준다. 근대유럽이 도달한 원근법의 지극한 구현은 로마의 화가 라파엘로가 1504년에 그린 『성모 마리아의 결혼』으로 보인다. 그림 전경에는 주례를 사이에 두고 마리아와 요셉이 자리하고, 후경에는 성전이 위치한다. 라파엘로는 성전으로 가는 광장바닥

는데, 그들에게 철학박사 학위가 수여된다.

| (왼쪽부터) 마사초의 〈성삼위일체〉(1426), 라파엘로의 〈성모 마리아의 결혼〉(1504)

에 완벽한 원근법적 원리에 따라 기하학적인 무늬를 배열함으로써 결혼식 장면과 성전 건축물을 연결하고 있다. 그리고 성전 너머의 풍경을 아주 흐릿하고 희미하게 처리함으로써 원근법의 완성을 도모한다. 원근법을 실행한다는 것은 신을 중심으로 세상과 대상을 보았던 중세시대[03]에서 인간중심의 세계와 시간대로 전환했음을 의미한다.

1275년부터 1325년 사이에 유럽에서 기계시계가 발명된다. 기계시계가 등장하기 전에 유럽인들은 시간을 끊임없이 이어져 매끄럽게 흐르는 연속체로 이해했다. 그런 생각에 기초하여 만들어진 것이 해시계와 물시계, 모래시계다. 하지만 비가 오거나 흐린 날 그리고 밤에 해시계는 무용지물이다. 갑작스러운 추위나 겨울철에 물시계는 쓸모가 없으며, 모래시계는 인간의 지속적인 관찰과 의지적인 노력이 요구된다. 기계시계는 시간에 관한 유럽인의 생각을 근본적으로 뒤바꾼다. 시간은 일정한 길이를 가진 순간의 연속이며, 자연적인 사건에 구속되지 않는 임의적인 지속이라는 생각이 기계시계를 낳게 한 것이다.

근대여명기의 유럽인은 시간을 매끄러운 연속체가 아니라, 분절적으로 존재하되 순차성에 따라 이어져 있는 순간의 연속체로 새롭게 정의했다. 낮

---

03   중세유럽의 성당건축 역시 하느님을 최고위에 두고 그 아래 예수와 성모 마리아 및 천사들을 배치하며, 성직자들과 평신도 순으로 위치를 정한다. 신의 관점으로 세상을 보는 것이다. 157미터에 이르는 쾰른 대성당은 우러러보지 않으면 꼭대기를 바라볼 수 없다. 높이 자체로 그것은 인간세계에 대한 신의 절대적인 우위를 강조한다.

과 밤이라는 일과나 여름과 겨울이라는 계절적인 요인에 구애받지 않고 매 순간 균질하게 흘러가는 시간을 가시적(可視的)인 형태로 만들어낸 것이 기계시계다. 기계시계는 애초에 수도사들이 성무일과를 성실하게 수행하도록 하는 방편으로 발명되었지만, 그것은 오히려 민간의 대중들에게 대단히 유용하게 활용된다. 그리하여 1335년 4월 24일 프랑스의 필립 6세가 도시 노동자들의 출퇴근시간, 식사시간, 식사를 마치고 작업에 복귀하는 시간, 작업 종료시간을 기계시계의 종소리로 알리고 통제할 권한을 아미앵(Amiens) 시장과 원로들에게 부여한다.[04]

　기계시계가 발명되기 이전에는 노동자들의 노동시간은 계절에 따라 차이가 났다. 노동자들은 낮이 긴 여름에는 장시간 노동에 시달렸지만, 밤이 긴 겨울에는 상대적으로 짧은 시간 노동했기 때문이다. 따라서 여름철에는 사용자가, 겨울철에는 노동자가 유리한 조건이었다. 기계시계가 출현하게 되자 사계절 균일한 노동시간이 가능해졌고, 그와 더불어 유럽에는 '시간은 돈'이라는 개념이 생겨난다. 시간과 더불어 이자와 부채가 증가한다는 생각에 근대유럽의 인간들은 긴장하기 시작한다.

　셰익스피어의 희극 『베니스의 상인(The Merchant of Venice)』은 '시간이 돈'이라는 개념에 반대하는 연극이다. 베니스의 상인 안토니오와 그의 친구 바사니오 같은 기독교도들은 시간이 인간소유가 아니라고 생각한다. 시간은

04　『수량화혁명』, 알프레드 크로스비 지음, 김병화 옮김, 심산출판사, 2005, 116쪽.

　　　　　　　　　　　　　　　　　　　유라시아 횡단 인문학

하느님이 인간에게 선물한 만민공동의 재산이기 때문에 특정한 개인이 가질 수 없다는 것이다. 하지만 유대인 고리대금업자 샤일록(Shylock)은 그렇게 생각하지 않는다. 높은 이자를 받고 일정 기간 돈을 빌려주고, 갚지 못하는 사람들의 돈을 챙기는 것이 샤일록의 직업이기 때문이다. 샤일록과 안토니오 사이에 맺어진 잔인한 계약을 역공하는 남장여자 포시아(Portia)의 노회한 판결로[05] 처참하게 파멸해야 하는 유대인의 운명을 그린 희극이 『베니스의 상인』이다. 유럽의 기독교도들이 시간은 돈이라는 개념을 수용하지 못하고 있었을 때 이미 샤일록은 그런 개념을 선취하였다. 그런 의미에서 샤일록은 자본주의 이데올로기를 앞서서 실천한 선각자였던 셈이다.

기계시계가 발명되었던 시기와 비슷한 1300년 무렵 이탈리아 회계사들이 복식부기를 창안해낸다. 한 장의 종이에 지출내역과 수입내역을 함께 기

---

05   샤일록이 채무자 안토니오의 가슴살 1파운드를 도려내되, 피 한 방울 흘리지 말 것과 더도 말고 덜도 말고 정확히 1파운드만 도려내야 한다는 포시아의 판결은 지극히 총명하고 통쾌한 것으로 수용된다. 하지만 셰익스피어는 기원전 450년 무렵 제정된 '로마 12표법 Law of the Twelve Tables'을 온전하게 이해하지 못한 듯하다. 『도덕의 계보학』에서 니체는 말한다. "채권자는 채무자에게 갖은 수모를 안기고 고문을 가할 수 있었다. 부채액수에 상응하는 양만큼의 살을 도려낼 수 있었다. 이 경우 채권자가 도려내는 살의 양이 많고 적음은 중요하지 않다. 더 많이 혹은 더 적게 도려내도 이것은 법에 반하는 것이 아니라고 로마의 12표법은 선포했기 때문이다." 『도덕의 계보학』, 니체, 홍성광 옮김, 연암서가, 2017, 83쪽. 셰익스피어는 『베니스의 상인』에서 샤일록을 완전무결하게 파멸시킴으로써 매우 악의적인 반유대주의를 선보인다. 이런 반유대주의는 근대 유럽문학 곳곳에서 나타난다.

록하는 회계방식이 복식부기다. 복식부기 이전에 유럽의 상인들이 수입과 지출을 기록한 방식을 단식부기라고 한다. 단식부기는 지출과 수입내역을 구별하지 않고 시간의 순차성에 따라 기록한 것이다. 시간이 흐르면 수입과 지출이 뒤섞이는 바람에 장부정리에 혼란과 고충을 겪기 마련이었다. 그런데 복식부기가 발명되고 난 후에는 정확하고 간명하게 수입과 지출내역을 매일 확인할 수 있다.

복식부기는 철학과 과학의 성취보다 더 큰 영향력을 행사했을 것으로 보인다. 예컨대 데카르트(Descartes)의 명제 "나는 생각한다. 고로 나는 존재한다(Cogito ergo sum)"가 상인이나 농부에게 얼마나 의미심장하게 작동했겠는가. 사람들이 자명하다고 받아들이는 것조차 끝까지 의심하고 사유를 거듭하고자 했던 근대적인 인간 데카르트의 명제가 저잣거리의 인간에게 무슨 영향력을 행사할 수 있었겠는가. 1543년 폴란드의 수도사 코페르니쿠스(Copernicus)가 출간한 『천체의 회전에 관하여』에서 경천동지할 지동설이 기록된다. 서기 150년 무렵 프톨레마이오스(Ptolemaeos)가 『알마게스트 Almagest』에서 집대성한 천동설은 장구한 세월 불변의 진리로 받아들여졌다. 우주의 중심이 지구가 아니라 태양이라는 지동설은 당대 최고의 지식인이나 성직자들의 관심 영역이었을 뿐이다. 하지만 복식부기는 경제활동 내역의 정확한 수치와 계량화를 통해서 일상생활에 커다란 영향을 미친 것이다.

구텐베르크의 금속활자 역시 유럽의 근대를 강력하게 추동한 인자 가운데 하나다. 금속활자 하면 한국인은 고려시대의 『직지심경』이나 『고금상정예문』을 떠올리면서 세계최초에 방점을 둔다. 하지만 고려시대와 조선시대에 금속활자로 찍어낸 서책은 당대 최고 지식인 계층에게만 통용되었을 뿐, 지식 대중화와는 거리가 멀었다. 우리의 금속활자는 세계최초이기는 했지만, 지배계층만을 위한 제한적인 지식과 정보의 소통과 보전기능밖에 수행하지 못했다. 그런데 유럽에서 구텐베르크가 처음으로 상용화한 금속활자는 지식 대중화에 대대적으로 기여한다. 자연과학의 발견과 기술의 성취를 활자화하여 대중에게 널리 보급한 것이다. 예를 들어 인체 해부도는 대장과 소장, 간장과 신장, 심장과 허파 같은 장기(臟器)가 어디에 있으며, 어떤 기능을 하는지를 그림으로 활자화함으로써 시각적인 자료로 제공된다.

금속활자는 무엇보다 라틴어 성서를 각국의 언어로 번역된 성서를 대량으로 출간함으로써 교황으로 대표되는 교회권력의 억압으로부터 민중이 해방될 가능성을 제공했다. 한글창제 이전에 조선민중이 한문을 알 수 없었던 것처럼, 대다수 유럽인은 라틴어를 몰랐기 때문에 성직자들의 농간에 속수무책이었다. 그러나 유럽 여러 나라의 언어로 번역된 성서를 통해 민중은 부당한 교회권력에 대한 올바른 판단기준과 저항 가능성을 확보하게 된다. 1517년 10월 31일 마르틴 루터가 비텐베르크 대학교회에 내걸었던 '반박 95개조' 이후 시작된 독일 종교개혁의 커다란 버팀목이 된 것은 『구텐베르크의 성서』라 해도 과언이 아니다.

동로마제국이 멸망한 1453년 전후한 시기에 구텐베르크가 금속활자를 가지고 인쇄를 시작한 것으로 추정된다. 오스만튀르크가 동로마제국을 멸망시킨 것은 분명히 세계사적인 사건이지만, 문화사적인 면에서 본다면 구텐베르크의 금속활자가 훨씬 유의미하다. 15세기 중반 유럽에는 인쇄소가 몇 군데밖에 없었고, 따라서 서적의 대량인쇄는 기대난망이었다. 그런데 불과 50여 년이 지난 1500년대 초에 이르면 영국의 런던, 프랑스의 파리, 폴란드의 크라쿠프, 헝가리의 부다페스트, 이탈리아의 팔레르모, 에스파냐의 발렌시아를 포함한 유럽 전역에 수백 개의 인쇄소가 설립되어 수백만 권의 서책이 출간되어 대중의 손에 넘겨진다.

유럽에 지식 대중화 바람이 불었던 1650년대 유라시아 동부 끝자락에 자리한 일본은 도쿠가와 이에야스의 에도막부가 통치하였다. 당대 일본의 수도인 에도(江戶), 오늘날의 동경에는 적어도 2000개 이상의 책방이 있었다고 전한다. 반면에 '소중화(小中華)'를 자처한 조선의 수도 한양에는 몇 개의 책방이 있었을까?! 놀라운 일이지만 조선왕조의 심장부 한양에는 단 하나의 책방도 없었다고 한다. 조선 지식인들은 조선 내부의 인쇄소에서 발간되는 서책에서 지식과 정보를 구하지 않았던 까닭이다. 1648년 명나라 멸망 이전에는 명에서, 그 후에는 청나라에서 베풀어주는 서책을 수입함으로써 지식과 정보를 얻었기 때문이다. 조선의 지배계층은 중국에 보내는 사신에게 필요한 서책을 구해달라고 부탁하고, 그것을 입수하면 제한된 알음알이 안에서 서책을 돌려보았다. 지식과 정보를 직접 생산한 유럽이나 일본과 달리 조선은 중국을 지식과 정보의 창으로 삼아 세상을 알고 이해했다. 그런 차이가 오늘날까지도 어느 정도 되풀이되고 있다.

우리는 유럽의 중세를 흔히 암흑의 시기라고 말한다. 하지만 중세 끄트머리에 유럽은 근본적인 변모과정을 드러내 보인다. 그것은 수도원과 각축하면서 새로운 지식의 생산기지와 보급소가 된 대학, 아르스 노바로 불리는 오선보표의 발명, 인간의 눈으로 대상을 보고자 했던 원근법, 시간에 대한 개념을 근본적으로 뒤바꾼 기계시계와 일상생활 깊숙이 침투한 실용적인 복식부기, 지식 대중화를 선도한 혁신적인 인쇄술 등이다. 이런 사유와 인식의 전환 및 그것이 가능하게 한 신문물이 몽골에서 반입된 화약과 나침반 등과 맞물리면서 지리상의 발견[06] 이후 오늘날까지 500여 년 이상 강력한 유럽을 추동한 근본적인 동인이라 할 수 있겠다.

유럽이 지리상의 발견 이후로 해양을 주축으로 세계를 쥐락펴락해왔지만, 그 이전에 명나라의 정화가 주도했던 일곱 차례에 걸친 해상원정은 가히 압도적이었다. 1405년 6월 1차 원정단의 규모는 길이가 137미터, 폭 56미터

---

[06] 스기야마 마사아키는 이른바 '지리상의 발견'과 그 후에 자행된 대량살육과 정복을 신랄하게 비판한다. "서양인들이 말하는 지리상의 발견은 서구가 조금 힘의 우위에 있던 남북아메리카 대륙이나 오세아니아 같은 '약한 곳'을 공략해서 지배한 것이다. 그들은 남북아메리카의 다양한 선주민들의 사회-문화를 압살했으며, 마음대로 살육하고 강제로 정복했다. 그것은 인류 역사에서 가장 악랄하고 잔혹하며 야만적인 정복이었다." 『유목민의 눈으로 본 세계사』, 390-391쪽. 미국 휘티어 대학의 마르크스 교수는 다른 견해를 제시한다. "1518년부터 1600년까지 신세계에서 천연두를 비롯하여 홍역, 감기, 페스트, 콜레라, 수두, 백일해, 디프테리아, 말라리아에 이르는 전염병이 발생하여 아메리카 인구가 대폭 감소했다. 전염병 창궐과 더불어 스페인 정복, 원주민들 사이의 전투, 정복자들의 박해, 인디언들의 강제노동, 원주민의 낮은 출산율 등이 상호 작용하여 아메리카의 인구급감이 발생했다." 『어떻게 세계는 서양이 주도하게 되었는가』, 로버트 마르크스 지음, 윤영호 옮김, 사이, 2014, 124쪽. 이와 같은 동서양 지식인들의 대립적인 관점의 차이를 어떻게 바라볼 것인지, 그것은 독자들의 몫으로 보인다.

에 달하는 대형선박이 포함된 함선 62척에 2만 7800명의 선원이 승선했다고 기록되어 있다. 이것은 90여 년 뒤인 15세기 말 바스쿠 다가마의 함대가 120톤급 3척, 170명의 선원으로 구성되었고, 콜럼버스의 함대가 250톤급 3척, 88명의 선원으로 이뤄졌다는 점과 비교하면 그야말로 천양지차다.

정화는 원정을 통해 30여 국가와 조공관계를 맺고 해상무역을 실시한다. 조공무역은 명나라의 우위를 인정하면 교역을 허가한다는 것으로, 세상의 중심을 자처한 중국이 주변 국가들과 맺어온 독특한 외교관계다. 하지만 정화의 해상원정을 독려하고 후원하던 영락제가 1424년에 죽자 반대파가 득세한다. 원정으로 인한 국력소진을 막겠다는 구실로 중국은 전통적으로 고수해왔던 육상제국으로 돌아간다. 그 후로 중국은 다시는 해양으로 진출하려는 노력을 기울이지 않는다. 이런 점에서 21세기 시황제라 불리는 시진핑 주석이 일대일로를 내세우면서 육로와 해로로 유럽에 다가가려 시도하는 것은 중국의 굴기(崛起)를 드러내는 것이라 하겠다.

장구한 세월 면면하게 이어진 육상제국의 시대에 종지부를 그으려는 의도치 않은 노력이 지리상의 발견으로 이어진다. 초창기 지리상의 발견을 주도한 바스쿠 다가마와 콜럼버스, 아메리고 베스푸치 등은 아시아가 주도한 육상제국의 시대를 끝장내고 유럽이 앞장서서 해상제국의 시대를 열겠다는 야심은 전혀 없었다. 그들은 인도와 아시아 혹은 아프리카에서 생산되는 향신료와 금을 비롯한 '동방의 물산'을 값싸게 들여와 비싸게 되팔아서 큰돈을 벌려는 야망을 품은 자들에 지나지 않았다. 어떤 학자들은 오랜 세월 이슬람의 무어인들에게 지배당한 에스파냐와 포르투갈이 대항해시대를 개막한 것은 기독교도의 종교적인 열정이라고 설명하지만, 근거가 명확한 것은 아니다.

　인류가 대략 6000년 전부터 4대 문명과 초원문명을 형성하고, 그것에 기초하여 육상제국을 만들어 2000년 넘게 유라시아에서 살아왔다면, 유럽이 바다를 중심으로 전개한 해상제국의 역사는 16세기 이후 불과 500년에 지나지 않는다. 지리상의 발견을 주도한 유럽 국가들은 유럽의 작은 나라들로 포르투갈과 에스파냐를 필두로 하여 영국과 프랑스, 네덜란드 등이 대열에 합류한다. 19세기 초반 나폴레옹의 프랑스와 19세기 중반 빅토리아 여왕의 대영제국 이전까지 유럽 국가들은 어느 일방의 강력한 패권성립을 허용하지 않는다. 유럽이 주도한 지리상의 발견과 식민지 경영, 그것에 기초한 산업혁명과 과학발전 및 계몽주의 등을 뭉뚱그려서 유럽 제국주의라 부른다. 유럽 제국주의는 지금까지 진행된 육상제국이 아니라, 해상제국에 기초한 것이라는 사실이 명백해진다.

　세계사를 육지와 바다의 대결과 각축의 역사로 바라본 인물은 도이칠란트의 법학자이자 정치학자 칼 슈미트(Karl Schmitt)다. 히틀러의 나치에 부역했다는 이유로 비난받았지만, 그가 제기한 육지와 바다의 대립관계 설정은 높은 평가를 받고 있다. "세계사는 육지국가에 대한 해양국가의 투쟁이자, 해양국가에 대한 육지국가의 투쟁이다." 슈미트는 그와 같은 예로 해양국가 영국과 육지국가 도이칠란트를 거명한다. 제2차 세계대전을 일으킨 히틀러의 제3 제국과 그에 맞서 싸운 영국을 본보기로 든 것이다. 이런 관점에서 아시아의 육지국가와 해양국가로 우리는 중국과 일본을 연상할 수 있다.

　유럽의 해상제국이 불러온 근본적인 변화는 크게 세 가지로 요약할 수 있다. 첫 번째는 지리상의 발견과 자본주의를 바탕으로 한 근대의 형성, 두 번째는 산업혁명과 철도와 증기선이 불러온 공간의 축소와 통합, 세 번째는 과학기술혁명과 정보통신혁명을 통한 전 지구적인 전자공간의 형성이다. 첫 번째 변화는 500년 전에 시작되었고, 두 번째 변화는 불과 200년 전에, 그리고 세 번째 변화는 대략 30년 전부터 진행되고 있다. 유럽은 변화의 두 단계에서 주도적인 위치를 차지함으로써 일약 세계사의 주역으로 부상했으나, 21세기 전자공간의 시대에는 유럽과 더불어 아시아와 미국이 각축하는 양상으로 변모한다.

그런데 유럽이 주도한 지리상의 발견을 숙고해보면 상당히 찜찜하다. 1492년 8월 콜럼버스는 돛단배 산타 마리아호를 타고 금속활자로 인쇄된 해도(海圖)와 유라시아 동방에서 수입된 나침반을 가지고 황금이 가득한 나라 인도를 향해 모험의 길을 떠난다. 에스파냐에서 항해를 시작한 지 69일 만인 1492년 10월 12일 도달한 카리브해의 바하마 군도를 그는 산살바도르라고 명명하고, 죽을 때까지 그것이 인도라고 생각한다. 그런 오류를 묵과하고 유럽인들이 붙인 카리브해 소재의 열도 명칭이 '서인도제도'다. 유라시아의 아대륙 인도와 무관한 지역의 섬들을 그들은 여전히 '인도'라고 부르는 것이다.

우리는 중학교에서 '아메리카는 1492년 콜럼버스에 의해 발견됐다 (America was discovered by Columbus in 1492)'라는 해괴한 영어 수동태 문장을 배운다. 게다가 미국은 1937년부터 매년 10월 둘째 월요일을 '콜럼버스의 날'로 기념한다. 콜럼버스가 아메리카 대륙을 발견한 날이라 해서 연방기념일로 삼은 것이다. 콜럼버스도 그의 동향인 아메리고 베스푸치도 아메리카를 발견하지 않았다. 왜냐면 당시 남북아메리카에는 이미 5000만에 이르는 사람들이 살고 있었기 때문이다. 북아메리카에 최소 2000만, 남아메리카에 3000만 이상의 원주민이 상당히 발전된 문명을 유지하며 생활하고 있었다. 그들을 모두 인간 이하로 취급하겠다는 주장이 위에 인용된 영어 수동태 문장이다. 유럽은 무력과 살육을 통해서 남아메리카의 은을 대량 착취하여 유럽으로 가지고 간다. 그들이 도둑질한 은이 유럽의 자연과학 발전과 계몽주의를 성립하게 만드는 원천으로 작용한다. 계몽주의의 뒤를 이은 영국의 산업혁명과 프랑스 대혁명, 그리고 도이칠란트가 수행한 19세기 정신혁명 등의 원천은 기실 남아메리카 원주민들의 피비린내 나는 살육과 착취에 연원을 두고 있는 셈이다.

산업혁명을 거론할 때 우리는 철도와 증기선이 가져온 공간의 축소와 시간의 확장이라는 교통혁명을 기억해야 한다. 기록에 따르면 1830년에 맨체스터와 리버풀 구간에서 36명의 승객을 태운 상업열차가 처음으로 운행하기 시작한다. 열차의 평균속도는 시속 32킬로미터, 최고속도는 47킬로미터였다. 의사들은 열차 승객들에게 과속에 유의하라고 경고했다고 한다. 그 시기 인간의 이동수단은 도보나 마차였기 때문이다. 도보는 평균시속 3-4킬로미터, 일반마차의 평균시속은 5-6킬로미터 정도였다. 그런데 열차의 평균시속은 32킬로미터에 달했으므로, 마차와 비교하면 5-6배나 빨라진 것이다. 의사들의 경고가 과장은 아니었던 셈이다.

1830년에 시작된 상업열차 운행은 얼마 지나지 않아서 지구 전역으로 퍼져 나간다. 1850년에 유럽 곳곳에 약 4만 킬로미터의 철로가 부설된다. 반면에 그들이 착취했던 남아메리카에는 고작 4천 킬로미터의 철로밖에 부설되지 않는다. 30년이 지난 1880년 유럽에는 35만 킬로미터의 철로가 깔리는데 반해 여타 세계에는 불과 3만5천 킬로미터의 철로만 부설된다. 1850년과 비교하면 유럽과 세계 전역에 9배에 이르는 철도가 부설되는데, 유럽지역 이외의 철도는 아시아와 아프리카, 아메리카의 식민화와 수탈에 활용된다. 증기기관을 사용한 증기선이 일상화된 것은 대략 1870년대 이후라고 알려져 있다.

이런 시간대의 풍경을 담은 소설이 1873년에 프랑스의 쥘 베른(Jules Verne)이 출간한 『80일간의 세계일주』다. 열차와 증기선을 이용하여 80일만에 세계를 도는 내용을 담고 있다. 쥘 베른은 주인공 필리어스 포그가 프랑스 하인 파스파르투와 함께 런던을 출발해서 도버를 거쳐 수에즈-봄베이-캘커타-홍콩-요코하마-샌프란시스코-뉴욕을 경유하여 런던으로 돌아오는 세계일주 이야기를 흥미진진하게 풀어놓는다. 소설은 과학과 기술이 욱일승천의 기세로 발전하던 19세기 후반기 유럽의 낭만과 꿈, 사랑을 밀도 높게 그려낸다. 하지만 유럽열강의 열차와 증기선이 어떻게 식민지 건설과 원주민 착취에 활용되었는지는 전혀 말하지 않는다.

지리상의 발견으로 유럽제국은 영토정복에 매진하면서 식민지건설에 몰두한다. 유럽의 해상제국은 그때까지 존재했던 모든 제국, 예컨대 아케메네스 페르시아왕조, 알렉산드로스 제국, 로마제국, 대원제국 등이 꿈에도 생각하지 않았던 지식정복을 병행한다. 유럽 제국주의가 선행했던 제국들의 경

유라시아 횡단 인문학

영방침과 근본적인 차이를 보여주는 대목이 이것이다. 영토정복과 지식정복을 병행하여 진행해나간 최초의 해상제국이 유럽제국이다. 그들은 식민지개척을 위한 탐험대를 해외로 파견할 때 반드시 과학자들을 함께 보냈다.[07]

　1798년에 나폴레옹은 인도경영을 꿈꾸면서 이집트를 침략한다. 인도를 식민화한 영국은 본국과 연락하는 경유지로 이집트를 활용하고 있었다. 나폴레옹의 이집트원정은 영국과 식민지 인도의 관계를 단절시키겠다는 것을 의미하며, 궁극적으로는 경쟁국 영국으로부터 인도를 쟁취하려는 야망과 연계되어 있었다. 나폴레옹의 이집트 원정대에 168명의 프랑스 과학자들이 동행한다. 과학자들은 이집트의 지형과 기후, 산물 및 고대유적도 탐사한다. 그들은 1799년 로제타석을 발견하고, 룩소르의 카르나크 신전과 왕들의 계곡을 세계최초로 학술적으로 기록한다. 군사적인 면에서 나폴레옹의 의도는 무산되었지만, 프랑스 과학자들이 수행한 학문연구는 '이집트학'을 성립시키기에 이른다.

07　하라리는 이 점을 설득력 있게 주장한다. "과학과 제국과 자본 사이의 되먹임 고리가 지난 500년 역사의 가장 중요한 엔진이었다."『사피엔스』, 유발 하라리 지음, 조현욱 옮김, 김영사, 2016, 389쪽. 16세기 이전에는 별개로 존재했던 과학과 기술이 긴밀하게 관계를 맺고, 그것들이 다시 유럽제국의 자본주의와 결합함으로써 막강한 힘을 가지게 되었다는 것이다. 이런 사유에 기초하여 하라리는 자신의 통찰을 함축적으로 요약한다. "과학과 자본주의는 유럽 제국주의가 21세기 유럽 이후의 세상에 남긴 가장 중요한 유산이다. 유럽인에게 제국건설은 과학적 프로젝트였고, 과학건설은 제국의 프로젝트였다." 같은 책, 400-420쪽.

1831년 12월 찰스 다윈을 태운 '비글호'의 5년에 걸친 항해도 비슷한 맥락을 가진다. 1859년 출간된 『종의 기원』을 위한 각종 자료가 다윈의 손에 빼곡하게 들려있었기 때문이다. 영국과 프랑스를 필두로 한 유럽 제국주의는 영토 확장에 일차적인 관심을 보이지만, 새로 개척하려는 지역의 자연과 문화, 역사에 관한 다채로운 지식과 정보를 수집하고 기록했다. 그렇게 수집한 정보와 지식으로 식민지를 효율적으로 정복하고 지배하고자 했던 최초의 제국주의가 유럽 제국주의였다.

영토정복과 지식정복을 병행한 유럽 제국주의를 비판적인 관점으로 포착한 이가 예일대학 석좌교수 임마누엘 월러스틴(Wallerstein)이다. 그는 역사적으로 세 차례에 걸쳐 이루어진 유럽의 개입을 시기별로 나누어 조목조목 비판한다. 월러스틴에 따르면, 16세기 지리상의 발견으로 에스파냐가 남아메리카 대륙을 점령해 나갔던 첫 번째 개입의 근거는 기독교였다. 에스파냐는 인류공통의 보편적 가치로 기독교를 남아메리카 전역에 보급하고자 했다는 것이다. 당시 남미의 원주민은 우상숭배와 인신공희라는 야만상태에 빠져있었고, 그것을 극복하는 데 가장 적절한 것이 기독교라고 에스파냐는 생각했다. 그들이 보기에 기독교 전파는 남아메리카 원주민들이 일상적으로 대면하고 있던 야만성과 작별하는 필연적인 작업이었다.

기독교가 전파되기 이전에 남미 원주민들은 야만적인 습속에 젖어 살고 있었다고 생각한 또 다른 사람은 멜 깁슨이다. 영화배우이자 감독인 그는 2006년 『아포칼립토 Apocalypto』를 제작하고 감독한다. 영화에 따르면, 원주민들은 끊임없는 전쟁을 통해서 전쟁포로를 확보한다. 극심한 가뭄이 닥

| 영화 〈아포칼립토〉 포스터

친 국가적 재앙을 해결하기 위해 희생 제물로 살아있는 사람이 필요했기 때문이다. 전쟁에서 이긴 자들은 포로를 피라미드 꼭대기로 데리고 가서 산 채로 그들의 가슴을 연다. 예리한 칼로 가슴을 열고, 거기서 심장을 꺼내 하늘에 제사 지내고 난 다음 그들의 목을 쳐서 피라미드 아래로 떨어뜨린다.

영화에서 희미하게 처리되고 있지만, 피라미드 아래에는 헤아릴 수 없이 많은 목 없는 시신들이 켜켜이 쌓여있다. 멜 깁슨이 『아포칼립토』에서 하고 싶은 말은 이런 야만적인 습속을 가진 남아메리카 나라들은 유럽 제국주의가 침략하기 전에 이미 멸망할 운명에 처해 있었다는 것이다. 마야(Maya)나 아스텍(Aztec) 같은 고도의 문명을 건설한 그들이지만, 인신공희와 우상숭배에 젖어있던 남미 원주민들은 야만상태에 있었고, 따라서 그들은 예정된 운명에 따라 멸망했으며, 기독교 전파는 그들에게 필연적인 결과라고 멜 깁슨은 주장하고 있는 셈이다. 『아포칼립토』는 남미와 유럽, 원주민과 유럽인, 토착신앙과 기독교를 이분법적으로 대립시키고, 후자의 우월성을 재삼재사 강조하는 오리엔탈리즘 영화다.

월러스틴은 유럽의 두 번째 개입시기를 19세기라고 확언한다. 유럽 여러 나라가 세계 전역으로 영토를 확장해 나가는 제국주의 팽창시기가 19세기이기 때문이다. 하지만 이 시기에도 유럽은 고상한 구호 '문명화'를 들고나온다. 서양문명에 비해 수준이 떨어지는 동양문명을 격하하면서 사용한 어휘가 문명화 개념이다. 하지만 그들은 오스만튀르크의 이스탄불과 이슬람문명, 페르시아의 이란문명, 영국이 점령한 무굴제국의 인도문명, 북경으로 대표되는 중국문명에 대해서는 찬탄과 경이로움을 아끼지 않는다.

『오리엔탈리즘』이라는 불세출의 저작을 남긴 에드워드 사이드는 유럽 제국주의자들의 시각을 명쾌하게 설명한다. 동양문명이 서구의 기독교 문명만큼 풍성하고 세련되었다 해도 동양문명은 작지만 중대한 결함을 가지고 있다. 서양문명과 비교할 때 동양문명에는 근대성으로 나아가지 못하게 하는 것이 존재한다. 따라서 동양문명은 서양문명의 도움을 받아야 자신의 한계를 극복할 수 있다는 얘기다. 유럽 제국주의는 치명적인 결함을 가진 동양문명을 지도하고 편달하기 위해서 동양에 진출한 것이라는 논리를 전개한 것이다. 동양문명을 근대로 진입하도록 원조하려고 서양이 동양에 개입한 것이라는 '문명화' 개념이 거기서 도출된 것이다.

제국주의가 극에 달해 벌어진 제2차 세계대전이 종결되고 수많은 식민지가 독립하여 국가를 형성한다. 20세기 이후 유럽 제국주의와 그 후예인 미국이 세계 곳곳에 개입하면서 내세운 구호이자 논리가 '인권'과 '민주주의'라고 월러스틴은 말한다. 베트남이 북위 17도를 경계로 남과 북으로 나뉘어 전쟁하던 시기에 미국은 '통킹만' 사건을 조작한다. 북베트남군 어뢰정이 1964년 8월 2일과 4일에 통킹만에서 미국 구축함을 공격했고, 그것을 미군이 격퇴한 것으로 알려진 사건이다. 통킹만 사건을 계기로 민주당 출신 매파 대통령 존슨은 베트남 전쟁에 참전하는 빌미를 찾아낸다. 그들이 전쟁에 개입하면서 내세운 것이 베트남 인민들의 인권과 민주주의였다. 하지만 1971년 『뉴욕타임스』는 북베트남 어뢰정의 선제공격은 없었으며, 그것은 베트남에 군사개입을 하려고 미국이 의도적으로 조작한 사건임을 세상에 알린다.

인권과 민주주의를 강력하게 내세운 전쟁은 사담 후세인의 이라크를 '악의 축'으로 지목한 조지 부시가 획책한 이라크 전쟁이다. 후세인 철권통치에서 이라크 민중을 해방함으로써 그들의 인권과 민주주의를 위해 전쟁을 일으킬 수밖에 없다는 논리를 내세운 조지 부시. 이라크는 악의 축인 데다가 대량살상무기를 가지고 있으며, 세계평화를 위협한다는 주장을 펼친 것이다. 하지만 이라크에는 대량살상무기도 없었고, 2006년 독재자로 지목된 후세인이 처형됐지만, 이라크에는 아직도 인권과 민주주의가 요원하다. 그들(유럽과 미국)만의, 그들만을 위한, 오직 그들에 의한 '인권'과 '민주주의'가 21세기에도 진행되고 있는 것이다.

2007년 폴 해기스 감독은 『엘라의 계곡』을 연출한다. 이라크 전쟁에 참전한 미군병사가 실제 경험한 사건에 기초하여 만든 영화다. 국가권력의 명령에 따라 이라크로 파병된 젊은이가 사람 죽이는 것에 대해 아무런 죄의식을 느끼지 않는 괴물이 되어버렸다는 섬뜩한 이야기를 담고 있다. 국가권력과 폭력이 자유롭고 민주적이며 따뜻했던 청년을 어떻게 살인병기로 만들어버렸는가, 미국이라는 제국은 언제까지 그와 같은 국가폭력을 용인할 것인가, 하는 문제를 제기하는 영화가 『엘라의 계곡』이다. 이라크 전쟁 이전에 있었던 베트남 전쟁을 다룬 영화도 미국에서 다수 만들어졌다. 『디어 헌터』, 『플래툰』, 『지옥의 묵시록』, 『풀 메탈 자켓』, 『택시 드라이버』 등이 그것이다. 하지만 베트남 전쟁영화가 주목하는 것은 베트남 사람들의 야만성과 잔혹성, 미군 내부의 반목과 갈등이나 개인적인 고뇌 정도였지, 국가폭력과 국가권력의 실체와 본질에 대해서는 다루지 않았다. 그런 점에서 『엘라의 계곡』은 언제까지 미국이 세계에 개입할 것인가, 하는 문제를 던지고 있는 셈이다.

| 영화 〈엘라의 계곡〉의 한 장면

인권과 민주주의라는 구호를 내세워 유럽제국과 미국이 21세기에도 계속 지구촌 전역에 개입할 권리가 어디 있는가, 하는 것이 월러스틴의 문제제기다. 유럽과 미국은 선이고, 정당하며 여타지역, 특히 이슬람세력은 악이고 언제나 부당하다는 이분법적 사고가 21세기에는 유효하지 않다. 선진서양과 후진동양, 기독교와 이슬람의 충돌로 세상을 보려는 '문명의 충돌' 개념에 내재한 오리엔탈리즘과 작별해야 할 시점이 21세기다. 유럽적 보편주의 또는 미국적 보편주의 시각을 버리고 '세계적(보편적) 보편주의 universal universalism'를 주장해야 한다고 월러스틴은 말한다.[08] 결론적으로 유럽과 미국, 거기에 고분고분한 일본을 선에 두고 여타 모든 지역과 인민을 적대시하는 잘못된 세계인식을 포기하고 세계전역을 하나의 인류 공동체로 바라보고 이해하는 대동협력의 시대를 열어야 할 시점에 우리는 살고 있다.

---

08   그의 생각은 우리가 항용 인식하는 일반적인 사유의 틀을 뛰어넘는다. "보편적 보편주의는 사회현실에 대한 본질주의적인 성격부여를 거부하고, 보편적인 것과 특수한 것 모두를 역사화하며, 과학적인 것과 인문학적인 것을 단일한 인식론으로 재통합하고, 약자에 대한 강자의 개입을 위한 정당화 근거를 객관적이고 회의적인 시선으로 바라볼 수 있도록 해준다." 『유럽적 보편주의』, 임마누엘 월러스틴 지음, 김재오 옮김, 창비, 2008, 138쪽. 강자는 언제나 옳고 선하다는 논리가 아니라, 약자에게도 정당성과 역사성을 부여하여 약육강식의 논리가 아니라, 공존공영의 길을 걸어야 한다는 것이 그가 내세우는 주장의 핵심이다. 이와 아울러 그는 가치중립성의 족쇄를 벗어던지고 진선미 3위 일체를 통합해 나가는 것이 21세기 지식인의 사명이라고 역설한다.

5.
유라시아와
한반도

한반도와 유라시아를 생각할 때 우리는 맨 먼저 중국과 일본을 떠올린다. 1895년 을미년에 민비 민자영이 살해당한 후 신변위협을 느낀 고종은 1896년 2월 11일 새벽에 궁녀의 가마를 타고 극비리에 러시아 공사관으로 파천한다. 이것을 '아관파천(俄館播遷)'이라 하는데, 이 사건을 계기로 러시아가 한반도 역사에 급부상하게 된다. 그러나 아관파천 이전에 한반도를 둘러싼 침략과 저항의 역사 근저에는 언제나 일본과 중국이 자리한다. 20세기 이후 한반도에서 일본과 미국, 소련을 필두로 한 제국주의 세력이 각축을 벌였고, 한반도는 아직도 지구 최후의 분단국으로 남아있다.

한반도는 역사 이후 900여 차례 외침(外侵)을 받았다는 기록이 있다. 한반도를 겨냥한 대부분의 침략은 대륙, 즉 중국과 만주지역에서 자행한 것이다. 대륙의 정치적인 변화가 한반도의 명운에 직간접적인 영향을 주었다고 할 수 있다. 역사적 연대기의 순차성에 따라 살펴보면 진나라의 뒤를 이은 한나라의 무제가 기원전 108년에 고조선을 멸망시키고 한사군을 설치한다. 한나라가 서기 220년에 멸망하고 중국이 위진 남북조의 혼란을 경험할 때 강성해진 고구려가 313년에 낙랑군, 314년에 대방군을 차례로 멸함으로써 한반도에서 중국의 군현(郡縣)이 사라지게 된다. 한반도 최북단에 자리한 고구려는 오랫동안 대륙세력을 방어하는 최전선에서 한반도를 사수하는 보루구실을 담당했다.

360년에 걸친 위진 남북조의 혼란을 수습하고 589년 대륙을 통일한 수나라는 618년에 멸망함으로써 아주 짧은 기간 존속한다. 수나라 멸망의 원인 가운데 하나가 대대적인 고구려 침공과 실패였다고 역사는 가르친다. 598년에 수나라 창업주 문제(文帝)가 30만 대군을 이끌고 침입하고, 612년에는 그의 아들 양제(煬帝)가 113만 대군을 이끌고 고구려 정벌에 나선다. 요동성에서 강력한 저항에 직면한 양제는 우문술과 우중문 등에게 별동대 30만을 주어 평양성 공략의 책임을 맡긴다. 고구려의 명장 을지문덕은 장거리 원정에 지친 수나라 군대를 평양성 밖 30리 지점인 살수(오늘날 청천강)까지 유인한다.

을지문덕은 요즘도 회자되는 오언고시 『여수장우중문시(與隨將于仲文詩)』를 적진으로 보낸다. '수나라 장수 우중문에게 주는 시'라는 제목을 가진 20자로 이루어진 단시다. "신책구천문 神策究天文 묘산궁지리 妙算窮地理 전승공기고 戰勝功旣高 지족원운지 知足願云止. 귀신같은 책략은 하늘의 이치를 깨우쳤고, 신묘한 계산은 지리를 통달하였노라. 싸워 이긴 공로가 이미 높으니, 만족한 줄 알았으면 그치는 것이 어떠리." 우중문은 이 시를 읽고 퇴각하다가 살수에서 을지문덕의 수공(水攻)에 속수무책으로 패배한다. 그리

유라시아 횡단 인문학

하여 30만 별동대 가운데 살아 돌아간 자가 불과 2700명에 지나지 않았다고 역사는 전한다. 이것이 '살수대첩'이다.

수나라의 뒤를 이어 대륙의 패자가 된 당나라는 300년 가까이 제국으로 존립함으로써 유럽에까지 명성을 드날린다. 오늘날에도 중국인들이 가장 좋아하는 왕으로 꼽는 인물은 당 태종 이세민이다. 당나라 300년 사직의 토대를 쌓은 그의 치세를 가리켜 '정관(貞觀)의 치'라 부른다. 645년 이세민은 50만 대군을 동원하여 고구려 원정길에 오른다. 요동지방에 산재한 고구려의 10여 성을 파죽지세로 함락했지만, 양만춘의 안시성[01]에서 발길이 묶여 전진하지 못한다. 두 달 이상 소요된 공방전에서 안시성과 양만춘은 고구려 본진의 원조도 없이 당의 공격을 차례차례 막아낸다. 야사(野史)에 따르면 활의 명인 양만춘이 당 태종 이세민에게 화살을 날려 그의 한쪽 눈을 멀게 했다고 한다. 당 태종은 양만춘에게 비단 100필을 하사했다고도 전한다. 이세민은 647년과 648년에 고구려 원정을 단행하지만 두 번 모두 실패한다.

하지만 의자왕과 백제에 대한 사적(私的)인 원한으로[02] 시작된 김춘추의

---

01   2017년 제작되어 540만 관객을 모은 김광식 감독의 『안시성』은 역사적 사실과 허구적 이야기를 적절하게 배합하면서 영화를 이끌어 나간다. 한국 관객들은 승리한 이야기에 도취하여 패배한 사건에 대해서는 굳게 침묵한다. 하지만 역사의 교훈은 성공과 승리가 아니라, 실패와 패배에서 나온다.

02   642년 백제의 장군 윤충(允忠)이 대야성(지금의 합천)을 공격하여 김춘추의 사위이자 성주인 김품석과 아내를 사로잡는다. 김춘추는 딸과 사위의 목숨을 간원하지만, 윤충은 그들을 죽여 버린다. 그로써 김춘추는 백제와 같은 하늘을 이고 살 수 없다고

분노로 결성된 신라와 당나라 고종의 나당연합군이 한반도의 명운을 극적으로 변화시킨다. 660년 사비성이 함락되어 백제가 멸망하고, 668년에는 평양성이 함락되어 고구려가 멸망함으로써 백제와 고구려가 역사의 뒤안길로 사라진다. 2005년 『왕의 남자』로 천만 관객을 동원한 이준익 감독은 2003년 『황산벌』, 2010년 『평양성』을 연출한다. 두 편의 영화에서 이준익 감독은 웃음을 가지고 한반도의 대표적인 전쟁과 역사를 돌아본다. 하지만 그의 웃음은 '웃음만을 위한 웃음'이 아니라, 역사적 성찰과 교훈을[03] 탑재하고 있다. 연개소문이 신생제국 당나라 고종에게 600년이 넘는 고구려의 유구한 역사성을 말하는 대목은 인상적이다.

'개원(開元)의 치'로 명성을 날리던 현종은 745년 이후 경국지색 양귀비에게 홀려[04] 정사를 소홀히 하게 된다. 755년부터 시작된 안사의 난으로 당나라는 크게 흔들리고, 국력은 피폐일로(疲弊一路)를 걷는다. 907년 당나라가 멸망하고 중국은 960년 송나라가 성립하여 전국을 통일한 979년까지 5대 10국의 혼란기를 경험한다. 중원의 혼란기에 고구려의 고토(故土)에 자리

생각하면서 백제를 멸망시킬 것을 맹세한다.

03 『황산벌』에서 김유신은 부하에게 이렇게 말한다. "강한 자가 살아남는 것이 아니라, 살아남는 자가 강한 거야!" 이것은 다윈의 적자생존 이론에 그대로 부합하는 명언이라 하겠다.

04 당나라 시인 백거이(772-846)는 현종과 양귀비의 비극적인 사랑을 담은 7언 120행 840자의 장시 『장한가』(806)를 지어 두 사람의 연면부절(連綿不絶)한 인연과 애절한 한을 노래한다.

유라시아 횡단 인문학

했던 해동성국 발해는 926년 거란에게 멸망한다. 한반도 안에서도 후백제와 후고구려가 신라와 각축하는 후삼국 시대가 열린다. 892년에 견훤이 백제의 뒤를 잇겠다는 의지로 후백제를 건국하고, 901년에 궁예가 후고구려를 세운다. 궁예는 911년에 국호를 태봉으로 바꾸지만, 민심을 잃어 918년 왕위에서 축출된다. 궁예의 뒤를 이어 왕위에 오른 왕건은 국호를 고려라 정하고, 935년 경순왕의 귀순과 936년 후백제를 격파함으로써 후삼국을 통일하기에 이른다.

중국은 한동안 장성 아래로는 한족의 송나라(960-1279)와 옛 흉노의 땅인 장성이북에 거란족의 요나라(916-1125), 백두산 이동의 연해주 지역에 여진족의 금나라(1115-1234)로 나뉘어 있었다. 1125년 금나라는 요나라를 멸하고, 1127년에는 송나라의 수도 개봉을 함락시킴으로써 만주전역과 내몽골, 화북에 이르는 제국을 건설한다. 제국을 건설한 후에도 금나라는 고려에 군신관계와 조공을 요구하지만, 전쟁을 일으키지는 않는다. 금나라는 훗날 몽골과 남송 연합군의 공격으로 멸망하게 된다. 문제는 거란족이 세운 요나라의 세 차례에 걸친 침입이다. 993년 거란의 소손녕이 80만 대군을 이끌고 고려를 침략한다. 제1차 거란의 침입이다. 고려는 중군사 서희의 활약으로 강동 6주를 획득한다. 1010년에는 거란의 2차 침입이 시작된다. 강동 6주 반환을 요구하며 거란의 성종이 직접 40만 병사를 이끌고 원정에 나선다. 개경은 함락되고, 현종은 나주까지 피란한다. 1018년에는 같은 요구를 내세워 소배압이 이끄는 10만 대군이 고려를 침입한다. 그러나 강감찬이 이끄는 고려군이 귀주에서 거란을 대파한다.

만주와 중원을 장악하면서 몽골은 무려 9차례에 걸쳐 고려를 침략한다. 고려는 1231년 강화도로 천도한 이후 장장 39년 동안 항쟁을 이어간다. 1270년 개경으로 환도한 이후에도 삼별초를 중심으로 한 대몽항쟁을 지속한다. 고려는 모두 42년 동안 세계최강 몽골의 대원제국에 저항하는 저력을 보여준다. 그러나 1270년부터 시작된 몽골의 노골적인 고려 내정간섭은 1351년까지 80여 년 계속됨으로써 고려의 지난(至難)한 역사를 웅변한다. 1368년에는 원나라가 멸망하고 한족의 명나라가 등장한다. 그리고 원명 교체기에 한반도에는 친원세력 최영을 축출한 이성계의 조선이 등장한다.

명나라가 들어선 이후 한반도와 대륙의 긴장관계는 아연 완화된다. 1592년 임진왜란이 일어나자 원군을 파견한 명나라의 간섭이 소홀해진 틈을 탄 여진의 누르하치가 1613년 여진의 모든 부족을 통일하고, 1616년 후금을 세운다. 1623년 조선에서는 명과 후금 사이에서 등거리 외교를 하던 광해군을 몰아내는 인조반정이 발발한다. 광해군과 달리 인조는 친명배금정책을 실시한다. 이에 후금은 1627년 3만의 병력으로 조선을 침입한다. 후금은 조선과 형제의 맹약을 맺고 철수한다. 이것이 정묘호란이다.

조선은 이후에도 친명배금정책으로 일관하였고, 그리하여 1636년 12월 누르하치의 여덟 번째 아들 홍타이지가 12만 정병(精兵)을 이끌고 조선침략을 단행한다. 홍타이지는 같은 해 4월에 국호를 청으로 바꾸고 만주(여진)족, 몽골족, 한족의 황제 지위에 오른다. 1637년 1월 30일 인조가 삼전도에서 3배 9고두(叩頭)의 치욕을 맛보면서 청과 군신관계를 맺는다. 이것이 병자호란이다. 50만 이상의 아녀자들이 잡혀갔다가 일부가 아이들을 데리고 귀환

유라시아 횡단 인문학

하면서 '환향녀'(화냥년)란 말과 오랑캐 포로의 자식이란 뜻의 '호로자식(胡虜子息)'이라는 말이 생겨난다. 1644년에 명나라는 이자성에게 멸망하고, 청나라는 1648년 북경에 입성하여 대륙의 새로운 주인이 된다. 1911년 청나라가 멸망할 때까지 조선은 북방으로부터 침략을 받지 않는다.

1945년 일본 제국주의가 패망하고 한반도의 남과 북에는 1948년에 개별적인 국가가 들어선다. 대한민국과 조선민주주의인민공화국이 그것이다. 1949년 중국에서는 모택동의 중화민주주의인민공화국이 들어서고, 대만에서는 장개석의 자유중국이 성립한다. 1950년 6.25 한국동란에는 미국을 비롯한 16개국이 대한민국을 도와 참전하였고, 중공은 인민지원군의 이름으로 북한을 도와 참전한다. 한반도와 대륙은 왕조 교체기라는 역사적 변환기에 엇비슷한 운명을 맞이했다. 대륙에 강성하고 호전적인 세력이 등장하면 한반도는 침략전쟁에 시달려야 했고, 대륙이 혼란스러운 시기에는 한반도가 비교적 평화로운 시간대였다고 말할 수 있다.

유라시아 동쪽 끝에 자리한 섬나라이자 해양세력 일본도 한반도를 호시탐탐 노리고 있었다. 서기 660년 백제가 멸망하자 왜(일본)는 나당연합군이 자국을 침략할지 모른다고 두려워하며 규슈지역에 백제식 산성을 쌓으며 전쟁에 대비하기에 이른다. 그러다가 왕자 풍을 중심으로 한 백제 부흥군이 원조를 요청하자 전선 1000여 척에 4만여 병사를 백제로 급파한다. 그리하여 663년 백제와 왜, 신라와 당나라가 서로 연합하여 대규모 전투가 발발한다. 이것을 가리켜 백강전투[05]라 부른다. 백강에 대해서는 금강이라는 것이 통설이지만, 근자(近者)에는 동진강 설(說)도 나오는 등 의견이 분분하다. 『구당서』에서는 당나라 장수 유인궤가 백강 입구에서 부여풍과 왜인들과 네 번 싸워 이기고 적선 400여 척을 불살랐다고 기록한다. 『일본서기』 역시 663년 8월 27일 백제와 왜의 연합군이 나당연합군에게 패퇴했다는 기록을 남긴다. 이로써 일본세력이 한반도에서 완전히 물러남으로써 동북아에서는 당나라와 신라, 발해, 일본의 세력안정이 300년 가까이 이어진다.

일본은 한반도와는 전혀 다른 지정학적 특수성을 가진 나라다. 한반도는 문자 그대로 해양과 대륙세력이 각축하는 데 반해, 일본은 완전히 섬나라다. 그런 까닭에 한반도를 방파제 삼아 대륙의 군사적 위협으로부터 자유로웠다. 그 결과 일본의 고유한 폐쇄적이고 독자적인 역사를 형성할 수 있었다. 1945년 2차 대전 당시 히로시마와 나가사키에 원자폭탄이 떨어져 대규모 인명피해가 나자 일왕 히로히토가 서둘러 항복하게 된다. 하지만 그 이전에 일본본토가 대륙이나 한반도 세력의 전면적인 무력공격을 받은 전례가 없다. 몽골과 고려 연합군이 1274년과 1281년 두 차례에 걸쳐 일본원정을 단행하지만, 두 번 모두 강풍으로 실패하게 된다. 그러므로 일본은 오래된 동양의 왕국이자 신속하게 근대화를 이룸으로써 서양문물을 흡수하여 운용하고 있는 특이한 나라인 셈이다.

---

05   중국 사서에서는 '백강구전투', 『일본서기』에서는 '백촌강전투'라고 부른다.

유라시아 횡단 인문학

일본을 말하면서 우리는 반드시 왜구[06]와 임진왜란을 떠올리게 된다. 『고려사』 1223년 기록에 처음 등장하는 왜구는 고려 충정왕 2년인 1350년을 기점으로 한반도를 침략하고 노략질을 일삼는다. 왜구는 공민왕 시기에 115회, 우왕 시기에 278회에 걸쳐 고려의 해안지대는 물론 내륙 깊숙한 곳까지 침략한다. 왜구는 고려뿐 아니라, 중국 해안지역을 약탈했는데, 그 주된 세력은 대마도와 규슈지역 출신이었다. 최영과 최무선, 이성계 등이 왜구소탕에 공을 세웠으며, 특히 1389년 창왕 1년에 박위는 전함 100척을 이끌고 쓰시마를 정벌하여 왜구를 소탕한다. 조선초기인 1419년 세종원년에 이종무도 쓰시마를 정벌함으로써 1592년 임진왜란 전까지 왜구의 준동이 거의 사라지게 된다.

그런데 왜구와 관련해서 이중적인 태도를 견지한 인물은 도요토미 히데요시다. 임진왜란 당시 그는 '정명향도(征明嚮導)'라는 명분을 내세워 조선을 침략한다. 명나라를 치러 갈 터이니 길을 안내하라는 것이다. 조선침략을 단행하기 전에 그는 "우리가 왜구를 진압했으니 공적을 인정하라"고 명나라에 주장하는 한편, 다른 한편으로 쓰시마에 본거지를 둔 왜구세력을 대대적으

---

06   요즘 언론에 등장하는 '토착왜구'라는 말이 흥미롭다. 경술국치 직후에 『대한매일신보』에 '토왜(土倭)'라는 말이 나오는데, 그것에 기초하여 만들어진 말이 토착왜구로 보인다. 토착왜구는 얼굴은 한국인인데, 속마음은 일본인이라는 의미로 쓰인다. 일본과 일본인을 받들고 그들의 이익을 위해서 복무하는 한국인으로 한국과 동족을 멸시하는 일군의 정치인과 언론인, 종교인을 가리킨다.

로 흡수한다. 그리하여 임란이 발발하자 도요토미는 왜구를 일본수군에 편성하여 한반도 침략에 적극적으로 활용하는 이중적인 전략을 취한다.

일본은 도요토미 히데요시가 등장하기 전까지 100년이 넘는 세월 동안 극심한 혼란기를 경험한다. 15세기 중반부터 16세기 후반까지 혼슈와 규슈, 시코쿠를 아우르는 일본 전역에서 죽이고 죽는 살육의 혼란이 진행된 것이다. 그것을 일컬어 일본의 전국시대라고 한다. 오다 노부나가, 다케다 신겐, 도쿠가와 이에야스 등이 권력을 두고 쟁패한 시기가 전국시대다. 전국시대는 오다 노부나가의 부장(副將)이었던 도요토미 히데요시가 1585년에 도요토미 정권을 수립함으로써 막을 내린다. 전국시대를 거치면서 양성된 막강한 군사력을 동원하여 도요토미 히데요시가 조선을 침략한 전쟁이 임진왜란이다.

7년 동안 이어진 일본의 조선침략은 조선의 승리로 귀결된다. 조선이 승리하게 된 요인은 크게 세 가지다. 첫 번째, 이순신의 해상권 장악, 두 번째가 명나라의 지원군 파병, 세 번째가 의병 활동이다. 23전 23승이라는 전무후무한 기록을 가진 이순신의 압도적인 승리는 바다를 이용해 군량미와 전략물자를 이동하려는 왜군의 전략을 완벽하게 차단한다. 2001년 출간된 김훈의 소설 『칼의 노래』는 전란을 맞이하여 왜적과 싸우는 이순신의 내면세계를 여러 각도로 들여다본다. 소설은 1597년 정유재란에서 시작하여 1598년 11월 19일 노량해전에서 이순신이 절명하는 시간까지를 배경으로 한다.

『칼의 노래』에는 우리가 익히 알고 있는 영웅이자 불세출의 명장이며 세계적인 해군제독 이순신은 나오지 않는다. 그 대신 생살여탈권을 가진 군왕

선조로부터 죽임을 당할지 모르는 이순신의 인간적인 번민이 그려진다. '적의 적으로 죽고 싶고' 때로는 죽음이 두려워 생의 끝까지 살고자 하는 너무도 인간적인 이순신의 절절한 내면토로가 빛을 발한다. '명량해전' 직후 막내아들 면을 잃고 나서 바닷가 소금창고에서 숨죽여 우는 아버지 이순신, 젊은 아내의 지아비로서 이순신, 관기 여진을 품은 사내로서 이순신, 종사관 김수철을 지극히 사랑하고 보듬는 상관으로서 이순신이 묘사되는 것이다.

명나라 신종이 이여송에게 4만 병사를 주어 1592년 12월 25일 명군이 압록강을 건넌다. 이여송은 평양성 전투에서 고니시 유키나가가 지휘한 일본군을 대파하고 평양을 탈환한다. 그러나 벽제관 전투에서 크게 패배함으로써 전란이 장기화하는 빌미를 제공한다. 명군은 구원병이었으나, 그 행악질 또한 극심하여 '왜군은 얼레빗, 명군은 참빗'이라는 유행어를 만들기도 한다. 의병은 유생에서 농민, 스님에 이르기까지 전국팔도에서 일어나 게릴라전으로 왜군을 혼란과 당혹으로 몰아넣는다. 광주에서 출병한 김덕령은 신출귀몰한 전술과 담력으로 왜군을 혼비백산하게 하지만, 의심 많은 선조에게 잡혀가 맞아 죽는 비운의 인물이다.

도요토미 히데요시의 죽음으로 왜군은 서둘러 철병하다가 노량해전에서 결정적인 타격을 경험한다. 전후의 혼란스러운 일본을 장악한 인물은 도쿠가와 이에야스로 그는 1603년 에도(오늘날의 동경)에 막부정권을 수립한다. 그 이후 1876년 병자수호조약이 체결되기 전까지 일본은 조선침략을 꾀하지 않는다. 그리하여 270년 넘는 장구한 세월 한반도와 일본열도는 평화를 유지한다. 양국의 평화를 담보한 것은 조선통신사[07]라 할 수 있다. 1607년 선조가 도쿠가와 이에야스의 간청을 받아들여 '회답겸쇄환사'를 일본에 보낸다. 일본의 권력자가 보낸 국서에 답하고, 일본으로 끌려간 조선인들을 귀국시키는 사절단이란 의미다. 그 이후 순조 11년인 1811년에 이르기까지 조선은 200년 동안 12차례에 걸쳐 통신사를 파견한다. 평균 15-16년에 1회꼴로 조선의 선진문화 문물을 일본에 보낸 셈이다.

지정학적 위치로 인해 한반도가 일본의 방패 구실을 해주었기 때문에 일본은 조선의 권력자와 식자들과 달리 중국이 세계의 중심이라는 생각을 하지 않은 듯하다. 그래서인지 그들은 중국이라는 명칭 대신 '지나(支那)'를 사용하기도 한다. 중국 최초의 통일왕조 '진(秦)'을 음차(音借)한 영어식 이름이 '차이나'고, 진에서 유래한 또 다른 이름이 지나다. 일본의 역사나 고고학 연구자들은 거의 예외 없이 지나라는 표현에 익숙하며, 일본에 유학하면서 공부하는 외국인들 역시 중국이라는 호칭 대신 지나를 선호하는 경향이 있다.

중국 중심의 세계관을 가지고 있지 않았던 일본은 포르투갈과 네덜란드 같은 나라의 과학기술을 수용한다. 그 가운데서도 도쿠가와 막부의 8대 쇼군인 요시무네는 기독교 관련서적 이외의 외국서적 도입을 장려한다. 특히 그는 네덜란드의 의학과 기술서적에 관심을 보이고, 그것은 1774년 『해체신

---

07   조선통신사에 대한 보다 상세한 정보는 히로시마 교직원 노조와 전교조 대구지부 소속 교사들이 협력하여 저술한 『조선통신사』, 한일역사공통교재, 한길사, 2005를 참조할 것.

서』의 출간으로 빛을 보게 된다. 네덜란드어로 된 인체 해부학 서책『해체신서』출간은 일본의 내과, 해부학, 생리학, 병리학 등 의서가 일본에 소개되는 계기를 제공함으로써 일본 의학발달에 크게 공헌한다. 이것을 통틀어 '난학⁰⁸(蘭學)'이라 한다. 그 후에 일본에는 서양의 망원경과 온도계, 시계 같은 물품이 들어오게 되고, 그와 아울러 유럽의 역사와 철학 같은 형이상학적인 개념도 도입됨으로써 일본의 서구이해를 높인다.

1853년 일본은 미국의 페리 제독에게 강제로 개항함으로써 불평등조약을 맺는다. 그 결과 도쿠가와 막부가 세력을 상실하면서 1868년 이른바 '명치유신'이 단행된다. 명치유신을 전후로 한 시기에 일본 지식인 계층이 열독(熱讀)한 서책은『충경』으로 알려져 있다. 나라의 모든 구성원을 '충'이라는 개념 하나로 묶어낸 서책이『충경』이다. 천지신명을 충의 기본원리로 삼고, 위로는 군왕과 대신, 관료부터 아래로는 백성에 이르기까지 모두가 국가에 충성하자는 내용을 담은 것이다. 충성을 다하고 나라의 은혜에 보답해야 한다는 진충보국(盡忠報國) 사상이『충경』의 마지막을 장식한다. 청나라에서도 가장 널리 읽힌 서책이『충경』으로 되어 있는데, 유독 조선에서는『충경』에 대한 논의가 없다. 오직『효경』만이 있을 뿐이다. 조선의 좌우에는 '충'의 나라가 포진하고, 조선은 '효'에 기초한 '가문의 나라'가 된다.

---

08   '난학(蘭學)'은 네덜란드의 한자식 이름인 화란의 '란'과 학문의 '학'을 합성해서 만든 이름이다. 따라서 네덜란드에서 유래한 학문이라는 뜻이다.

명치유신 종결이후 불과 8년 만인 1876년에 일본은 조선을 병자수호조약으로 내몰아 강제로 개항시킨다. 그들이 미국에 당한 모욕을 조선에 되돌려준 것이다. 그리고 조선의 내정에 간섭하기 시작하다가 1894년 민비 민자영의 호출을 받아 우금치에서 동학 농민들을 무참하게 학살한다. 청나라를 따돌리고 한반도에서 우세를 점하기 시작한 일본은 압도적인 군사력과 경제력을 내세워 청일전쟁을 승리로 이끈다. 1905년 일본은 러일전쟁에서도 세계를 놀라게 하면서 러시아에 승리를 쟁취한다. 반면에 조선은 1905년 을사늑약과 1910년 경술국치를 거쳐 역사의 뒤안길로 영원히 사라져 버린다.

흥미로운 점은 일본에 멸망한 조선의 백성이 만주와 연해주로 이주함으로써 오랜 세월 우리와 인연을 놓았던 지역과 재회하게 되었다는 사실이다. 더욱이 스탈린이 연해주 지역에 거주하던 조선인들을 일본의 앞잡이로 생각하는 바람에 그들이 오늘날 카자흐스탄, 우즈베키스탄, 키르기스스탄 같은 중앙아시아 지역까지 이주하게 되는 사태가 발생한 것이다. 고조선과 부여, 고구려와 발해로 이어졌던 면면한 흐름이 926년 발해 멸망 이후 대륙의 연고권마저 끊어졌던 것이다. 그러던 차에 일제의 만행으로 식민지 조선의 백성이 그곳으로 이주하기 시작한 것이다. 역사적인 강역이나 고토회복을 주장하는 것이 아니라, 한민족의 외연 확대라는 사실에 주목하고자 한다.[09]

---

09   이런 관점을 역사적으로 제시하는 서책이 『동아시아, 해양과 대륙이 맞서다』이다. 지은이 김시덕은 서울대 규장각 한국학연구원 조교수로 일본의 전국시대부터 태평양전쟁에 이르는 500년 역사를 통관(通觀)하는 혜안을 선보인다.

러시아에 거주하는 고려인과 중국의 동북삼성에 살고 있는 조선족의 의미는 21세기 세계화의 시대에 상당히 각별하게 다가온다.

한반도와 중국 그리고 일본의 대표적인 고대 역사서를 비교하면서 서로의 차이와 공통점 및 의미를 살펴보는 것도 유라시아 동쪽의 세 나라를 이해하는 데 필수적이다. 역사는 시간, 공간, 인과율에 포획되어 살아가는 인간의 경험을 총체적으로 기록한 것이다. 지구상의 생명체 가운데 유일하게 과거와 현재, 미래를 구분하고 살아가는 인간이 지나간 사건과 관계를 종횡으로 누비면서 그 의미를 포착하려는 것이 역사다. 인간이 역사를 기록하고 역사에 주목하면서 역사에 유의하는 까닭은 잘못된 과거, 실패한 역사, 패배한 기록에서 유의미한 교훈을 찾고자 함이다. 과거를 반추함으로써 오늘의 우리를 돌이키고, 내일의 세계와 인간을 생각하고 기획하는 계기를 제공하는 것이 역사이기 때문이다.

사마천(司馬遷)의 『사기』는 고대동양을 대표하는 사서다. 사마천은 기원전 145년 무렵 출생하여 기원전 86년 무렵 졸(卒)한 것으로 기록돼 있다. 그는 흉노전쟁을 주도한 무제가 통치하던 시기의 역사가다. 그의 부친 사마담은 태사령 직함을 가지고 있었는데, 기원전 110년 운명한다. 사마천은 기원전 108년 무렵 태사령을 물려받는다. 태사령은 천문을 관측하고 달력을 제작하며, 국가대사와 조정의 의례관련 기록을 담당하는 것이 주된 직무다. 사마담은 죽기 전에 아들 사마천에게 '중국역사를 통관하는 사서를 집필하라'고 유언한다. 태곳적부터 당대(當代)까지 중국이 어떤 역사적인 맥락을 가지고 이어져 왔는지, 일목요연하게 기록으로 남기라는 것이다. 사서를 쓰지 못하면 결코 죽어서는 안 된다는 유언도 함께 남긴다.

　기원전 105년 무렵 사마천은 사서를 집필하기 시작한다. 기원전 100년 한나라와 장성을 사이에 두고 각축하던 흉노와 싸우다가 이릉(李陵)이라는 장수가 적에게 투항하는 사건이 벌어진다. 분노한 무제가 이릉을 처형하려 하자 사마천이 그를 옹호하고 나선다. 이에 무제는 자신의 뜻을 거역하는 사마천을 투옥하고 그에게 죽음, 50만 전의 벌금, 궁형(宮刑) 가운데 한 가지를 택하라고 명한다. 아버지 사마담의 유언을 이행하고자 했던 사마천의 유일한 선택은 궁형이었다. 남성으로서 큰 수치를 당하면서도 아버지의 유언을 이행하려 했던 인물이 사마천이다. 그리하여 기원전 90년 무렵에 『사기』가 완성된다.

　사마천의 『사기』는 본기(本紀) 12권, 표(表) 10권, 서(書) 8권, 세가(世家) 30권, 열전(列傳) 70권 등 모두 130권으로 이루어졌으며, 모두 56만 6500자[10]에 이르는 저작이다. 사마천의 역사 서술방식을 흔히 기전체(紀傳體)라 하는데, 그것은 본기(本紀)의 '기'와 열전(列傳)의 '전'을 합해 만든 표현이다. 본기는 중국 역대왕조의 역사를 모은 것으로, 왕과 왕실 중심의 역사기록이다. 표는 역사적인 연대표를 뜻한다. 서는 각종 제도와 행정기록을 담은 것이며,

---

10　『사기』가 얼마나 방대한 서책인지를 알려주는 자료가 있다. 태상노군 노자의 『도덕경』은 5천자, 공자의 『논어』가 1만 2천자, 장자의 『장자』는 10만자 정도다. 따라서 『장자』 다섯 권과 『논어』 다섯 권 그리고 『도덕경』을 모두 합해도 『사기』의 분량에 미치지 못한다.

세가는 역대의 제왕들을 보필했던 제후들의 기록을 담은 것이다. 열전은 왕이나 제후가 아닌 인물들의 이야기로 다채로운 인간군상의 이야기를 담고 있다. 더욱이 『조선열전』이나 『흉노열전』처럼 개별적인 인간이 아니라, 이민족에 관한 이야기를 다루고 있기도 하다.

세가와 열전에 모두 나오는 유일한 인물은 공자다. 사마천 당시 한나라는 유교를 국교로 내세울 만큼 유가를 존중했으며, 유가의 비조가 공자였기에 그런 결과가 나온 것이다. 열전은 옛날이야기로 읽어도 흥미진진한 인물과 사건을 드러내 보인다. 부자와 협객, 광대와 칼잡이 혹은 자객, 혹독한 관리와 출세한 정치가들 이야기가 곳곳에 포진해있다. 그런 인물 가운데 형가(荊軻)라는 인물을 포착해서 2002년 장예모 감독이 『영웅』을 만들어낸다. 진시황을 죽이려고 했던 자객 형가를 주인공으로 한 영화가 『영웅』이다. 수많은 사람의 피와 땀과 목숨을 담보로 하여 형가가 거사를 이루기 직전 끝내 실패하는 '자객열전' 이야기를 현대적으로 재해석한 『영웅』. 장예모는 국가의 통일과 강성대국 이념을 위해서라면 개인은 희생될 수 있다는 이념적 지향을 강력하게 드러낸다. 21세기에 세계로 비상하는 중화제국의 표상으로 '대국굴기'를 위해 몇 사람쯤은 사상(捨象)돼도 좋다는 감독의 의지가 번뜩이는 영화가 『영웅』이다.[11]

11　진개가(陳凱歌)와 함께 중국의 대표적인 5세대 감독 장예모는 『붉은 수수밭』, 『귀주이야기』, 『인생』 등으로 세계적인 주목을 받았는데, 1998년 『책상 서랍 속의 동화』, 1999년 『집으로 가는 길』에서 현대중국의 문제를 날카롭게 포착한다. 그러나 『영

사마천은 『사기』를 집필하기 위해 오랜 세월 자료수집에 골몰한다. 진나라와 한나라 왕실의 기록뿐 아니라, 그 이전인 춘추전국시대의 자료 및 제자백가의 저술과 문헌도 빠짐없이 수집한다. 이런 역사적인 기록을 충실하게 활용하기도 했지만, 동시에 그는 가공(架空)의 이야기도 역사에 끌어들이기도 한다. 더욱이 『열전』의 경우에는 각각의 인물에 대한 기록을 마치고 난 연후에 역사기록을 남긴 저술가 자신의 평가를[12] 반드시 덧붙인다. 그런 까닭에 『열전』의 독자는 역사가 사마천의 세계인식과 평가기준, 가치관을 확인할 수 있다.

동양의 역사서술 방식에는 크게 세 가지로 나눌 수 있다. 사마천이 『사기』에서 실현한 기전체 서술방식이 하나이며, 역사적 연대기의 순서에 따라 역사를 써나가는 편년체 서술방식이 두 번째다. 편년체와 반대로 역사적 연대순을 무시하고 기록자의 관점에 따라 역사를 서술하는 기사본말체 방식이 세 번째다. 기사본말체에서 역사가는 자신의 관점에 따라 중요하다고 생각하는 사건과 인물을 앞에 배치하고, 이른 시기에 발생한 사건이라 해도 중요도가 떨어진다고 판단하면 뒤에 서술하게 된다.

웅』 이후 그의 영화관이 급변하면서 국가주의와 상업주의 이념에 충실한 감독으로 재탄생한다. 2004년 『연인』과 2006년 『황후화』는 상업주의의 대표작이며, 2008년 북경 올림픽 총감독 장예모는 국가주의 예술가를 극명하게 자처한다.

12   『열전』 끝에는 이런 표현이 나온다. "태사공은 말한다. 太史公 曰" 이런 방식으로 사마천은 『열전』에 등장하는 모든 인물에 대한 평가를 스스로 내린다.

사마천의 기전체 서술방식을 채택하여 1145년 고려 인종 때 김부식 (1075-1151)과 8인의 사관이 공동으로 집필한 역사서가 『삼국사기』다. 김부식은 감수국사(監修國史) 상주국(上柱國)[13]이라는 직책을 가지고 사서편찬의 최고 책임자 구실을 했다. 『삼국사기』는 본기, 연표, 지(志), 열전으로 구성돼 있다. 모두 28권으로 이루어진 본기는 신라와 통일신라가 12권, 고구려가 10권, 백제가 6권을 차지한다. 연표는 3권 분량인데, 신라의 시조 박혁거세가 맨 앞에 등장한다. 중국, 신라, 고구려, 백제 순으로 역대 왕들이 재위한 기간을 표시한다. 9권으로 이루어진 지는 풍속과 지리, 각종 제도에 관한 책으로 제사라든가 음악, 제복의 색깔, 직관(職官) 등의 기록을 담고 있다.

열전은 10권으로 구성돼 있는데, 거기서 다루고 있는 인물은 50명이다. 신라 사람들이 압도적으로 많고, 그중에서도 열전의 1-3권을 차지하는 김유신의 비중이 가장 높다. 김유신 같은 화랑이 10인 넘게 기술되어 있고, 각종 충신과 효자, 열녀도 서술돼 있다. 강수, 최치원, 설총 같은 유학자와 문인도 기술한다. 흥미로운 사실은 창조리(倉助利)와 연개소문, 궁예와 견훤 같은 인물도 열전에 포함돼 있다는 것이다. 창조리는 고구려 봉상왕을 폐위하고 미천왕을 옹립한 인물이며, 연개소문은 태종무열왕 김춘추를 죽일 뻔한 사람이다. 궁예는 태봉을 세워서 고구려의 맥을 이으려 했으며, 견훤은 후백제를

---

13   '감수국사'는 국사를 편찬하는 업무를 최종적으로 관리-감독한다는 의미이며, '상주국'은 고려시대에 국가에 공이 있는 사람에게 주는 정2품 명예직이다.

개창(開創)하여 왕건과 자웅을 겨룬 인물이다. 김부식은 이런 인물들을 경계하기 위해 '반역열전' 형식으로 기술한 것이다.

　김부식이 『삼국사기』를 편찬한 목적은 무엇인가. 김부식은 1127년 인종의 명으로 송의 수도 개봉(開封)을 방문하려 한다. 그런데 여진족의 금나라가 송과 요나라의 결탁에 분노하여 개봉을 함락시키고 '정강의 변'[14]을 일으킨다. 이에 김부식은 속수무책 귀국하게 되는데, 국력강화가 얼마나 절실한가, 하는 깨달음을 얻게 되었다고 한다. 『삼국사기』를 편찬한 동기는 서문에 세 가지로 밝혀져 있다. 첫 번째가 고려 지식인들이 중국사는 잘 알면서 고려의 일은 그 시말(始末)을 모르기 때문이라고 한다. 고려 지식인들의 사대근성을 날카롭게 지적한 것이다. 중국사에는 박식한데, 정작 자기 나라 역사를 모르는 고려 지식인이 너무 많다는 얘기다. 두 번째는 중국의 사서가 고구려와 백제, 신라의 역사적 사실을 지나치게 간략하게 기록하고 있기 때문이라는 것이다. 세 번째는 당시 고려에 떠돌아다니던 세간의 기록이 너무 거칠고 비속하기에 바로잡아야 한다는 것이다. 이런 생각에 기초하여 김부식

14　　1115년에 금나라를 세운 여진족은 송나라와 연합하여 1121년 거란의 요나라를 멸망시킨다. 그런데 송은 날로 강성해지는 금나라를 견제하기 위해 요나라의 잔당과 은밀하게 결탁한다. 이런 내막을 확인한 금나라는 1127년에 개봉을 공격하여 송의 황제 흠종과 태상황 휘종을 사로잡아 돌아간다. 이것을 일컬어 '정강의 변'이라 한다. 수도를 함락당한 송나라는 흠종의 아우인 강왕 조구를 새로운 황제 고종으로 내세우고 임안(오늘날의 항주)에 도읍한다. 이것을 기점으로 하여 1127년 이전의 송나라를 북송, 그 이후의 송나라를 남송이라 부른다.

은 옛날의 국왕과 신하들의 잘못을 낱낱이 가려내 후세를 위한 교훈으로 삼고자 한다는 뜻을 밝힌다.

역사가 과거와 대화하면서 현재를 돌이키고 미래를 기획한다는 점에서 『삼국사기』는 역사의 본래 의미와 목적에 부합한다고 할 수 있다. '술이부작(述而不作)'[15]이라는 유가의 원칙에 따라, 기이하고 신이(神異)한 설화 같은 것은 배제하고 역사적 사실에 바탕을 두고 서술하려는 자세로 일관하고 있다는 강점을 가진다. 하지만 『삼국사기』의 몇 가지 문제점을 지적해야만 한다. 우선 신라 중심의[16] 역사서술이다. 신라는 기원전 57년에, 고구려는 기원전 37년에, 백제는 기원전 18년에 건국했다고 『삼국사기』는 기록한다. 대륙세력을 막아내는 방파제 구실을 했던 고구려가 신라보다 늦게 개국했다는 것은 앞뒤가 맞지 않는 얘기다. 나아가 고구려가 북방에서 대륙세력과 각축함으로써 남쪽의 신라와 백제가 강성해질 가능성을 제공했다는 사실, 일본

---

15   '술이부작'은 『논어』 '술이 편' 첫머리에 나오는 구절이다. "공자 가라사대, 논술하되 지어내지 않는다. 옛것을 믿고 좋아한다. 子曰, 述而不作, 信而好古." 공자는 학문의 기본자세를 선인들이 남긴 생각과 글에 자신의 생각을 덧대는 방식이라 여겼다. 반면에 무엇인가 독창적이고 신묘한 것을 지어내는 것은 극도로 꺼렸다. '술이부작'은 고려와 조선의 선비들이 추종한 학문자세다.

16   김부식은 본관이 경주이며, 그의 집안은 대대로 경주의 토호세력으로 영향력을 행사했다고 전한다. 그의 아버지 김근이 개경에서 벼슬살이 할 때조차 집안의 근거는 경주에 있었으니, 그야말로 경주에 깊게 뿌리내린 가문의 자손이 김부식이다. 이런 연유로 신라 중심의 역사서술이 나오지 않았는가, 하고 비판적으로 보는 학자도 있다.

과 연계한 백제의 해상왕국 건설, 발해의 성립과 융성 같은 대목을 배제함으로써 협소한 역사인식을 드러내 보인다.

무엇보다 『삼국사기』의 문제점으로 지목할 만한 것은 삼국과 대륙의 정세변화를 입체적으로 바라보는 시각이 부족하다는 사실이다. 중국의 역대왕조 성립과 흥망성쇠는 삼국의 평화와 전쟁과 긴밀하게 연결돼 있었다. 고구려와 백제의 멸망 그리고 신라의 통일은 대륙의 상수(常數) 당나라를 제외하면 설명되지 않는다. 신라하대의 혼란과 후고구려 및 후백제의 등장 역시 당나라 말기의 극심한 정치적 혼란과 맥을 같이 한다. 더욱이 신라와 백제 사이에 자리한 육가야를 포함한 소국들에 대한 기록이 거의 없다. 일본이 장구한 세월 주장해온 '임나일본부설' 같은 허위주장에 대응할 논거를 『삼국사기』는 제시하지 못하는 결함을 가지고 있다. 통일신라 이후에 번창했던 불교의 대표적인 인물에 관한 서술이 완전히 실종됨으로써 유학자 내지 유가 중심의 역사서술에 스스로 갇혀버리는 결과를 초래하기도 한다.

『일본서기』는 680년에 집필되기 시작하여 720년에 완성된다. 『삼국사기』[17]가 1145년에 완성됐으니, 『일본서기』는 그보다 425년이나 앞서서 출간된 것이다. 1281년부터 1283년 무렵 일연(一然)이 완성한 『삼국유사』와 비

---

17   『삼국사기』가 출간되기 전에 『구삼국사(舊三國史)』, 『삼한고기(三韓古記)』, 『신라고기(新羅古記)』 등이 있었다고 하나 오늘날에는 전하지 않는다. 김부식도 『삼국사기』 서문에서 『고기』를 언급함으로써 그것을 참조했다는 사실은 유추할 수 있지만, 그 실체를 확인할 길이 없다.

교하면 이런 역사적 연대의 차이는 더 벌어진다. 대륙의 발전된 문물이 한반도를 거쳐 일본으로 전달됐다는 '한반도 전파론'을 주장하는 우리로서는 상당히 당황스러운 대목이다. 『일본서기』는 그들이 천황(天皇)이라 부르는 역대 왕들의 기록인 본기만으로 구성돼 있다. 따라서 『삼국사기』에 나와 있는 지나 열전 같은 기록이 없다. 그것은 『일본서기』가 사마천의 기전체 역사서술 방식이 아니라, 연대적인 순서에 따르는 편년체 서술방식을 취하고 있음을 방증한다.

『일본서기』에서 일본인들은 자국을 중국과 대등한 제국으로 인식하고 있다. 중국에서 왕을 하늘의 아들인 천자라고 한 것처럼 일본인들은 왕을 천황이라고 호칭한 것이 그것을 보여준다. 어처구니없는 얘기지만 『일본서기』에 그려진 일본은 한반도의 고구려와 백제, 신라를 그들에게 조공을 바치는 조공국가로 간주했다. 더욱이 『일본서기』에는 『삼국사기』나 『삼국유사』에서 다루어지지 않은 가야 여섯 나라에 대한 상세한 기록을 담고 있다. 태평양을 등지고 한반도와 대륙을 바라보는 섬나라 일본의 대표적인 사서 『일본서기』는 중국, 고구려, 백제, 신라, 가야, 왜(倭)로 연결되는 '6국 사기'라는 점이 무엇보다 도드라진 특징이라 할 수 있다.

『일본서기』는 건국신화를 담은 신대(神代)에서 시작하여 지통천황이 사망한 697년까지의 역사를 연대순으로 기록한 통사다. 『일본서기』는 『고사기』와 함께 일본 고대사 연구에서 가장 핵심적인 사료로 작용한다. 그런데 『일본서기』는 백제가 멸망하고, 백강전투에서 백제 부흥군과 일본 연합군이 나당연합군에 패배한 이후 공포의 소산(所産)으로 집필되지 않았는가 생각한다. 한반도 남단을 통일한 나당연합군이 언제라도 일본본토를 공격해올지 모른다는 두려움에서 사서출간을 기획한 것은 송나라의 국가적 환란인 '정강의 변'을 경험한 김부식이 『삼국사기』를 집필한 것과 같은 맥락을 가진다.

40년의 집필기간을 거쳐 완성된 『일본서기』는 섬과 반도와 대륙을 통관하는 '6국 사기'라는 점에서 자국의 협애(狹隘)한 관점을 넘어섬으로써 입체적인 시각을 확보하고 있다. 반면에 『일본서기』는 4세기 중반부터 6세기 중반까지 일본의 야마토 정권이 한반도 남부를 완전히 지배했다는 속칭 '임나일본부설'을 제기함으로써 허구성 논란을 불러일으키고 있다. 우리는 그들이 말하는 임나일본부설이라는 것이 오늘날 경남 함안에 자리한 '아라가야'에 체류하면서 교역에 종사한 왜인들의 활동과 공간을 대대적으로 확대하고 재생산한 것임을 알고 있다.

『일본서기』에 등장하는 신화적인 이야기는 오늘날에도 일본인들이 애용하는 창작의 원천으로 작용한다. 일본열도의 바다와 섬, 강과 산을 낳은 남신 이자나기와 여신 이자나미 부부의 이야기가 그러하다. 어느 날 이자나미가 불의 신을 낳다가 치명적인 화상을 입고 죽는다. 그래서 '요미'라 불리는 황천으로 떠나는데, 이자나기는 아내를 찾아서 황천으로 들어간다. 그리스 신화에서 아내 에우리디케(Eurydike)를 찾아가는 오르페우스(Orpheus) 이야기와 같은 맥락이다. 동일본 대지진을 배경으로 한 『너의 이름은』(2016)을 연출한 신카이 마코토 감독은 장편 만화영화 『별을 좇는 아이: 아가르타의 전설』(2011)에서 이 신화를 현대적으로 재해석한다.

황천에서 이자나미를 만난 이자나기는 아내를 지상으로 데려오려 한다.

이자나미는 자기 얼굴을 보지 말라는 조건을 내거는데, 이자나기는 아내 얼굴이 보고 싶은 마음에 그녀의 얼굴을 보게 된다. 이미 죽어버린 이자나미는 '요미'의 음식을 먹은 탓에 얼굴에 구더기가 들끓고 있었다. 분노한 이자나미를 뒤에 두고 이자나기는 홀로 귀환한다. 황천에 갔다 왔기 때문에 온몸을 구석구석 씻는 과정에서 아마테라스, 스쿠요미, 스사노오 같은 신이 탄생하게 된다. 아마테라스는 태양을 관장하는 여신이고, 스쿠요미는 달의 신, 스사노오[18]는 바다 혹은 바람의 신이다. 이런 식으로 『일본서기』에는 유가의 객관적인 '술이부작' 정신이 아니라, 고대인의 상상력이 중요한 위치를 점하고 있다는 특징을 가진다.

사마천의 『사기』, 김부식의 『삼국사기』 그리고 일본의 『일본서기』는 나름의 저술과 출판배경을 가진다. 각각의 사서에는 고유한 역사적인 관점과 세계관이 투영되어 있다. 그와 같은 차이와 다름, 혹은 유사성을 살핌으로써 지리적으로 가장 가까운 동북아 세 나라가 어떻게 과거를 판단하고 수용했는지 인식할 수 있다. 이것은 과거뿐 아니라, 오늘날 이뤄지고 있는 복잡다단한 동북아정세를 폭넓고 깊이 있게 이해하는 단서로 기능하리라 믿는다. 그 지

---

18   스사노오는 나무와 긴밀하게 연결된 신이기도 하다. 그는 눈썹 털을 불어서 녹나무를, 수염을 뽑아서 삼나무를, 가슴 털을 뽑아서 편백을, 엉덩이 털로는 금송(金松)을 만들었다고 한다. 더욱이 나무의 용도까지 『일본서기』는 지정해주고 있다. 녹나무와 삼나무로는 배를 만들고, 편백나무로는 궁궐을 짓고, 금송으로는 관재(棺材)로 쓰라고 기록한다. 이것에 관해서는 『역사가 새겨진 나무 이야기』, 박상진 지음, 김영사, 2004, 77쪽 참조.

점에서부터 우리는 어떻게 21세기 이후의 시간대를 주변국과 더불어 살아갈 것인지 구체적으로 기획하고 협력해나갈 방도를 찾을 수 있을 것이다.

2부

유라시아의 고전과 문학

6.
유라시아와
동서고전

유라시아의 동과 서를 풍미했던 고전은 풍요롭고 다채롭다. 고전 목록만으로도 여러 권의 서책편집이 가능할 것이다. 고전 가운데 동양의 『장자』와 『벽암록』, 서양의 『영웅의 역사』와 『대중의 반역』을 일별하는 것으로 동서고전을 갈음하고자 한다. 『장자』는 『논어』나 『도덕경』에 비해 장대하고 다소 어렵다는 점에서, 『벽암록』은 난해하지만, 인간과 세계를 바라보는 장쾌한 시야를 제공한다는 점에서 살펴보고자 한다. 21세기에도 여전히 문제로 남아있는 지식인과 대중, 지배와 피지배의 대결이나 충돌의 관점을 성찰하려는 의도에서 『영웅의 역사』와 『대중의 반역』을 돌이켜보려 한다.

장자는 전국시대를 살아간 풍운아이자 경이로운 상상력의 소유자이며 노장사상을 대표하는 인물이다. 그는 기원전 370년 무렵 태어나서 기원전 300년경 졸한다. 그와 동시대에 활동한 인물로는 유가의 맹자를 거명할 수 있다. 공자가 개창한 유가의 체계를 완성한 인물이 맹자이며, 노자에서 발원한 도가의 체계를 심원하게 만든 인물이 장자다. 이런 면에서 우리는 공맹과 노장을 동시에 사유하고 인식하는 것이다. 서양에서는 아리스토텔레스가 이들과 엇비슷한 시간대에 활동한다. 인류 최초의 문예비평서 『시학』이 기원전 330년에 출간되었음을 기억하는 것으로 충분하다.

장자가 남긴 책이 『장자』인데, 한자로 10만 자에 이르는 대작이다. 『장자』는 잠언(箴言)이나 경구의 형식을 빌린 『도덕경』과 달리 은유와 비유의 우화 형식을 사용한다. 장자의 자유자재한 상상력과 비약, 언어유희와 논리학이 곳곳에서 번득이는 『장자』는 시공간을 종횡무진 질주한다. 그리하여 유가의 지적자산과 유산이 장자에게 와해당하는 지경에 이르렀다고 생각하는 사람도 있다. 『장자』는 내편, 외편, 잡편으로 이루어져 있는데, 내편에 7편, 외편에 15편, 잡편에 11편의 글이 실려 있어서 모두 33편으로 구성돼 있다.

노자가 도가를 개창하고, 장자가 뒤를 이었다는 것이 정설인데, 양자 사이에는 다소의 차이가 엄존한다. 불명확하지만 노자는 춘추 말기의 인물로 수용된다. 피비린내 진동하는 약육강식의 전국시대가 본격적으로 개막하기 이전 인물이 노자다. 크고 작은 100여 개의 나라가 서로 각축하고 대결하는 양상을 보였으나, 거대한 전쟁으로 수많은 사람이 살상당하는 약탈과 살육의 시기는 아직 도래하지 않았다는 말이다. 그래서 『도덕경』에는 정치적 담론과 '성인'이 곳곳에 드러나 있다. 『도덕경』 5장을 생각해보자.

"하늘과 땅은 인하지 않아서 만물을 짚으로 만든 개처럼 여긴다. 성인은 인하지 않아서 백성을 짚으로 만든 개처럼 여긴다. 하늘과 땅 사이는 풀무 같아서 비어있지만 다함이 없고, 움직이면 더 쏟아져 나온다. 말이 많으면 자주 막히므로 중간을 지키는 것만 못하다. 天地不仁, 以萬物爲芻狗. 聖人不仁, 以百姓爲芻狗. 天地之間, 其猶槖籥乎, 虛而不屈, 動而愈出. 多言數窮, 不如守中."(『노자타설』, 189쪽)

천지자연은 모든 생명체의 요람이지만, 천변만화하는 속성으로 인해 상상을 뛰어넘는 재해를 불러오기도 한다. 2011년 3월 11일 발생한 동일본 대지진은 진도 9.0의 강진으로 20세기 이후 지구촌에서 발생한 지진 가운데 네 번째 강도의 지진이었다. 1995년 일어난 진도 7.8 고베지진의 180배 위력을 발휘했다고 하니 그 강도를 짐작하기 어렵다. 대지진의 여파로 사망-실종자가 2만 5천을 넘고, 피해주민이 33만에 이른다고 하니 상상하기 어려운 재해가 아닐 수 없다. 그것을 생각하면 천지가 만물을 짚으로 만든 개처럼 여긴다는 말이 실감 난다.

문제는 그 이후에 나오는 '성인불인'이다. 성인의 대명사로 불리는 요순(堯舜)을 생각하면, 뭔가 모순처럼 보이는 대목이다. 만백성을 위무하고 그들의 살림살이를 풍족하게 해주었다던 요순임금.『격양가』를[01] 부르면서도 대체 누가 왕인지도 모르고 살았던 태평성세의 정치 지도자. 하지만 노자는

---

01 『격양가』 내용은 이러하다 "해 뜨면 나가서 일하고, 해가 지면 들어와서 쉬고, 우물 파서 물 마시고, 밭 갈아 밥 먹으니 황제의 힘이 내게 무슨 쓸모 있단 말인가. 日出而作, 日入而息. 鑿井而飮, 耕田而食. 帝力於我, 何有哉." 격양가는 배가 부르고 등 따신 백성이 신발을 벗어들고 땅바닥을 두드리며 부르는 노래로 태평성대를 은유하는 기제로 오래도록 사용되었다.

달리 생각한다. 사람은 땅을 따르고, 땅은 하늘을 따르고, 하늘은 도를 따르고, 도는 자연을 따른다는(『도덕경』 25장) 것이 노자의 인식체계다. 따라서 사람이 자연을 따르는 것은 자명한 이치다. 성인도 예외가 아니다. 편견과 사심 없는 천지자연을 본받아 성인도 만백성을 차별하지 않고 경세제민의 자세를 가져야 한다고 노자는 생각한 것이다.

장자 역시 성인이란 말을 쓰지만, "성인이 죽지 않으면, 큰 도둑이 그치지 않는다. 聖人不死 大盜不止"[02] 식의 부정적인 용어로 쓴다. 나아가 『장자』 외편의 '양왕(讓王)'은 천하를 물려주려는 고전시기 대표적인 두 성인인 요순의 지극한 노력과 그것을 한사코 거부하는 허유, 자주지백, 선권, 석호의 농부 같은 사람들의 이야기로 시작한다. 장자는 노자가 말하는 성인의 '천하'를 뿌리치고 일신의 안온을 추구하는 자들의 지극한 경지를 찬양한다. 그는 노자나 공자가 말하지 않은 지인(至人), 신인(神人), 진인(眞人) 같은 개념을 활용한다. 지인은 지극한 경지에 도달한 사람, 신인은 신과 인간의 경계에 이른 신묘한 인간, 진인은 참으로 진실하고 경지를 헤아리기 어려운 사람을 일컫는다. 이런 인물들이 등장한 까닭은 장자가 살았던 전국시대 말기의 혼란상을 수습하고 백성을 치유할 성인의 출현 가능성이 전혀 없었기 때문이다.

노자는 함곡관 수문장 윤희에게 『도덕경』 5천 자를 써주고 푸른 소를 타고 서쪽으로 표표히 사라졌다고 한다. 그는 천하를 경륜하고 백성을 구제할

---

02   '성인불사, 대도부지'는 『장자』, 외편, '거협(胠篋)'에 나오는 구절이다.

유라시아 횡단 인문학

시기가 이미 지나버렸음을 통감하고 숨어버린 것이다. 반면에 천하를 철환 (轍環)하면서 자신의 정치사상과 철학을 유세한 공자는 경세제민의 확신을 끝끝내 버리지 않은 인물이다. 그런데 장자는 노자나 공자와 달리 저잣거리 에 거처를 둔다. 장자는 도저한 그의 학식에 매료된 사람들이 오거나 말거나 세간의 현실정치와 권력에 담을 쌓고 살았다. 행방을 알지 못하도록 숨어버 린 노자나 권력자들에게 유세하면서 자신의 도를 설파한 공자와 달리 장자 는 현실정치에 완전히 손 놓고 유유자적하면서 인간의 내면과 정치의 요체, 우주의 본질을 추구했던 사상가이자 철학자였다.

세상에 어떻게 처하고, 백성을 어떻게 보필할 것인가 하는 노자의 '처세 보민(處世保民)' 개념이 장자에 오면 매우 약해진다. 예컨대 『도덕경』 44장 에 "만족할 줄 알면 욕됨이 없고, 그칠 줄을 알면 위태롭지 않아서 오래 갈 수 있다. 知足不辱 知止不殆 可以長久"는 구절이 나온다. 명예나 재물보다 육 신이 더 소중하다고 하면서 노자는 많이 쌓아두면 반드시 크게 잃어버린다 고 지적한다. 문제의 핵심은 욕망을 멈추는 것이다. 계영배(戒盈杯)처럼[03] 흘 러넘치지 않는 최적의 지점을 정확히 알고, 그것을 실천하는 자세가 중요하

---

03 '계영배'는 넘치는 것을 경계하는 술잔을 뜻한다. 과음을 삼가려고 만든 잔으로 7할 이상 술을 부으면 잔에 있는 술이 모두 흘러내리도록 설계돼 있다. 인간의 무한욕망 을 경계하려는 의도를 내포한 것으로 고대 중국 이래로 널리 활용되었다. 조선후기 이름난 거상(巨商) 임상옥도 '계영배'로 탐욕을 예방했다고 전한다. 이것에 대해서는 최인호의 장편소설 『상도』(2003)를 참조하기 바람.

다고 노자는 말한다.

　반면에 장자는 국가나 천하보다 개인의 안위와 행복이 훨씬 중요하다고 갈파한다. '양왕'에 등장하는 흥미로운 대목을 보자. 한나라와 위나라가 영토분쟁으로 전쟁을 하게 되자, 자화자(子華子)가 한나라 임금 소희후(昭僖侯)를 만나서 두 나라 싸움이 부질없음을 입증한다. 그가 제시한 논거는 "두 팔이 천하보다 중하다"는[04] 것이다. 외팔이가 되어 천하를 얻겠는가, 아니면 두 팔을 가진 채 천하를 포기하겠는가, 하고 자화자는 왕에게 묻는다. 소희후는 천하를 포기하겠다고 말한다. 작은 영토를 두고 위나라와 싸우는 것은 무의미하다는 자화자의 논리가 지극한 설득력을 얻는다. 여기서 '두 팔이 천하보다 중하다'는 명제가 유래한다. 노자가 제시한 소박한 처세보민의 이념이 아니라, 국가의 영토는 물론이려니와 천하마저 가볍게 포기하고 일신의 안위를 갈파하는 장자의 호방함과 허허로움이 여실히 감촉되는 대목이다.

　하지만 놀라운 것은 천하까지 부정하고 은일과 자아만족과 무위자연의 세계를 넘나들었던 장자에게도 경세제민의 고뇌가 있었다는 사실이다. 현실 정치와 권력에 담을 쌓고 살았던 장자였지만, 그는 전국시대의 소용돌이 속에서 속절없이 무너져 내리며 유리걸식(遊離乞食)하는 백성들을 구제할 방도는 없을까, 하고 깊이 고뇌한 인물이기도 했다. 외편의 '천지'에 나오는 구

04　　『장자』, 기세춘 옮김, 바이북스, 2007, 574쪽. 이 말의 한자어는 '양비중어천하야 兩臂重於天下也'다.

절을 보자. "길을 가는 세 사람 가운데 한 사람만 미혹되었다면 목적지에 이를 수 있다. 미혹된 자가 적기 때문이다. 그러나 두 사람이 미혹되면 아무리 애써도 다다를 수 없다. 미혹된 자가 많기 때문이다. 지금은 온 천하가 미혹되었으니, 내가 비록 향도한들 어찌할 수 있겠는가. 불가능한 줄 알면서도 힘쓰는 것은 또 하나의 미혹이다. 그러므로 포기하고 추구하지 않음만 못하다. 그러나 추구하지 않으면 누가 진실로 더불어 걱정할 것인가."[05]

세상천지가 온통 미혹되어 혼란과 미망에 사로잡혀 있는데 내가 나선들 무슨 방도가 있겠는가. 그 또한 또 다른 미혹 아니겠는가, 하고 장자는 생각한다. 불가능한 것을 빤히 알면서 계란으로 바위를 깨려는 짓이 무슨 소용이란 말인가, 그런 결론에 이르는 것처럼 보인다. 이 지점에서 장자는 공자의 우울하고도 쓸쓸한 철환을 떠올리고 있는지도 모를 일이다. 하지만 마지막 문장이 우리의 가슴을 절절하게 울린다. 미혹된 천하와 만백성을 어떻게든 살려내려고 애쓰지 않는다면, 어찌 글 읽은 자라고 할 수 있겠는가?! 세상이 어지럽고 백성은 도탄에 빠져 신음하고 있는데 걱정조차 하지 않는다면, 과연 지식인으로서 온당하게 세상을 살았다고 할 수 있겠는가, 하는 장자의 일갈이 폐부를 찌른다. 이렇듯 장자는 초탈한 무위자연의 경지를 자유롭게 노니는 지인이자 진인의 면모도 가지고 있지만, 살육이 끊이지 않는 전란의 시대를 오래도록 근심한 식자의 면모도 가지고 있다.

---

05   『장자』, 외편, 천지, 272-273쪽.

『장자』에 담긴 몇몇 사자성어와 우화를 통해서 그가 가진 사유의 고갱이를 살펴보자. 이것은 시대를 뛰어넘는 이야기꾼 장자의 면모가 사태의 정곡을 찌르는 촌철살인으로 다가오는 장면이다. '조삼모사(朝三暮四)'라는 말이 있다. 아침에는 3개, 저녁에는 4개라는 뜻이다. 조삼모사 이야기는 『장자』에도 있고, 『열자』에도 나온다. 이야기 주인공은 송나라의 저공이라는 사람인데, 원숭이를 좋아해서 꽤 많은 원숭이를 길렀다고 한다. 가세가 기울자 그는 어느 날 원숭이들에게 말한다. "너희들에게 오늘부터 아침에는 도토리 3개, 저녁에는 도토리 4개를 주마." 그랬더니 원숭이들이 벌컥 화를 냈다는 것이다. 그러자 저공이 꾀를 내서 다시 말한다. "그러면 아침에는 4개, 저녁에는 3개를 주마." 그러자 원숭이들이 모두 좋아했다고 한다. 조삼모사는 여기서 유래한 사자성어다.

사태의 본질은 조금도 변하지 않았는데, 감정에 휩쓸려 올바른 판단에 이르지 못하는 어리석음을 경계하는 말이 조삼모사다. 저공이 원숭이들에게 주겠다고 약속한 대상은 도토리이며, 개수는 7개다. 같은 대상과 개수에도 불구하고 원숭이들은 아침에 4개, 저녁에 3개가 아침에 3개, 저녁에 4개보다 많다고 느낀 것이다. 목전에 제기된 현상을 제대로 분별하지 못하고 어리석게 미혹된 셈이다. 여기서 장자는 우리를 미혹으로 인도하는 욕망이나 선악 혹은 미추의 개념을 넘어서 대상의 본질을 천착하는 것이 중요하다는 점을 지적한다.

'물 마른 수레바퀴 자국에 있는 붕어'라는 뜻을 가진 '학철지부(涸轍之鮒)'는 함축하는 바가 많은 이야기를 동반한 사자성어다. 장마철에 수레가 지나

다니다 보면 진흙에 수레바퀴 자국이 생긴다. 그곳에 작은 붕어나 미꾸라지 같은 것이 돌아다니는 수가 있다. 그런데 비가 그치고 햇볕이 계속 비추면 물이 쪼그라들게 되어 그곳의 생명은 물의 소멸과 더불어 사멸(死滅)해야 하는 운명에 처한다. 이런 정황을 염두에 두고 장자는 '학철지부' 이야기를 지어낸 것이다.

어느 날 장자의 아내가 먹을거리가 없다는 이유로 장자를 닦달한다. 그래서 장자는 하천을 감독하는 출세한 친구 감하후(監河候)를 찾아간다. 장자는 말한다. "여보게, 정말 급해서 그러니 끼니 좀 빌려주게나." 감하후가 장자에게 이렇게 응대한다. "내가 가진 식읍(食邑)에서 가을에 세금을 걷게 되면 삼백 금을 빌려주겠네." 당장 끼니가 없는 사람에게 가을까지 기다리면 거금을 빌려주겠다는 말에 장자는 분노한다. 장자는 이야기를 시작한다.

"어저께 길을 떠나서 자네한테 오는 길인데, 누가 뒤에서 나를 부르더군. 돌아봤더니 수레바퀴 자국에 있던 붕어가 나를 부르고 있더구먼. 무슨 일인가, 물었더니, 붕어가 하는 말이, 나는 동해에 사는 신하였는데, 어쩌다 보니 수레바퀴의 물에 살게 되었습니다. 날이 점점 가물어져서 지금 죽을 지경이니 물 한 되나 한 말을 부어주실 수 있겠습니까, 하더라니까. 그래서 내가 말했지. 아, 그래. 그렇다면 내가 지금 남쪽으로 내려가서 오나라 왕과 월나라 왕한테 도를 설파하고 난 다음에 운하를 파서 서강의 물을 자네한테 대주도록 하겠네. 그랬더니 붕어가 화를 내더라니까. 아니, 그러면 물은 언제 내게 온단 말입니까. 지금 물이 말라서 한 되나 한 말 정도만 있으면 목숨을 부지할 수 있을 텐데, 선생께서 그렇게 말씀하시면 건어물 가게에서 나를 찾는게 훨씬 빠를 겁니다, 하고 화를 내더라고."

　목전에 닥친 곤궁함에 처한 친구의 위급함을 외면하려는 감하후에게 장자는 수레바퀴 자국에서 죽어가는 붕어 이야기를 들려줌으로써 사태의 화급함을 갈파한다. 누군가 몹시 다급하고 절실한 상황에 빠져있다면, 이런저런 생각하지 말고 즉각적이고 직접적인 도움을 주어야 한다고 말이다. 곤경에 빠진 허다한 백성들의 어려움을 외면한 채 부국강병이니, 변법이니, 제도개선이니 하면서 거대담론에 빠져있는 당대의 식자와 권력자들을 장자는 사자성어 '학철지부'[06]로 통렬하게 비판하고 풍자하고 있다.

　'진흙 가운데서 꼬리를 끌다'라는 뜻의 사자성어 '예미도중(曳尾塗中)'도 흥미롭다. 장자가 복수(濮水)에서 낚시를 하고 있는데, 초나라 왕이 대부 두 사람을 보낸다. 장자가 워낙 유명한 사상가이자 철학자였기 때문에 나랏일을 부탁하려는 뜻에서 사람을 보낸 것이다. "우리 군왕께서 선생을 재상으로 초빙하고자 하시는데, 어떻게 하시겠습니까?" 하고 대부가 묻는다. 장자가 말을 받아서 응대한다. "귀국(貴國)에는 죽은 지 삼천 년이나 되는 신묘한 거북이 있다고 들었소. 그 거북은 죽은 지 삼천 년이 지난 다음에도 여전히 헝겊에 싸여 상자에 모셔져 신당 높은 곳에 자리한다고 들었소. 그대들에게 묻겠소. 거북은 그렇게 죽어서 등껍질과 뼈다귀만 남아서 남에게 시중받기를 원하겠소, 아니면 살아서 진흙탕 속에서 꼬리를 흔들고 돌아다니는 것을

06　'학철지부' 이외에도 '철부지급(轍鮒之急)'이라는 용어도 쓰인다.

바라겠소. 그대들 같으면 무엇을 선택하시겠소.” 대부들이 답한다. “아, 저희는 당연히 진흙 가운데서 꼬리를 끌며 오래 살고 싶습니다.” 그러자 장자가 응수한다. “나 또한 마찬가지요. 그대들의 왕에게 가서 이르시오. 나는 신묘한 거북이 되기보다는 진흙탕 속에서 꼬리를 끌며 오래 살아남는 거북이 되고 싶다고 말이오.”

이런 이야기에서 나온 것이 ‘예미도중’이다. 국가의 중대사니, 재상이니, 유명하다느니 하는 허명 따위와 작별하고 자유롭고 호방하며 호탕한 일상을 영위하려 했던 자유 사상가 장자의 사유를 거침없이 드러내는 사자성어가 ‘예미도중’이다. 어쩌면 그의 머릿속에는 강성대국 진나라의 부국강병을 주도했으나 끝내는 거열형으로 생을 마감한 법가의 상군이 자리했는지도 모른다. 훗날 한 고조 유방의 휘하에서 천하통일의 대업을 이루고도 죽임을 당한 한신은 장자의 이런 ‘예미도중’ 교훈을 망각하여 허망하게 ‘토사구팽(兎死狗烹)’을 읊조렸는지도 모른다.[07]

『장자』에는 도둑의 세계에도 ‘도’가 있다는, 허황하지만 가슴을 찌르는 이야기도 담겨 있다. 장자가 만들어낸 지극히 잔인하고 대담한 도둑의 이름은 ‘도척(盜跖)’이다. 수천의 휘하를 거느리고 다녔던 도둑 중의 도둑 도척에게 어느 날 부하가 묻는다. “우리 도둑에게도 도가 있습니까.” 도척은 즉시

---

07   그것이 아니라면 한신은 ‘공을 이루었으면 물러나는 것이 하늘의 이치 功遂身退, 天之道’(『도덕경』 9장)라는 노자의 가르침을 알지 못한 듯하다.

대답한다. "당연하지. 도둑에게도 성, 지, 용, 의, 인, 이렇게 다섯 가지의 도가 있네." 도척의 설명에 따르면, 어느 집에 훔칠 만한 물건이 있는지 없는지를 알아보는 것이 성(聖)이오, 훔칠 만한 물건을 과연 우리가 빼낼 수 있는지 없는지를 알아보는 것이 지(智)요, 다른 사람보다 앞서서 들어가는 것(入先)을 용(勇)이라 하고, 맨 마지막에 나오는 것(後出)을 의(義)라 하며, 훔친 물건을 고르게 나누는 것(均分)을 인(仁)이라 한다.[08]

유세객들이 앞다투어 주장했던 '도'라는 것은 지식인의 전유물이 아니라, 하찮은 도적의 무리에게도 도가 있다고 설파함으로써 '도'를 비웃어버리는 장자. 도척의 이야기로 장자는 왜 전국시대에 그토록 많은 도둑이 창궐했는지, 진정한 의미에서 가장 큰 도둑은 누구인지 묻는다. 나아가 그는 도둑들도 도를 가지고 있다고 주장하면서 국가의 최고 정치 지도자, 즉 왕이나 제후들은 어떤 도를 가지고 국가를 다스리고 있는지 묻고 있다.

도척은 인과 의를 내세워 남을 속이는 헛된 말과 거짓 행동으로 군주들을 홀려서 천하를 가로채려는 유학자를 큰 도둑으로 생각한다. '도척'에서 우리는 준열하게 공자를 나무라는 대도(大盜)의 목소리와 만난다. "너는 밭 갈지 않고 베 짜지 않으면서 호의호식한다. 혀와 입술을 놀려 제멋대로 옳고 그름을 만들어 천하의 임금을 홀리고 천하의 선비를 근본으로 돌아가지 못하게 하고, 그릇된 효제(孝悌)를 지어내어 요행으로 벼슬과 부귀를 노리는 자이

---

08   『장자』, 외편, 거협, 218쪽.

니, 너의 죄는 크고 지극히 막중하다. 빨리 돌아가라. 그렇지 않으면 네놈의 간을 꺼내 점심 반찬으로 먹으리라."[09]

『장자』에서 우리의 허를 제대로 찌르는 교훈적인 이야기 가운데 하나가 '무용지용(無用之用)'이다. '쓸모없음의 쓸모'라고 번역할 수 있다. 『장자』 외편 '인간세'에 나오는 이야기다. 유명한 대목(大木) 장석(匠石)이 제자를 데리고 나무하러 나갔다가 거대한 사당나무를 본다. 수천의 사람을 가릴 수 있을 정도로 어마어마한 나무의 크기는 백 아름이나 됐다. 게다가 나무 높이는 산을 굽어볼 정도에 이르렀다. 동행한 제자가 입을 크게 벌리고 말한다. "선생님, 저 나무입니다." 하지만 장석은 쳐다보지도 않고 가던 길을 재촉한다. 제자는 스승의 태도를 이해하지 못하고 투덜댄다. "그만두어라! 그것은 말할 것도 없이 쓸모없는 나무다. 배를 만들면 가라앉을 것이고, 관곽을 만들면 곧 썩을 것이며, 그릇을 만들면 곧 부서지고, 창문을 만들면 송진이 흐르고, 기둥을 만들면 좀이 슬 것이어서 재목이 되지 못할 나무다. 아무짝에도 쓸모없으니 이렇게 장수할 수 있었던 게다."

그날 밤 꿈에 사당나무가 장석을 찾아와 말한다. "너는 어찌 나를 나쁜 쪽으로만 빗대느냐. 풀명자나무, 배나무, 귤나무, 유자나무같이 열매를 맺는 족속은 열매가 익으면 박탈당한다. 그것은 나무의 재능 때문에 그런 고통이 생기는 것이다. 그리하여 천수를 누리지 못하고 중도에 요절하는 것이니 스스

---

09   『장자』, 외편, 도척, 595쪽.

로 세속의 공격을 끌어들인 것이다. 세상 사물에 이와 같지 않은 것이 없다. 그래서 나는 아무짝에도 쓸모없기를 추구한 지 오래다. 나를 유용하게 했다면 어찌 이처럼 크게 될 수 있었겠느냐. 너와 나는 모두 하나의 사물에 지나지 않는다. 쓸모없는 인간이 쓸모없는 나무의 뜻을 어찌 알겠느냐."[10]

이튿날 장석은 제자를 데리고 가까운 친구를 찾아간다. 버선발로 달려 나온 친구는 하인을 불러 거위 한 마리를 잡으라고 한다. 하인은 잘 우는 거위를 잡을까요, 아니면 울지 못하는 거위를 잡을까요, 하고 묻는다. "울지 못하는 거위를 잡아야지. 집도 못 지키는 거위를 어디 쓰겠느냐?"고 친구가 말한다. 울지 못한다는 이유로, 즉 쓸모가 없기에 거위가 죽어 나가는 것이다. 제자가 장석에게 묻는다. "어제는 나무가 쓸모가 없어서 그토록 크고 오래 살게 됐다는데, 오늘은 울지 못한다는 이유로 거위가 목숨을 잃었습니다. 저희는 어찌해야 합니까?" 장석은 '중용지도(中庸之道)'를 지키라고 대답한다. 쓸모없음과 쓸모있음 사이의 중간지대를 선택하라는 것이다. 지나치지도 않고 모자라지도 않은 딱 그만큼의 선에 머물라는 것이 장자의 가르침이다. 무용지용은 장자의 예외적인 '처세보민' 교훈이다.

백담사에서 주석하고 설악산 신흥사 조실로 있다가 2018년에 입적한 오현 스님의 『벽암록』[11] 가운데 일부를 생각해본다. 『벽암록』은 선문(禪門)에

---

10   『장자』, 내편, 인간세, 131-132쪽.

11   본문에서 다루고 있는 고담준론의 출처는 다음과 같다. 『벽암록』, 조오현 역해, 불교

의탁하여 깨달음을 얻고자 했던 사람들의 1,700가지 공안(公案) 가운데 100가지를 뽑아서 본칙(本則)으로 소개하고, 그 앞에 수시(垂示), 그 뒤에 송(頌)을 덧댄 서책이다. 공안은 선을 시작한 수행자의 정진을 돕고자 사용하는 간결하고 역설적인 구절이나 물음을 가리킨다. 우리나라에서는 공안이라는 용어보다 화두(話頭)로 잘 알려져 있다. "산은 산이오, 물은 물이다" 하는 자명한 언명도 화두에 속한다. 수시는 문제의 핵심을 제시하는 글이고, 송은 깨달음을 노래로 표현한 것인데, 흔히 게송(偈頌)이라고도 한다. 이런 순서로 100개의 공안을 중심에 두고 전개되는 서책이 『벽암록』이다.

제23칙으로 소개돼있는 '보복묘봉(保福妙峰)'을 먼저 살펴본다. 보복묘봉의 핵심주제는 무엇이 본질이고, 무엇이 허상인가, 본질과 허상, 달리 말해 법(法)과 상(相) 사이의 거리와 간극에 대한 이야기다. 보복화상과 장경화상이 산천을 유람할 때 보복화상이 봉우리를 가리키면서 말한다. "저것이 바로 묘봉정일세." 그랬더니 장경화상이 "그건 그렇지만 애석하구먼." 하고 응수한다. 훗날 보복화상이 이런 얘기를 경청화상에게 하니까, 경청이 "만약 장경화상이 아니었으면 들녘에 해골만 가득했을 것이네." 하고 말했다고 전한다. 대체 이것이 무슨 말인가?!

이야기에 등장하는 보복화상과 장경화상은 설봉의존의 법을 이은 동문수학한 도반이었고, 경청화상은 그들보다 약간 어린 사제였다. 이들 세 사람의

시대사, 2010.

이야기가 시차를 두고 전개된 것이다. 보복과 장경이 세상을 주유(周遊)하다가 우연히 산봉우리를 만나게 되자 장난기가 동한 보복이 "저것이 묘봉정이야!" 하고 흰소리를 한 것이다. 묘봉정은 불가에서 말하는 우주의 실체 또는 진리의 당체(當體)로 표상되는 상징이다. 그런데 보복이 눈앞에 보이는 산을 묘봉정이라고 규정했으니 장경이 당황했을 가능성이 있다. 보복의 흉중에는 필시 묘봉정이 따로 있는 것은 아니다, 어떤 산이라 해도 지극한 이치의 구현체가 될 수 있다는 생각이 있었을 터다.

이런 깨달음을 스스럼없이 이야기하자 장경이 응수한 것이다. "그런데 묘봉정이 아닌 산을 묘봉정이라고 했으니 이건 그대의 말에서만 묘봉정이 되는 것 아니냐. 그래서 나는 애석하다." 이런 이야기가 오고 간 것을 나중에 경청이 보복에게 듣게 된다. 그러자 경청이 장경의 해석에 공감을 표명한다. "만일 장경이 아니었다면, 세상에 쓸모없는 인간들로만 가득했을 것이다." 경청화상은 그런 식으로 장경화상의 견해에 동조한다. 이것은 세 사람의 수도승이 가지고 있던 깨달음에 대한 이야기다.

이야기는 도저한 경지에 있는 선지식(善知識)들이 거침없이 주고받는 응수와 현란하기 짝이 없는 해석을 담고 있다. 여기서 무엇이 본질이고, 무엇이 허상인가, 하는 문제가 제기된다. 보복이 구체화한 눈앞의 봉우리가 진리의 요체, 즉 묘봉정인가. 아니면 장경이 말하는 상징적이고 추상적인 존재로서 묘봉정이 진리의 요체인가. 양자 간에 거리가 생겨난다. 달리 말하면 본질은 모든 현상에 현현되어 있는가, 혹은 본질은 모든 현상과 무관하게 따로 존재하는가. 상과 법은 하나의 현상에 공존하고 있는가, 아니면 상과 법은

      유라시아 횡단 인문학

외따로 각기 존재하는가.

백장산에서 선풍(仙風)으로 이름을 날리던 백장화상에게 어느 날 납자(衲子)[12]가 찾아와서 묻는다. "어떤 것이 기특한 것입니까." 간결한 질문이다. 백장의 대답 또한 간명하다. "대웅봉에 홀로 앉는 것이니라." 그러자 납자가 "아미타불!" 하면서 예를 갖춘다. 백장은 기다렸다는 듯 납자의 면상을 주먹으로 후려갈긴다. 여기서 문제가 생겨난다. 왜 백장화상은 돌연 납자에게 주먹을 휘두른 것일까. 제대로 알지도 못하면서 아는 척하는 것은 잘못이다. 대웅봉에 홀로 앉는다는 것이 무슨 뜻인지, 떠돌이 돌중이 제대로 알고서 백장에게 절을 했겠는가, 그런 문제의식이 드러나 있는 대목이다.

백장화상은 납자의 행각을 거짓으로 생각한 것이다. 그것을 견디기 어려웠던 백장이 느닷없이 주먹을 날린다. 불가의 선문에서는 깨달음을 위해서 제자나 납자에게 발길질을 하거나 주먹을 날리거나, 몽둥이찜질을 하거나, 신체 일부를 꼬집거나 하는 기이하고 폭력적인 방편을 동원하는 경우가 왕왕 있다고 한다. 백장화상도 그런 모습을 보인 것이다. 오현 스님은 이것과 결부하여 "잘난 척하는 놈들은 맞아도 싸다"는 명언을 남긴다. 글줄이나 읽었다고 자처하는 지식인들이 출세와 성공, 명성을 얻고자 동네방네 떠들고 다니기 때문에 한국사회가 시끄럽다는 것이 오현의 판단이다. 그런 자들은

---

12   납자는 특정한 거처를 두지 않고 탁발하면서 깨달음을 얻고자 세상을 떠도는 수행 승을 일컫는다.

얻어맞아도 그만이라는 것이다.

납자에게 제대로 한 방 날린 백장도 처음부터 깨달은 인물은 아니었다. 그의 스승 마조화상과 백장의 일화가 자못 흥미롭다. 어떻게 하면 시비분별을 우주적인 관점으로 승화할 수 있겠는가, 하는 문제다. 어느 날 마조화상이 백장을 데리고 길을 간다. 가다 보니 들오리가 날아오르는 것이다. 그러자 마조화상이 백장에게 묻는다. "저게 뭐냐?" "들오리입니다." "어디로 갔느냐?" "저쪽으로 날아갔습니다." 들오리가 날아간 방향을 가리키면서 백장이 "저쪽으로 갔습니다." 하고 대답한다. 그 순간 마조화상이 백장의 코를 힘껏 비틀어버린다. 그리고 던지는 한 마디. "가기는 어디로 갔단 말이냐?" 그 순간 백장은 홀연 깨달았다고 한다.

"가기는 어디로 갔단 말이냐?" 여기까지가 공안의 내용이다. 대체 무슨 말인가. '사족(蛇足)'을 통해 공안을 해석하는 오현 스님의 말을 따라가 보자. "말 궁둥이에 벼룩이 한 마리 붙어 있었다. 벼룩이 말 궁둥이를 돌아다니는 동안에 말은 천 리를 달려 부산까지 갔다. 이때 벼룩은 부산까지 간 것인가, 아니 간 것인가." 어떻게 생각하시는가. 천리마가 있다고 가정하자. 천리마 궁둥이에 벼룩이 한 마리 붙어 있다. 어느 날 천리마가 서울에서 출발해서 부산까지 달려갔다. 그런데 벼룩은 부지런히 천리마 궁둥이를 돌아다니고 있다. 그렇다면 벼룩은 부산까지 갔는가, 아니 갔는가. 오현 스님은 여기에 다음과 같이 덧붙인다.

"달이 지구를 돌고 있다. 지구는 태양 둘레를 돈다. 태양계는 은하계를 돌고, 은하계는 다시 우주를 돈다." 그런데 우주도 돌고 있다. 우주가 한 번 도

유라시아 횡단 인문학

는데 2억 5천만 년 정도 소요된다고[13] 한다. 오현 스님의 질문은 이것이다. 달은 태양을 돌고 있는가, 은하계를 돌고 있는가. 가기는 어디로 갔단 말인가. 돌고 돌아도 그 자리에 있는 것 아닌가. 스님의 결론은 간명하다. 벼룩은 말 궁둥이에서 제자리걸음만 하고 있었다는 얘기다. 가기는 어디로 갔단 말인가. 우주적인 관점에서 본다면 어디로 갔다고 할 수 있겠는가. 이것과 유사한 이야기가 『장자』[14]의 '추수' 편에 나온다.

이야기의 주인공은 황하의 신 하백(河伯)과 북해의 신인 약(若)이다. 가을에 온갖 물이 황하로 흘러들자 강 양안(兩岸)의 마소조차 구별하기 힘들어진다. 엄청나게 불어난 물을 보고 하백은 황하의 상류에서 하류까지 도도하게 흐르는 물길을 따라가다가 북해를 만나게 된다. 거기서 하백은 난생처음 거대한 물과 마주친다. 깜짝 놀란 하백이 입을 쩍 하고 벌린 채 어쩔 줄 몰라 한다. 그때 뒤에서 웃는 소리가 들린다. "자네, 뭘 그렇게 놀라고 있는가." "저는 황하를 다스리는 하백인데, 일찍이 이렇게 큰물은 본 적이 없습니다." "하하, 그런가. 자네 혹시 우주라는 것을 아는가. 우주의 관점에서 본다면 이것은 아마 호두껍데기에 붙어 있는 미소한 점에 지나지 않을 걸세. 내가 다스리는 북해는 그 정도밖에 되지 않아."

---

13   『천문학 콘서트』, 이광식 지음, 더숲, 2011, 290쪽.

14   도가와 불가 사이의 거리는 생각보다 가깝다. 당나라가 도교를 국교로 삼았을 때가 중국불교가 가장 융성했던 시기였음을 고려하면 분명해진다.

거기서 하백은 커다란 깨우침에 이른다. 이것을 일컬어 '망양지탄(亡羊之歎)'이라 한다. '내가 다스리는 황하는 얼마나 작은가.' 장장 5500킬로미터를 굽이굽이 흐르는 황하의 하백마저 '우물 안 개구리'로 만들어버리는 장자의 호연지기. 이것과 궤(軌)를 같이 하는 이야기가 백장을 깨우치는 마조화상의 "가기는 어디로 갔단 말이냐!" 하는 일갈이다. 마조화상의 이런 깨달음은 그의 스승 남악회양의 가르침에서 발원한다.

남악회양은 마조에게 말한다. "부처와 중생 사이, 깨달음과 미혹 사이의 거리는 아주 가깝다. 깨달은 부처와 미혹하여 떠도는 중생의 거리는 아주 가깝다. 현실이 곧 궁극이고, 지금과 여기가 핵심이다. 네가 곧 부처니라. 즉심즉불(卽心卽佛)이니, 누구라도 부처가 될 수 있다. 문제는 네가 가리고 따지는 마음과 취하고 버리는 태도로 인해, 시비분별[15]로 인해 생겨나는 장애 때문에 부처의 걸음이 뒤뚱거리고 있다. 사리분별로 인해 너는 깨달은 자가 되지 못하고 중생들처럼 이리저리 비틀거리고 있다." 여기서 나온 말이 '지극한 도는 어렵지 않으니, 오직 고르는 것을 꺼려하라. 지도무난 유혐간택(至道無難 唯嫌揀擇)'이다.

---

15   젊은 날 명철한 시비분별로 이름이 높았던 조선 중기의 선비 허후(1588-1661)는 나이 70을 넘어 시비분별을 주제로 한 7언 고시 『시비의 노래 是非吟』을 남긴다. 지나친 시비분별의 무용함을 지적하고, 더 높은 곳을 지향하라는 경구로 읽는다. "진정 옳은 것을 시비하면 옳은 것도 그른 것이 되니, 시비의 파도에 억지로 따를 필요는 없을 터. 시비를 잊어버리고 눈을 높은 곳에 두면, 옳은 것은 옳다 하고 그른 것은 그르다 할 수 있으리. 是非眞是是還非 不必隨波强是非 却忘是非高着眼 力能是是又非非."

『벽암록』과 직접 관련은 없으나, 도저한 정진으로 화엄경의 정수를 열어 젖힌 의상대사 이야기를 잠시 생각하고자 한다. 백제가 멸망하고 난 1년 후인 661년 의상은 여덟 살 연상인 원효와 함께 당나라로 법을 구하러 길 떠난다. 가는 길에 원효는 해골바가지의 물을 먹고 단박에 깨우쳐 서라벌로 돌아가고, 의상 혼자 뱃길로 당에 들어가 종남산 지상사의 지엄(智儼)스님을 찾아간다. 의상이 지엄에게 배우고자 했던 것은 화엄종(華嚴宗)이었고, 지엄은 화엄경의 대가였다. 훗날 의상은 신라 화엄종의 문을 크게 열게 되는데, 화엄경은 오늘날 40권, 60권, 80권 분량의 한역본으로 소개돼있다.

화엄경을 공부하던 의상에게 어느 날 지엄이 화엄경을 정리해 보라고 말한다. 의상은 불철주야 노력한 끝에 10권의 『대승장(大乘章)』으로 편집해서 지엄에게 올린다. 지엄은 의리(義理)는 아름다우나 뜻이 옹색하다면서 다시 써보라고 한다. 이에 의상은 『입의숭현(立義崇玄)』으로 다시 지어 올린다. 서책을 받아본 지엄은 의상과 함께 불전(佛殿)에 나아가 "이 글이 성인의 뜻에 맞는다면 불타지 말게 하소서!" 서원하면서 화로에 던져 넣는다. 모두 타버렸지만 210글자만은 살아남았다고 전한다. 지엄은 이 글자를 수습하여 의상에게 주면서 『화엄경』의 요지로 다시 쓰도록 한다. 이것이 7언 30행 210자로 이루어진 『화엄일승법계도』다. 오늘날 한국의 크고 작은 사찰에서 '화엄일승법계도'의 문장을 만날 수 있다.

210자에 아로새겨진 화엄경의 정수를 의상은 하나의 구절, 여덟 글자로 다시 줄인다. 그것이 "행행도처 지지발처(行行到處 至至發處)"다. 가도 가도 도착한 자리, 이르고 또 이르러도 출발한 자리. 생로병사 수비뇌고의 윤회를 벗어나지 못하여 세상에 태어난 인간이 끝없이 제자리걸음 하면서 다시 수비뇌고와 생로병사를 거듭한 끝에 출발한 본래의 자리로 회귀하는 것이 우리 인생의 본령 아닌가. 인간에게 허여된 지극히 미소(微少)한 시공간 안에서 돈과 권력과 명예에 미혹되어 각축하는 인간대중의 가혹한 운명을 그렇게 표현한 것이다. 그러나 어찌하겠는가. 나아가고 다시 나아가 아주 작은 깨달음이나마 얻으려 정진하는 도리밖에 다른 방도는 없지 않겠는가. 우리를 찾아오는 마지막 그날까지, 들숨은 있되 날숨이 사라지는 그날까지 다시 나아가고 또 나아가는 수밖에 없지 않은가. 그것이 어쩌면 21세기 4차 산업혁명이 현현하는 광속의 시공간을 살아가는 우리의 처연한 숙명인지도 모른다.

19세기 영국의 역사가이자 인문학자 토머스 칼라일(1795-1881)은 교회의 성사일체를 거부한 근본적인 칼뱅주의자로 알려져 있다. 교회와 신학을 부정한 엄격한 칼뱅주의자 칼라일은 죽을 때까지 자신의 신앙을 견지해나간 강력한 개인이기도 하다. 괴테의 소설 『빌헬름 마이스터의 수업시대』를 영어로 번역하고, 『프랑스 혁명사』와 『과거와 현재』 같은 저서를 남긴다. 특히 『프랑스 혁명사』[16] 출간에는 잘 알려진 일화가 동행한다. 친구였던 존 스튜

---

16 칼라일의 『프랑스 혁명사』는 1859년에 출간된 찰스 디킨스의 장편소설 『두 도시 이야기』의 자료로 활용되었다고 전한다. 이를테면 1793년 12월 로베스피에르를 중심으로 권력을 장악한 공안위원회의 공포정치가 기승을 부릴 때 파리에는 23개의 극장과 60개의 무도장이 밤마다 성업 중이었다고 한다. 『두 도시 이야기』, 찰스 디킨스, 성은애 옮김, 창비, 2017, 475쪽.

어트 밀이 『혁명사』 원고를 빌려달라고 부탁하자 칼라일은 그렇게 한다. 문맹이었던 밀의 하녀가 칼라일이 집필한 두툼한 『혁명사』 원고를 난로의 불쏘시개로 써버린다. 그런 불상사에도 불구하고 칼라일은 다시 『프랑스 혁명사』를 집필하기 시작하여 완성을 보기에 이른다. 1837년의 일이다.

칼라일은 밀과 함께 빅토리아(재위 1837-1901) 시대의 영향력 있는 인물이었다. 산업혁명의 성공과 함께 세계전역에 식민지를 건설함으로써 이른바 '해가 지지 않는 나라'를 건설한 여왕 빅토리아시기의 영국 사회에 강력한 영향을 끼친 인물이 칼라일이다. 그는 당대에 유행했던 철학 가운데 하나로 '최대다수의 최대행복'이라는 명제로 잘 알려진 제러미 벤담의 공리주의를 '돼지철학'이라고 신랄하게 비판하기도 한다. 그런 까닭에 『소설의 이론』(1916)에서 게오르크 루카치(1885-1971)는 칼라일을 가리켜 '사회주의 비평'의 선구자라는 평가까지 남긴다.

그러나 1차 세계대전 이후 이런 평가는 급전직하 정반대의 길에 접어든다. 20세기 무솔리니의 파시즘과 히틀러의 나치즘과 결부돼있는 서구의 총통숭배와 칼라일의 연관성이 비난을 받게 되기 때문이다. 나치즘과 파시즘의 이론적 근거를 칼라일이 제공한 것은 아닌가, 하는 비판의 목소리 때문이다. 그런 비판의 직접적인 이유 가운데 하나가 1841년 출간된 『영웅의 역사』다. 서책의 원제는 『역사의 영웅, 영웅숭배 그리고 영웅성에 관하여(On Heroes, Hero-worship and the Heroic in History)』이다. 한국에서 1997년에 『영웅의 역사』로 번역-출간되었는데, 대개는 『영웅숭배론』으로 잘 알려져 있다.

『영웅의 역사』는 본디 출간을 목적으로 한 원고로 집필된 것이 아니다. 1840년 5월 5일부터 5월 22일까지 매주 화요일과 금요일 2차례, 모두 6차례에 걸쳐 런던의 식자계층을 대상으로 칼라일이 실시한 대중강연이 서책의 기초자료다. 그것을 가다듬어 이듬해인 1841년에 출간된 것이 『영웅의 역사』다. 『영웅의 역사』는 영국에서 1841년부터 1928년까지 28판, 미국에서 25판을 거듭했고, 도이치어로도 번역되어 6판이 간행된다. 칼라일 사후에 『영웅의 역사』를 출간한 나라를 살펴보면 프랑스, 폴란드, 에스파냐, 이탈리아, 헝가리, 스웨덴, 네덜란드, 덴마크, 유고연방 등이다.[17] 이런 정황을 본다면 『영웅의 역사』는 유럽 전역에서 출간되었다 해도 과언이 아니다.

『영웅의 역사』를 읽지 않았다 해도 "인도를 셰익스피어와 바꾸지 않겠다!"라는 말은 익숙할 것이다. 이것은 『영웅의 역사』에서 칼라일이 남긴 명언이다. 혹자는 셰익스피어가 인도보다 더 가치 있기에 저런 말이 나왔다고 생각하는데, 칼라일의 의도는 전혀 다르다. 칼라일은 말한다. "인도 땅은 인도인의 것입니다. 언젠가는 반드시 인도인에게 돌려줘야 할 땅입니다." 반면에 셰익스피어는 인도뿐만 아니라, 세계 모든 사람의 시인이기 때문에 인도

---

17   우리에게 다소 생소한 세르보-크로아티아어로도 『영웅의 역사』는 출간된다. 유고연방은 2차 대전의 영웅 티토가 1980년 사망한 이후 실존 사회주의 붕괴기에 민족분규를 겪는다. 그리하여 오늘날 유고연방은 세르비아, 크로아티아, 슬로베니아, 보스니아-헤르체고비나, 몬테네그로, 북마케도니아, 코소보 등 7개 국가로 분리되었다. 유고연방이 해체되기 이전에 공용어로 쓰였던 언어가 세르보-크로아티아어였다.

와 셰익스피어는 등가물의 교환대상이 아니라는 것이다. 칼라일은 1840년에 영국이 강점하던 거대 식민지를 인도인에게 돌려줘야 한다고 주장했지만, 실제로 인도가 영국에서 독립을 쟁취한 것은 그로부터 100년도 더 지난 1947년 8월 15일의 일이었다.

칼라일이 생각하는 영웅은 엄청난 능력과 신비한 재능을 가진 불세출의 인간이거나 영적인 존재가 아니다. 칼라일은 성실성과 진실성을 가진 위대한 인간을 영웅이라고 말한다. 그가 인류 역사에서 가장 위대한 영웅으로 간주하는 인물은 예수 그리스도. 더욱이 그가 말하는 영웅숭배는 총통숭배처럼 무조건 무릎 꿇고 머리 조아리는 수동적인 복종을 전제로 하는 것이 아니라, 성실성과 진실성을 가진 위대한 영웅을 존경하고 그에게 헌신하는 것을 뜻한다. 칼라일은 영웅을 높이 평가는 이유를 스스로 밝힌다. "세계역사는 지상에서 이룬 영웅들의 역사다." 달리 말하면 세계사는 영웅들의 전기(傳記)에 지나지 않는다는 것이다. 영웅들이 어떻게 살았고, 그 과정에서 어떤 위업을 남겼으며, 우리에게 어떤 흔적과 가르침을 주고 세상을 떠났는가. 그것을 살펴보면 세계역사는 그들이 남긴 자취의 총합이라는 것이 칼라일의 생각이다.

『영웅의 역사』는 6강으로 구성돼 있는데, 첫 번째 강의는 북유럽 신화의 주신(主神) 오딘을 주인공으로 하여 전개되는 '신으로 나타난 영웅'이다. 칼라일은 성실한 삶의 진원지로 북유럽 민족신화를 지목하고, 그곳의 최고신 오딘의 생애와 영웅성을 살핀다. 두 번째 강의는 '예언자로 나타난 영웅'으로, 서기 630년 이후 1840년까지 1200년 이상 아랍세계의 정신적 지도자 구실을 한 무하마드와 이슬람을 이야기한다. 칼라일은 당대 유럽의 허다한 지식인들이 부정적으로 사유하고 악마처럼 그려낸 무하마드의 위대한 영적-종교적인 힘을 인정한다.

3강에서는 '시인으로 나타난 영웅'을 말하는데, 이탈리아의 단테와 영국의 셰익스피어를 다룬다. '성직자로 나타난 영웅'을 다루는 장이 4강인데, 1517년 10월 31일 비텐베르크 대학교회에 반박 95개조를 내건 마르틴 루터와 스코틀랜드의 종교 지도자인 존 로스를 언급한다. 5강에서는 영국과 프랑스의 문인인 존슨, 루소, 번스 같은 '문인으로 나타난 영웅'을 이야기한다. 6강에서 칼라일은 영국의 강력한 정치 지도자였던 크롬웰과 유럽의 근대 민족국가를 탄생하게 한 나폴레옹을 대상으로 한 '제왕으로 나타난 영웅'을 논한다.

여기 등장하는 인물들을 일별해보면 무하마드를 제외한 모든 이가 서구나 북구의 인물들이다. 유라시아의 중간과 동쪽, 달리 말하면 페르시아와 인도, 동아시아의 인물은 전혀 없다. 아마도 그것은 칼라일이 가지고 있던 지식과 정보의 제한성 때문에 생겨난 것이 아닌가 한다. 서책의 구성을 보면 상당히 강력한 위계질서가 엿보인다. 신으로 나타난 영웅 오딘에서 시작하여, 예언자 무하마드로 갔다가, 시인 단테와 셰익스피어를 거쳐서 루터와 로스 같은 성직자로 이동하여, 존슨과 루소 같은 문인으로 넘어간다. 그리하여 맨 마지막에야 비로소 정치 지도자인 크롬웰과 나폴레옹을 다루고 있다. 정신과 영혼에 방점을 두고자 했던 칼라일의 의도가 위계질서에 따른 서책구성을 결정한 것으로 보인다. 따라서 정치권력은 세속권력으로서 마지막에 자리할 수밖에 없는 구조를 가지고 있다.

유라시아 횡단 인문학

그런데 『영웅의 역사』에는 역사적인 사실이 왜곡돼있는 대목이 있기에 수정해야 한다고 생각한다. 칼라일이 대중강연을 했던 1840년 제정 러시아에서는 니콜라이 1세가 통치하고 있었다. 강력한 차르의 전제와 폭력, 압제가 러시아 전역을 지배하고 있던 시기였다. 그러나 러시아는 1812년 전쟁에서 당대 유럽최강 나폴레옹의 프랑스군을 격파하고 파리의 개선문까지 다다른다. 나폴레옹 실각 이후에 러시아는 새롭게 떠오르는 군사 대국이자 정치적 강대국으로 자리한다. 칼라일은 그런 러시아에 대한 두려움과 후진성을 동시에 지적한다.

"러시아는 아직 말을 못 하고 있습니다. 러시아는 위대한 무엇을 가지고는 있으나 아직 벙어리 상태에 있습니다. 러시아는 모든 인간과 시대에 들릴 만한 천재의 소리를 가지고 있지 못합니다. 러시아는 말하는 것을 배워야 합니다."[18] 러시아는 대단해 보이지만 천재가 없는 벙어리 수준에 머물러 있다. 이런 러시아의 대척점으로 칼라일이 비교하는 나라와 인물이 이탈리아와 단테다. 분열돼있지만 이탈리아에는 위대한 시인 단테가 있지 않은가, 하고 칼라일은 강력하게 외친다. 당대 러시아의 실상은 과연 그러했는가?!

칼라일이 전혀 알지 못한 위대한 시인이 이미 러시아와 러시아 인민들에게 천재의 소리를 들려주었다. 그가 알렉산드르 푸쉬킨(1799-1837)이다. 칼라일이 런던에서 영웅에 대해 강연하기 3년 전에 페테르부르크에서 세상을

---

18   『영웅의 역사』, 칼라일 지음, 박상익 옮김, 소나무, 1997, 187쪽.

떠난 러시아 최초의 계관시인 푸쉬킨. 푸쉬킨의 생일인 6월 6일이 되면 해마다 서쪽의 칼리닌그라드와 페테르부르크에서 시작하여 동쪽의 캄차카에 이르는 광대한 러시아 전역에서 푸쉬킨 축제가 진행된다. 러시아어로 러시아인의 영혼, 풍속, 역사, 철학, 인생, 일상을 그려낸 시와 소설, 희곡과 평론을 남긴 위대한 인물이 푸쉬킨이기 때문이다. 따라서 러시아에는 이미 모든 인간과 시대에 들릴만한 천재의 소리가 있었던 것이다.

그런데 어째서 그토록 박식하고 박람강기(博覽强記)한 칼라일은 푸쉬킨을 알지 못했을까. 칼라일이 강연했던 시간대에 러시아 문학은 유럽에 소개되지 않았다. 1840년대 이후 50년대에야 비로소 러시아 문학이 유럽에 알려지기 시작한다. '유럽은 한 지붕 아래!'라는 말이 적용되지 않은 동토(凍土)의 대제국 러시아의 위대한 시인 푸쉬킨을 몰랐던 칼라일의 애끓는 호소는 지극히 당대적이다. 훗날 19세기 중반 이후 러시아 문학은 서유럽 여러 나라 문학과 어깨를 나란히 한다. 그렇게 되도록 공헌한 대표적인 인물은 이반 투르게네프(1818-1883), 표도르 도스토예프스키(1821-1881), 레프 톨스토이(1828-1910), 안톤 체호프(1860-1904) 등이다.

『영웅의 역사』 가운데 특히 감동적으로 그려진 인물은 알리기에리 단테(1265-1321)다. 피렌체의 상류사회에서 출생한 단테는 어릴 적부터 스콜라 철학, 아리스토텔레스의 논리학, 라틴고전 등을 통해 풍부한 교양과 지식을 축적한 전문적인 식자층의 인물이다. 어린 시절에 그는 자신보다 2살 어린 베아트리체 포르티나리를 만나지만, 딱 한 번 보고 난 다음 헤어지게 된다. 베아트리체는 다른 남자와 혼인하여 20대 중반에 절명한다. 그녀가 결혼한

유라시아 횡단 인문학

| (위로부터) 알리기에리 단테, 알렉산드르
푸쉬킨

다음 단테도 혼인하지만, 상당히 불행한 결혼으로 알려져 있다. 단테가 죽을 때까지 정신적으로 사랑한 유일한 여인은 베아트리체였다.

작은 도시국가들로 쪼개져 있던 피렌체의 청년 단테는 군인으로 두 번 출전한 경험이 있고, 외교관으로도 활동한다. 단테는 35세에 고위 행정관이 되는데, 정쟁에 휘말리면서 1302년 37살 나이에 모든 재산을 몰수당한 채 국외로 추방당한다. 그는 이탈리아 곳곳을 유랑하다가 끝내 조국인 피렌체로 돌아오지 못한 채 1321년 라벤나에서 죽음을 맞이한다. 우리가 단테를 기억하는 까닭은 그가 남긴 불멸의 대작 『신곡(La Divina Comedia)』 때문이다. 『신곡』은 1307년 말엽부터 1321년 단테가 죽기 직전까지 만14년 동안 그의 손에서 벗어난 적이 없을 정도로 단테가 공을 들인 역작이라 할 수 있다.

사후세계는 어떤 곳인가, 죽음 이후의 세계를 여행하는 단테의 저승 여행기가 『신곡』의 주제라 할 수 있다. 단테는 처음에 지옥을, 그다음에는 연옥을, 마지막으로 천국을 방문한다. 지옥과 연옥, 천국은 각각 33편의 글로 이뤄져 있고, 지옥 편에 서문이 추가돼있다. 그러므로 총 100개의 칸토[19]로 구성되어 있는 서책이 『신곡』이다. 단테를 위해 저승세계를 안내하는 두 인물은 베르길리우스와 베아트리체다. 로마의 전설적인 건국자인 아이네이아스 서사시를 쓴 베르길리우스는 그리스의 호메로스와 동급의 인물로 평가된다.

---

19   칸토(canto)는 서사시나 장편 이야기시를 크게 나누는 단위로, 단테와 아리오스토 같은 시인이 처음으로 칸토를 사용한다. 바이런의 『돈 후안』은 가장 널리 알려진 현대의 칸토형식의 장시다.

지옥에서 단테가 갈 길을 몰라 이곳저곳을 헤매고 있을 때 베르길리우스가 나타나 말한다.

"무엇을 두려워하는가. 자네가 여기 와 있다고 전갈해준 여성이 있네. 그분은 지금 천국에 계시는데 베아트리체일세. 날 더러 자네를 영접하라 해서 여기 왔네." 그리하여 베르길리우스가 단테에게 지옥과 연옥을 안내하고, 단테의 불멸의 여인 베아트리체가 천국을 안내하게 된다. 지옥에서 단테는 중립적인 인간들, 이단자, 성직을 판매한 교황, 『일리아스』와 『오디세이야』의 주인공 오디세우스, 사탄 같은 존재를 목도한다. 『신곡』에서 시와 예술, 도덕과 정치관련 논의가 큰 비중을 차지하고 있는 연옥은 서사시의 요소를 강력하게 가지고 있는 부분이기도 하다. 천국은 진정한 영웅의 실현이 이루어지는 장으로, 거기서 단테는 탁발수도회를 창설한 성 도미니쿠스 같은 인물을 만남으로써 크게 승화하는 면모를 보여준다.

단테의 『신곡』은 라틴어가 아니라, 민중의 속어인 이탈리아어로 집필되어 있다. 라틴어는 동양 문화권의 한문처럼 서구 지식인의 언어다. 당대 대표적인 지식인 단테가 『신곡』을 라틴어가 아니라, 세속언어인 이탈리아어로 썼다는 것은 세종임금이 정인지 등에게 짓게 한 『용비어천가』처럼 일반 민중도 읽고 이해하도록 배려했다는 뜻이다. 그런 까닭에 수많은 도시국가로 분열된 이탈리아의 영원한 공통적인 자산으로 작용한 것이 『신곡』이다. 크고 작은 국경으로 분열된 이탈리아를 하나의 이탈리아로 만들어내는 구실을 한 『신곡』의 또 다른 위대성이 거기 있다고 할 수 있다.

단테의 신곡은 이탈리아를 넘어서 서구의 모든 고등교육 교과목에 포함돼 있다. 그것은 유럽을 하나로 묶는 두 가지 기제 가운데 하나가 기독교이기 때문이다. 단테와 『신곡』을 평가한 대표적인 인물이 예이츠와 엘리엇이다. 예이츠는 "단테는 기독교 시대에 최고의 상상력을 가진 시인"이라고 단언한다. 엘리엇은 "근대세계는 단테와 셰익스피어가 분점(分占)했다"고 평가한다. 『영웅의 역사』에서 칼라일이 '시인으로 온 영웅'을 말할 때 등장시킨 두 사람이 단테와 셰익스피어인 것을 보면, 엘리엇이 칼라일의 견해를 빌린 것처럼 보이기도 한다.

단테의 『신곡』도 그렇지만, 그가 남긴 명언이 가슴을 서늘하게 한다. "사람들로 하여금 떠들게 내버려 두어라. 그리고 그대에게 주어진 길을 가라. 그리하면 그대는 영광의 항구에 다다를 것이니!" 단테는 이런 말을 남겼다고 한다. 조국에서 추방당한 채 적수공권(赤手空拳)으로 타지에서 20년 세월 떠돌아야 했던 알리기에리 단테. 그는 타자들의 시끄러운 비방과 비난에도 굴하지 않고 자신을 위로하고 채찍질하면서 그에게 부여된 사명을 다하고자 진력한다. 그리하여 마침내 단테는 자신의 언명처럼 영광의 항구에 다다른 것이다. 단테와 비슷한 운명을 경험한 이가 자신의 조국 도이칠란트에서 쫓겨나 망명지 영국에서 『자본론』을 집필한 카를 마르크스다. 그는 『자본론』 서문에서 단테가 남긴 말을 그대로 인용한다. 아무리 외롭고 쓸쓸하며 고통스럽다 해도 자신은 끝끝내 영광의 항구에 도달하리라는 의지와 가능성을 가지고 있음을 당당하게 주장한 것이다.

『영웅의 역사』에서 칼라일은 영웅과 세상의 관계에 대해서 말한다. "영웅만 있으면 되는 것이 아니라, 영웅에게 적합한 세상 또한 있어야 합니다. 종놈들의 것이 아닌 세상 말입니다. 종놈들의 세상은 가짜영웅, 그저 왕의 차림을 한 왕에게 지배당하지 않을 수 있습니다." 영웅들이 있다고 해서 세상이 아름답고 풍성해지는 것은 아니므로, 그들이 살만하고 활동할 수 있는 시공간을 만들어야 한다는 것이다. 가짜영웅이 지배하는 종놈들의 세상, 왕의 옷만 빌려 입은 사이비 지도자들이 판치는 세상이 아니라 진정한 영웅이 출현하고 인도하는 세상이 필요하다고 칼라일은 말한다.

칼라일은 인간세상을 보다 의미 있고 풍요로우며 아름답게 하려면 진정한 영웅을 알아보는 통찰력을 가진 작은 영웅들이 필요하다고 역설한다. 우리 같은 평범한 사람들인 허다한 장삼이사가 진정한 영웅을 알아볼 수 있는 작은 영웅이 될 때 21세기 지구촌 세상은 훨씬 넉넉하고 풍부한 세계로 거듭나지 않겠는가, 생각한다.

『대중의 반역』은 에스파냐의 철학자이자 인문주의자인 오르테가 이 가세트(1883-1955)의 저작이다. 오르테가 이 가세트는 1921년에 『척추 없는 에스파냐』로 문명(文名)을 날리고, 1929년에 『대중의 반역』을 출간한다. 그는 프리드리히 니체 이후에 유럽 최고의 철학자이자 문장가로 인정받고 있으며, 도이칠란트 철학자 하이데거와 야스퍼스의 정신적인 스승으로 추앙받는 인물이기도 하다. 미국 학자들은 루소의 『사회계약론』이 18세기를 대표하는 서책이고, 마르크스의 『자본론』이 19세기를 대표하며, 오르테가 이 가세트의 『대중의 반역』이 20세기를 대표하는 서책이라고 평가하고 있다.

대중(mass)은 다양한 사회계급과 계층을 포괄하는 추상적인 개념으로, 대중문화나 대중매체 같은 복합어로 이해 가능한 용어다. 민중(people)이나 시민(citizen), 국민(nation)보다 사회-정치적인 의미에서 훨씬 광범위한 뜻을 가지는 용어가 대중이다. 오르테가 이 가세트는 대중을 상당히 비판적으로 이해한다. 그는 "특정한 기준으로 자신에 대해 선악의 가치판단을 내리는 것이 아니라, 자신을 다른 모든 사람과 동일시하면서 불편함보다는 편안함을 느끼는 사람들"[20]을 대중이라고 규정한다. 다른 사람들과 비슷한 옷을 입고, 비슷한 생각을 하고, 비슷한 걸음걸이로 걷고, 비슷한 것을 먹고, 비슷한 곳을 찾아다니는 사람들을 대중이라 할 수 있겠다. 나름의 고유한 가치판단 기준이나 미학적-세계관적 관점을 소유하지 못한 다수의 인간을 대중이라 부른 것이다.

오르테가 이 가세트에 따르면, 대중은 문명의 원리나 이론에는 완전히 무지하지만, 문명의 결과물에 함몰되어 자아만족에 도취해 있다고 한다. 『대중의 반역』이 출간된 1929년 서구문명의 핵심적인 아이콘은 자동차였다. 당시 대중은 자동차의 작동원리, 즉 내연기관과 석유화학 같은 대목은 모른 채 자동차가 가져온 속도와 개인주의, 가족주의에 도취한다. 그런 어리석고 무지한 대중이 유럽사회의 주도권을 장악했다고 우려한 인물이 오르테가 이 가세트다. 그런데 그는 전문가 집단을 대중과 동일시하는 흥미로운 관점을 제시한다. 전문가는 자신이 연구하는 우주의 지극히 미세한 분야는 잘 알고 있

---

20   『대중의 반역』, 오르테가 이 가세트 지음, 황보 영조 옮김, 역사비평사, 2005, 20쪽. 이하 인용에서는 본문에 쪽수만 표시하겠음.

다. 하지만 여타의 분야는 전혀 모른다. 전문가는 자신의 전공영역은 잘 알기 때문에 유식하지만, 그것과 무관한 영역은 모르기 때문에 무식하기도 하다. 이런 부류의 전문가를 오르테가 이 가세트는 '무식한 식자(識者)'(153쪽)라 부른다.

전공영역은 잘 아는데, 그 외의 영역에 대해서는 천치나 다름없는 인간을 도이치어로는 '전공천치(Fachidiot)'라고 한다. 다른 영역을 전혀 알지 못하는 전문가들이 '나는 다른 분야도 잘 알고 있어' 하는 식으로 해당분야 전문가의 말을 듣지 않으려고 한다. 그런 점에서 전문가 집단도 여타 대중과 똑같은 입장과 자세를 취한다고 오르테가 이 가세트는 진단한다. 전문가주의에 함몰된 이런 전공천치들과 대중과 거리를 두고 있는 특별한 부류의 인간들이 존재한다. 그들을 일컬어 '선택된 소수' 내지 '상층권위'라 한다.

우수한 인간과 같은 의미인 선택된 소수는 끝없는 긴장과 훈련을 당연한 것으로 받아들이고, 탁월한 것을 위해 일생을 바치며, 법과 질서를 존중하면서 자신의 한계를 절감하는 사람들이다. 그들이 인류의 미래를 담보하며 상층권위를 형성한다. 칼라일이 언급한 영웅의 속성과 엇비슷하지 않은가?! 그런데 1920년대 말에 무식한 식자, 즉 전문가들을 포함한 대중이 선택된 소수의 상층권위를 거부하는 현상이 발생하고 있다는 것이 오르테가 이 가세트의 진단이다. 그는 이런 상황을 가리켜 '대중의 반역'이라고 규정한다. 오르테가 이 가세트는 "대중은 자신의 삶을 우수한 소수로 구성된 상층권위에 맡겨야 한다"(157쪽)고 주장한다. 영웅이 없다면 인류역사가 지속될 수 없다고 생각한 칼라일과 마찬가지로 우수한 인간들이 없다면 인류는 본질적으로 지속될 수 없다는 것이 오르테가 이 가세트의 관점이다. 따라서 그는 대중이 독자적인 행동을 시도하는 것은 그들에게 주어진 운명을 거스르는 것이라고 설파한다.

하지만 현대사회의 주도권을 장악한 대중은 육체적인 경험만을 통해서 배우고, 그것만이 절대적인 진리라고 믿는 어리석음과 오류를 범하고 있다고 그는 지적한다. 대중이 문명의 원리, 문명의 본질, 문명의 발전을 따라잡지 못하기 때문에 유럽사회는 물론 세계적인 위기가 발생하고 있다는 것이 에스파냐 철학자의 진단이다. 그는 문명의 진보는 문명의 배후를 열심히 배우고 경험하는 것, 즉 역사를 배우는 것과 밀접하게 관련돼 있다고 말한다. 진보 과정에서 발생하는 역사의 실패에서 인간은 교훈을 얻는다는 것이다. 역사지식은 새로운 상황에서 발생하는 갈등의 해결책을 준다기보다는 다른 시대에 범한 순진한 과오(過誤)를 범하지 않도록 우리를 인도해준다는 것이 그의 생각이다. 그런데 대중의 행동은 즉흥적일 뿐만 아니라, 오랜 기억도 역사의식도 없이 무차별적으로 진행되고 있다는 점에서 그는 대중을 비판한다. 과거는 망각하거나 파괴하고 폐기처분 한다고 해서 극복되는 것이 아니라, 과거에 유의하면서 날카로운 역사의식을 가지고 현재를 살아갈 때만 극복 가능하다고 오르테가 이 가세트는 강조한다.

『대중의 반역』 저자는 유럽문명과 근대에 대하여 명확한 견해를 전개한다. 16세기 지리상의 발견 이후 유럽 민족과 유럽 국가들이 세계로 뻗어 나가면서 유럽의 지배권을 강화해온 것이 근대라고 언명한다. 그는 유럽의 근대를 가능하게 한 두 가지 원리를 지적한다. 자유민주주의와 과학기술이다.

오르테가 이 가세트는 이렇게 쓴다. "유럽의 역사가 시작된 6세기부터 1800년에 이르기까지 12세기에 걸쳐 유럽 인구는 1억 8천만을 넘지 않았다. 그런데 1800년부터 1914년까지 1세기가 조금 넘는 기간에 유럽 인구는 1억 8천만에서 4억 6천만으로 늘어났다."(69쪽) 과학기술 덕분에 기본적인 복지 후생이 가능해지고, 천부인권을 보장함으로써 자유민주주의가 신장(伸張)된 까닭이라고 그는 강조한다.

인구는 폭발적으로 증가했지만, 문명의 원리와 역사의식을 전달하는 것에는 실패했다는 것이 오르테가 이 가세트의 생각이다. 전통문화와 역사지식으로 대중을 계몽하고 깨우쳐야 했는데, 실패했다는 것이다. 그런 까닭에 반역하는 대중이 등장하고, 선택받은 소수가 탈주하기 시작했다는 것이 그의 판단이다. 우수한 인간들의 상층권위를 인정하지 않는 대중이 사회적 지배권을 장악하고 행사하다 보니 그것을 거부하는 선택된 소수가 대중과 유리된 채 다른 길을 걸어가고 있다는 것이다. 그런 맥락에서 그는 1917년 러시아 혁명 이후 지배이념이 된 볼셰비즘과 도이칠란트의 나치즘과 이탈리아의 파시즘을 비판한다.

오르테가 이 가세트의 생각에 따르면, 모든 혁명은 15년이 지나면 혁명의 근본원리에서 완전히 유리되어 부패하기 시작한다고[21] 한다. 레닌으로 대표

---

21   오르테가 이 가세트는 말한다. "혁명이란 15년 이상은 지속하지 않는다."(128쪽) 예컨대 1789년에 발발한 프랑스 대혁명은 15년 뒤인 1804년 나폴레옹 제정으로 완벽하게 후퇴한다. 자유, 평등, 형제애를 주장한 혁명의 고고한 이념은 사라지고, 오직

되는 소비에트의 볼셰비즘은 마르크스의 사회주의와 공통적인 차원이 없다고 그는 진단한다. 결과적으로 1932년 이후 스탈린이 러시아의 차르가 되어 1인 독재로 회귀한 10월 혁명도 예외가 아니다. 여기 덧붙여 그는 파시즘의 광기와 야만성을 비판하면서 '유럽연합' 창설을 제시한다.

그는 이렇게 강조한다. "오직(유럽) 대륙의 여러 민족 집단으로 하나의 거대한 국가를 건설하겠다는 결정만이 유럽의 맥박을 다시 뛰게 할 것이다."(253쪽) 이런 식으로 그는 하천이나 산맥 같은 자연국경을 뛰어넘어 유럽의 여러 민족과 국가를 하나로 묶어내는 것을 제안하는 것이다. "유럽을 거대한 국민국가로 건설하는 것이야말로 소련의 5개년계획의 성공에 대항할 수 있는 유일한 사업"(256쪽)이라고 확신한 인물이 오르테가 이 가세트다. '뒤돌아선 예언자'[22]로서 그는 이미 1929년에 유럽연합 출범을 예견한 것이다.

『대중의 반역』을 세심하게 읽으면 이 저작은 근본적으로 오리엔탈리즘에 근거하고 있음이 두드러진다. 서책은 인간 대 인간의 이야기, 그러니까 대중과 지식인 혹은 대중과 선택받은 소수의 이야기로 시작한다. 거기서 국가 단위로 넘어가면서 유럽을 이루고 있는 지도적인 국가는 영국과 프랑스, 도이

나폴레옹 한 사람만 자유로운 제정의 등장은 혁명의 우울한 퇴장을 입증한다.

22   그는 '역사가를 뒤돌아선 예언자'(76쪽)라고 규정하면서도, 역사가가 예측할 수 있는 것은 미래의 일반적인 구조라고 한정한다.

칠란트 세 나라라는 결론을 도출한다. 그들 세 나라를 제외하면 유럽은 존재하지 않는 것과 매한가지라는 견해를 주장하는 것이다. 달리 말하면 영국, 프랑스, 도이칠란트 삼국을 제외한 여타의 나라들, 예컨대 이탈리아, 에스파냐, 그리스 같은 나라는 대중국가라는 얘기다. 따라서 대중국가는 선택받은 소수이자 상층권위를 가지고 있는 영국과 프랑스, 도이칠란트의 지도편달을 받아야 한다는 것이 오르테가 이 가세트의 생각이다.

에스파냐의 철학자는 여기서 멈추지 않는다. 그는 선택된 소수와 그렇지 않은 지역으로 세계를 구분해서 사유한다. 20세기 세계를 이끌어갈 대륙은 어디인가, 하는 방향으로 생각을 확장해 나간다. 1920년대 후반, 세계를 주도할 만한 국가나 대륙은 어디일까, 하는 궁극적인 문제를 제기하는 것이다. 사회주의 소련인가, 대공황을 맞이한 유럽의 후예 미국인가, 조선을 병탄하고 만주와 중국으로 세력을 확장하려 시도하는 일본인가, 열강의 침략을 받고는 있지만, 여전히 망하지 않은 중국인가, 아프리카나 남미의 어느 나라나 지역인가?!

오르테가 이 가세트는 유럽의 대항마(對抗馬)로 소련과 미국을 고려한다. 하지만 러시아 10월 혁명은 정치적 정당성도 없고, 이미 혁명의 본질에서 이탈했다고 단언한다. "유럽의 재생이나 회춘"인(192쪽) 미국은 너무 어린 나라고, 세계를 지도할 만한 역량이 부족하다고 결론 내린다. 아시아에 속한 나라들, 예컨대 인도나 중국, 일본 같은 나라는 아예 안중에도 없다. 따라서 결론은 자명하다. 20세기를 주도적으로 끌고 나갈 유일한 지역은 유럽 이외에는 없다는 것이 그의 생각이다. 세계를 주도할 선택받은 소수, 상층권위,

우수한 지역은 유럽이고, 여타 모든 대륙과 국가들은 대중국가이거나 지역이 되는 셈이다. 이렇게 생각하면 『대중의 반역』은 철두철미 유럽 중심주의로 사고하는 오리엔탈리즘에 충실한 서책이라고도 말할 수 있다.

7.
유라시아와
근대문학

유라시아 근대문학을 소략하게 서술하는 것은 불가능하다. 유라시아, 특히 유럽의 근대문학은 나폴레옹이 촉발한 근대국가 성립과 연관되어 있고, 각각의 국가에는 고유한 역사와 습속이 있기 때문이다. 더욱이 운문과 희곡이 주된 문학 양식이었던 이전 시대와 달리 19세기에는 장편소설이 대표하는 산문이 문학의 전면에 포진하기 시작한다. 시공간 제약을 자유롭게 파기하는 장편소설은 인간의 상상력을 극대화함으로써 계몽주의와 산업혁명의 기대수준을 한껏 고양한다. 19세기 장편소설은 20세기 소설문학을 초라하게 보일 정도로 다채롭고 웅혼하며 강건하다. 프랑스의 빅토르 위고의 『레미제라블』, 영국의 찰스 디킨스의 『위대한 유산』, 러시아의 레프 톨스토이의 『전쟁과 평화』와 표도르 도스토예프스키의 『카라마조프의 형제들』 같은 작품들이 우후죽순처럼 쏟아져 나온 위대한 시기가 19세기였다. 이들 하나하나가 각자의 목소리로 시대를 대표하겠다고 아우성치고 있다. 하지만 짧은 지면으로는 전혀 불가능한 과업이다. 무엇보다도 19세기의 특징을 지극하게 드러내는 하나의 작품을 골라야 한다.

다른 한편으로 19세기 인간은 1830년대 이후 열차와 증기선으로 공간을 축소하고 시간을 단축하는 시공간 혁명을 완수한다. 그 결과 지식과 정보의 생산과 유통은 한결 신속해지고 '더 빨리, 더 멀리!'라는 구호는 일상의 일부가 된다. 19세기 근대문학은 셰익스피어와 몰리에르의 여유롭고 느긋한 5막 형식을 답습하지 않으며, 세상의 모든 것을 속도감 있게 섭렵하고자 욕망한다. 복잡다단하고 새로운 시대 19세기의 특성을 무엇보다도 잘 보여주는 작품이 메리 셸리(1797-1851)의 장편소설 『프랑켄슈타인』이다. 그러하되 『프랑켄슈타인』과 더불어 도스토예프스키의 『지하생활자의 수기』, 조리스 위스망스의 『거꾸로』, 나쓰메 소세키의 『풀베개』를 간략하게 살펴보고자 한다. 거명한 작품들의 공통점은 주인공들이 지향하는 인간내면의 복잡다단한 면모와 갈등 그리고 과학과 기술의 발전에 대한 무제한적인 저항이다.

1818년에 출간된 『프랑켄슈타인』의 부제는 '현대의 프로메테우스'다. 『신들의 계보』에 따르면, 프로메테우스(Prometheus)는 제우스의 명에 따라 진흙으로 인간을 만들고, 직립할 수 있게 하여 하늘을 바라볼 수 있게 했으며, 아테나가 인간에게 숨결을 불어넣은 것으로 되어 있다. 프로메테우스의 아우 에피메테우스(Epimetheus)[01]가 동물들에게 빠름, 이빨, 날개, 수영, 힘

---

01   프로메테우스는 문자 그대로 해석하면 '먼저 생각하는 사람'이며, 에피메테우스는

| 메리 셸리(1797-1851)

같은 여러 가지 능력을 선물하는 바람에, 인간에게 베풀어줄 별다른 능력이 없었다. 이에 프로메테우스는 제우스 몰래 불을 훔쳐다 주었고, 그로 인해 영원한 형벌을 받게 된다. 셸리는 프로메테우스 이야기에서 '인간창조' 부분을 차용(借用)한다.

현대의 프로메테우스로 설정된 것은 인간 프랑켄슈타인이며, 그것을 가능하게 하는 수단은 자연철학[02], 즉 과학이다. 『프랑켄슈타인』서문에서 메리 셸리의 남편이자 낭만주의 시인 퍼시 비시 셸리(1792-1822)는 소설의 토대를 영국의 의사, 자연철학자, 생리학자이며 찰스 다윈(1809-1882)의 할아버지인 이래즈머스 다윈(1731-1802)과 도이칠란트의 형질 인류학자, 해부학자 요한 프리드리히 블루멘바흐(1752-1840), 생리학자 겸 해부학자 프리드리히 티데만(1781-1861) 같은 인물들의 추정을 거론한다. 그렇기에 『프랑켄슈타인』은 메리의 상상력에 기초하지만 단순한 귀신이나 주술 이야기를 훌쩍 뛰어넘는다고 그는 강조한다.

'나중에 생각하는 사람'이다. 사려 깊고 미리 통찰하는 인간 프로메테우스와 일을 먼저 벌이고 난 다음에야 비로소 생각하는 인간 에피메테우스의 비교가 흥미롭다.

02 아이작 뉴턴에 따르면, 자연철학은 자연의 구조와 운동과정을 발견하는 것이고, 가능한 한 이것을 일반 규칙이나 법칙으로 환원하는 것이다. 관찰과 실험을 통해서 이러한 규칙을 수립하고, 자연세계 사물의 원인과 결과를 설명하는 것이다. 고전 물리학의 창시자 뉴턴은 운동의 3법칙과 만유인력에 기초하여 우주운항의 원리를 설명한 『자연철학의 수학적 원리 Philosopiae Naturalis Principia Mathematica』를 1687년에 출간한다. 자연철학의 두 기둥은 물리학과 생물학이다.

유라시아 횡단 인문학

『프랑켄슈타인』의 구성방식은 상당히 독특하다. 소설전체의 얼개는 서간체 소설[03]형식을 취하고 있지만, 그것은 헐거운 틀에 지나지 않는다. 소설의 첫머리와 끄트머리는 북극을 탐험하러 나선 로버트 월턴이 출가한 친누나 새빌 부인에게 보내는 서신으로 이루어져 있다. 그러나 월턴의 네 번째 편지가 끝나고 나면 소설의 주인공 빅토르 프랑켄슈타인의 이야기가 본격적으로 시작된다. 프랑켄슈타인의 이야기가 진행되는 과정에 그가 창조한 괴물의 이야기가 삽입된다. 괴물의 이야기가 끝나면 다시 프랑켄슈타인의 이야기가 이어지고, 월턴의 편지가 마지막에 보태지면서 소설은 대단원을 맞이한다. 따라서 『프랑켄슈타인』은 새빌 부인을 수신자로 하는 월턴의 편지를 액자틀에 세우고, 그 안에 프랑켄슈타인과 괴물의 이야기를 삽입한 이중의 액자형식을 취하고 있다. 소설의 이야기 속으로 떠나보자.

『프랑켄슈타인』은 1816년 여름 바이런과 메리 셸리, 바이런의 주치의 폴리도리 박사가 지루한 우기의 여름밤을 흥미롭게 해줄 괴담을 하나씩 창작하기로 말을 모은 데서 출발한다. 하지만 날씨가 갑자기 좋아지면서 사람들은 알프스로 떠나고 메리만이 '초자연적인 현상'에 기초한 이야기를 완성하

---

03   서간체 소설은 한 사람이나 그 이상의 인물이 편지로 소설의 이야기를 구성해 나가는 방식의 소설로 19세기까지 상당히 유력한 형식이었다. 1740년 출간된 리처드슨의 소설 『파멜라 혹은 보상받은 미덕』이 서간체 소설의 효시로 알려져 있다. 루소의 『신 엘로이즈』(1761)와 괴테의 『젊은 베르테르의 슬픔』(1774)이 대표적인 서간체 소설이다. 도스토예프스키의 중편소설 『가난한 사람들』(1846) 역시 서간체 소설형식을 취하고 있다.

게 된다. 제네바 공화국 최고의 명문집안 출신인 빅토르 프랑켄슈타인은 13세에 자연철학에 매료되어 코르넬리우스 아그리파(1486-1535)의 선집을 찾아낸다. 프랑켄슈타인은 연금술사이자 『신비주의 철학』의 저자인 아그리파와 함께 파라켈수스(1493-1541)와 알베르투스 마그누스(1193-1280) 같은 화학자와 의학자, 연금술사에 이끌린다. 15세에 그는 참나무가 벼락 맞는 장면을 보고 전기를 알게 되면서 중세과학과 신비주의와 작별한다. 그렇지만 그들과 연결고리가 있는 로마의 플리니우스(23-79)와 프랑스의 뷔퐁(1707-1788)의 『박물지』를 독파한다. 17세가 된 프랑켄슈타인은 수학에 몰두하면서 라틴어와 영어, 도이치어에 능숙해지고, 그리스어 저작을 읽기 시작한다.

프랑켄슈타인은 타국의 관습을 익혀야 한다는 아버지의 바람에 따라 잉골슈타트 대학에 진학한다. 발트만 교수의 지도를 받은 프랑켄슈타인은 화학연구에 몰두하여 불과 2년 만에 대가의 경지에 올라선다. 그의 관심은 생명의 원리가 어디서 발생하는가, 하는 것으로 옮아간다. 그리하여 프랑켄슈타인은 생리학과 관련된 자연철학에 전념한다. 생과 사의 인과관계를 탐구하고 분석하다가 그는 개체발생과 생명의 원인을 발견하게 된다. 그는 이제 무생물에 생명을 불어넣는 능력을 소유하게 된 것이다. 이것은 소년시절 그를 사로잡았던 연금술과 다르지 않다. 광기에 가까운 창조적 충동에 사로잡힌 프랑켄슈타인은 모든 것을 망각하고 2년의 노력 끝에 작업을 마무리하는 단계에 이른다.

하지만 그가 창조한 생명체는 단테도 상상하지 못할 추악하고 참혹한 괴물이었다. 창조의 참담한 결과 때문에 프랑켄슈타인은 정신을 잃고 6개월을 투병한다. 괴물 탄생이후 그는 자연철학에 격렬한 반감을 품는다. 23세 되던 5월에 가족이 있는 제네바로 귀환하기 직전 막내 윌리엄의 피살소식을 접한다. 6년 만의 귀향길에서 프랑켄슈타인은 괴물과 조우(遭遇)함으로써 살인자가 괴물임을 확신하게 된다. 제네바에서는 프랑켄슈타인 집안의 유순하고 아름다운 하녀 유스틴 모리츠가 윌리엄의 살인자로 지목되어 교수형을 당한다. 동생과 하녀의 연이은 죽음에 절망과 회한을 느낀 빅토르 프랑켄슈타인은 가족과 함께 알프스의 샤모니 계곡을 여행한다. 홀로 1912미터 높이의 몽탕베르를 등정한 그는 괴물과 다시 만난다.

괴물은 프랑켄슈타인에게 자신의 고통과 고독을 말한다. 괴물은 네 차례에 걸쳐 견디기 어려운 물리적인 폭력과 수모를 겪는다. 우연히 들어간 어느 마을 사람들에게 무차별적인 폭행을 당하고, 인간적인 선행과 덕행, 지적인 노력을 기울였지만, 프랑스인 가족 드 라세 일가에게 내쫓긴다. 급류에 빠진 처녀를 구해주지만, 그녀의 애인에게 총을 맞기도 한다. 그러다가 제네바에서 마주친 소년 윌리엄에게도 모욕적인 언사를 듣게 되자 그를 살해하기에 이른 것이다. 괴물은 말한다. "나를 위해 여자를 만들어 달라. 나의 반려자는 나와 똑같은 종족이고 같은 결함을 가져야 한다. 이것은 당신만이 할 수 있는 일이다. 그리고 이 요구는 당신이 거절할 수 없는 내 권리의 주장이다."[04]

---

04   『프랑켄슈타인』, 메리 셸리 지음, 김선형 옮김, 문학동네, 2017, 192-193쪽.(이하, 여기서 인용은 본문에 쪽수만 기록하겠음.)

유럽을 떠나고, 인간 근처에서 완전히 사라지겠다는 괴물의 맹세를 듣고 프랑켄슈타인은 여자괴물을 창조하기로 한다. 그는 친구 앙리 클레르발과 함께 2년 여정계획을 세우고 영국 최북단의 오크니 제도에서 작업에 착수한다. 빅토르 프랑켄슈타인은 창조작업에 몰두하지만, 불현듯 자신의 작업에 회의를 느낀다. 그것은 괴물여자의 탄생이 가지고 올 파멸적인 결과에 대한 사유다. 그는 괴물종족이 인간 거주지인 지상에 번식함으로써 인류생존을 위협할 수 있을 것이라는 추론에 도달한다. 프랑켄슈타인은 지금까지 작업한 피조물을 파괴한다. 그 결과 그의 사랑하는 친구 앙리 클레르발이 괴물의 손에 희생당한다.

윌리엄과 유스틴 모리츠에 이어 클레르발까지 잃어버린 프랑켄슈타인은 괴물을 '살인기계', '지옥의 기계'라 부르면 절망하고 광증과 우울증에 시달리면서 아편을 복용하기 시작한다. 제네바로 돌아온 그는 오래전부터 결혼하기로 되어 있던 엘리자베스 라벤차와 결혼식을 올린다. 하지만 결혼식 당일 엘리자베스는 괴물에게 죽임을 당한다. 그 충격으로 아버지 알폰소 프랑켄슈타인도 뇌졸중으로 세상을 떠난다. 이렇게 그는 사랑하는 가족과 친구를 차례로 잃어버린다. 복수심에 가득 찬 프랑켄슈타인은 괴물을 추적하여 북극에까지 이르지만, 끝내 괴물을 퇴치하지 못하고 월턴 앞에서 생을 마감한다. 프랑켄슈타인이 죽은 그날 괴물이 나타나 자신도 죽을 것이라고 말하면서 사라진다. 이것이 『프랑켄슈타인』의 개략적인 줄거리다.

메리 셸리는 소설의 시간을 특정하지 않는다. 우리는 월턴의 편지에서 그것을 막연히 가늠할 수 있을 따름이다. 새빌 부인에게 전하는 월턴의 첫 번

유라시아 횡단 인문학

째 편지일자는 '17xx 12월 11일'이다. 소설 출간연대가 1818년인데, 소설의 화자는 18세기에 북극항로 탐험에 나선 것이다. 그런데 월턴이 시도한 북극 항로 탐험은 1818년 영국의 존 로스 탐험대의 실패한 탐험과 연관 있어 보인다. 더욱이 1781년 출생한 도이칠란트의 생리학자이자 해부학자 티데만이 셸리에게까지 알려진 것을 보면 소설『프랑켄슈타인』은 당대적인 기록이라 할 수 있겠다. 소설이 지난 세기를 다루고 있는 것처럼 보이지만, 소설의 실제적인 시간은 작가가 소설을 구상하고 집필했던 1816년 전후로 보인다.

소설의 공간은 당시에는 생각하기 힘들 만큼 광범위하고, 작가의 공간묘사도 상당히 구체적이다. 월턴은 12월 11일에 러시아의 페테르부르크에서 북극 탐사여행을 시작하는데, 이듬해 3월 28일에는 아르한겔스크에서 '눈과 안개의 땅'[05]으로 출항할 것이라고 전한다. 아르한겔스크를 출발하여 바렌츠해를 지나 스발바르 제도를 거쳐 곧장 북진하면 북극해가 나온다. 그러나 월턴은 얼음산맥에 갇힌 채 북극해에 도달하지 못하고 중간에 회항한다.

프랑켄슈타인은 알프스산맥에 면한 제네바 공화국에서 16년을 살다가 대학도시 잉골슈타트로 옮겨간다. 6년 만에 귀향한 그는 여자괴물을 만들어 달라는 괴물의 요청을 수락하여 클레르발과 함께 기나긴 여정에 오른다. 그것은 제네바를 출발하여 육로로 스트라스부르를 거쳐 라인운하를 따라 수

---

05   이 구절은 영국 낭만주의 시인 콜리지의 625행 장시『늙은 수부의 노래 The Rime of the Ancient Mariner』(1798)에서 인용한 것이다.

로로 마인츠와 쾰른을 거쳐 다시 마차로 네덜란드 평원을 거쳐 로테르담까지 간 다음에 해로를 통해 영국의 런던에 이른다. 그들은 런던을 출발하여 윈저, 옥스퍼드, 매틀록, 컴벌랜드 호수를 지나 에든버러에 도착한다. 여기서 클레르발과 작별한 프랑켄슈타인은 홀로 스코틀랜드 최북단의 오크니 제도에 여장을 풀고 작업에 착수한다.

자신의 안일을 위해 괴물에게 굴복했던 프랑켄슈타인은 피조물을 파괴해버리고 배를 타고 나갔다가 아일랜드에 표착한다. 클레르발 살인자로 몰린 그는 누명을 벗고 아버지와 함께 더블린을 거쳐 웨일스의 홀리헤드에서 포츠머스를 거쳐 프랑스의 르아브르 항구에 도착한다. 르아브르에서 그들은 마차 편으로 제네바로 귀환한다. 하지만 프랑켄슈타인의 여정은 여기서 끝나지 않는다. 엘리자베스와 아버지를 상실한 빅토르는 복수심에 불타 광대한 대지를 지나 여러 사막과 야만적인 나라를 경유한다.

괴물을 추적하면서 그는 지중해를 지나 흑해를 건너 타타르와 러시아 황야를 경유한다. 그리하여 마침내 목숨 걸고 북극에 도달한다. 이렇게 보면 프랑켄슈타인의 여정은 제네바에서 시작하여 도이칠란트, 프랑스, 잉글랜드, 스코틀랜드, 아일랜드, 웨일스, 지중해, 아프리카 북부, 흑해, 러시아, 북극해에 이르는 드넓은 지역을 포함한다. 실로 광범위한 영역이 아닐 수 없다. 괴물과 연관된 펠릭스 집안사람들의 여정도 소설의 공간적 확장을 방조한다. 터키 상인에게 가해진 부당한 박해를 시정하려 했던 펠릭스는 터키상인과 그의 딸 사피를 구해서 이탈리아 리보르노 항구에 이르지만, 파리에 있던 아버지 드 라세와 누이동생 아가타는 체포된다. 펠릭스 일가는 도이칠란

유라시아 횡단 인문학

트로 추방당하고, 배은망덕한 터키상인은 조국으로 달아난다. 하지만 그의 딸 사피는 멀고 먼 길을 물어물어 펠릭스 일가가 사는 오두막을 찾아온다.

소설 『프랑켄슈타인』의 확장된 공간은 동시대 여류작가 제인 오스틴 (1775-1817)의 『오만과 편견』[06]의 소박한 공간과 지극히 대조적이다. 결혼 적령기의 처녀들이 어떻게 바람직한 신랑감을 찾아 행복한 결혼에 도달하는지를 보여주는 풍속소설 『오만과 편견』의 공간은 상대적으로 제한되어 있다. 엘리자베스 베넷과 피츠윌리엄 다아시, 제인 베넷과 찰스 빙리, 리디아 베넷과 조지 위컴, 샬럿 루카스와 윌리엄 콜린스의 네 쌍이 가정을 이루는 영국의 연애소설 『오만과 편견』이 유럽 전역을 공간으로 내세워야 할 이유가 없는 것이다.

『오만과 편견』의 확장된 공간은 스코틀랜드로 설정되어 있는데, 그것은 미성년자 리디아가 결혼할 수 있는 곳이 스코틀랜드였기 때문이다. 반면에 『프랑켄슈타인』은 지적-정신적 탐사와 숙성 면에서 절정에 이른 메리 셸리의 풍부한 지식과 소설 주인공들의 정신적 육체적 편력을 드러내기 위해 드넓게 확대된 공간이 필요했던 것으로 보인다. 『오만과 편견』에 나타난 이동수단은 도보와 마차 정도에 국한돼 있는 반면에 『프랑켄슈타인』의 이동수단은 도보와 마차 이외에도 라인운하를 따라가는 수로여행과 로테르담에서

---

06   제인 오스틴은 메리 셸리가 태어난 1797년에 만 20세의 나이로 『오만과 편견』을 탈고한다. 하지만 신출내기 여류작가의 장편소설을 출간해주려는 곳은 한 군데도 없었다. 만16년을 기다린 끝에 『오만과 편견』은 1813년에 세상의 빛을 보게 된다.

런던에 이르는 해로를 이용하는 바닷길, 아르한겔스크에서 북극해를 향하는 신항로 같은 다채로운 이동수단이 활용된다.

『주영편(晝永篇)』[07]이 그랬던 것처럼 『프랑켄슈타인』도 심심풀이 소일이라는 목적으로 창작됐지만, 소설이 제기하는 쟁점은 매우 현대적이다. 고려해야 할 첫 번째 쟁점은 생명창조와 과학소설 문제다. 13살 어린 나이에 프랑켄슈타인은 알베르투스 마그누스, 코르넬리우스 아그리파, 파라켈수스 같은 중세의 신비주의자, 연금술사, 과학자에 매혹된다. 인간의 불멸과 최대의 권력을 꿈꾸었던 과거의 대가들을 흠모하면서 프랑켄슈타인은 스승 발트만의 말에 고무된다. "고대과학의 스승들은 불가능한 일을 약속하고 아무것도 실현하지 못했지. 현대의 대가들은 약속하는 것이 거의 없지만, 우리는 무한한 힘을 손에 넣었어. 천재들의 노고는 아무리 오도(誤導)된 것이라도 인류의 선을 공고히 하는 데 쓰인다."(58-60쪽)

잘 알려진 것처럼 우주적인 천재 아이작 뉴턴은 장구한 세월 연금술에 매달렸지만, 아무것도 얻지 못한다. 하지만 그는 미적분을 발견하고 『프린키피아』를 집필함으로써 우주운항의 법칙을 밝혀낸다. 발트만의 권고대로 화학에 매진하여 놀라운 성과를 얻은 프랑켄슈타인은 "천지창조 이후 최고의 현

---

07   『주영편』은 현동 정동유 선생(1744-1808)이 1805년부터 이듬해까지 집필한 일종의 백과사전이다. 서문에서 현동은 "긴 여름날을 보내기 위해 기억해 두었던 것을 기록한 것"이라고 밝히고 있지만, 『주영편』은 조선의 풍속과 제도, 훈민정음, 외국의 사정 등에 관한 광범위한 내용을 담고 있다.

인들이 연구하고 소망했던 것"(65쪽)을 손에 넣는다. 과학과 기계역학 분야가 발전하고 있기에 현재의 시도가 훗날의 성공에 초석을 놓게 될 것이라는 희망을 안고 그는 인간창조에 착수한다. 프랑켄슈타인은 신장이 대략 2.5미터에 이르고 몸집도 상당히 거대한 생물을 창조하기 시작한다. 창조에 직면하여 그는 환희에 차서 생각한다.

"새로운 종(種)이 생겨나서 조물주이자 존재의 근원인 나를 축복하리라. 헤아릴 수 없는 행복하고 탁월한 본성이 내 덕에 탄생하리라. 나만큼 자식의 감사를 받아 마땅한 아버지는 세상에 다시는 없으리라. 무생물에 생명을 불어넣을 수 있다면, 지금은 불가능하지만, 시간이 지나면 겉보기에는 죽음으로 부패한 육신에도 새로운 생명을 줄 수 있겠다."(66-67쪽)

19세 무렵의 청년 연구자가 도달한 인식의 지평은 세계만물과 인간의 창조주이자 조물주의 수준까지 고양되어 있다. 프랑켄슈타인은 자신을 '조물주'이자 '존재의 근원'으로 생각하며, 자신이 태어나게 할 생명의 아버지를 자임하고 있다. 나아가 그는 죽은 자를 되살리는 예수의 이적을 현대에도 실현할 수 있으리라고 생각한다. 이런 점에서 잉골슈타트 대학 자연철학 교수 크렘페가 엉뚱한 청년 프랑켄슈타인을 혹평한 대목은 음미할 만하다. "이런 계몽과 과학의 시대에 알베르투스 마그누스와 파라켈수스의 신봉자를 만나게 될 줄은 몰랐는데."(57쪽) 하지만 연금술사들의 완전한 실패와 달리 현대판 프로메테우스 프랑켄슈타인은 정말로 살아있는 생명체를 탄생시키는 데 성공한다.

인간이 인간이나 인간과 유사한 존재를 탄생시킬 수 있을까. 그런 작업이 가능하다면 생명창조는 무엇을 지향하며, 어떤 의미를 가질 것인가. 메리 셸리는 아직 인류가 어디서 왔으며, 어디를 거쳐 어디로 가는지조차 과학적으로 밝혀지지 않은 19세기 초에 지극히 근본적인 문제를 천착한다. 소설이 출간되고 난 41년 후인 1859년에야 우리는 찰스 다윈의 『종의 기원』[08]과 만난다. 인류를 포함한 생명의 기원과 진화를 밝혀낸 획기적인 서책이 『종의 기원』이다. 카를 마르크스의 『자본론』(1867)과 함께 19세기를 환하게 비친 명저 『종의 기원』으로 인류는 생명탄생의 신비를 접할 수 있게 된다. 그런데 다윈보다 40년 전에 셸리는 '프랑켄슈타인'을 만들어냄으로써 인간창조의 가능성과 한계를 동시에 짚어본 것이다.

『프랑켄슈타인』은 20세기에 비약적으로 발전한 각종 공상과학소설과 영화의 원천으로 작용한다. 1931년에 소설 『프랑켄슈타인』을 원작으로 한 영화[09]가 만들어졌으며, 1950년에는 아이작 아시모프(I. Asimov)가 10년 동안

---

08 『종의 기원』의 원제는 『On the Origin of Species by Means of Natural Selection, or the Preservation of Favoured Races in the Struggle for Life』로 그것을 번역하면 『자연선택에 따른 종의 기원 혹은 생존경쟁에서 유리한 종의 보존』이다. 다윈은 생물의 변이, 적응, 생존경쟁, 자연선택, 적자생존 등의 견해를 중심으로 생물의 진화와 그 요인(要因)을 설명함으로써 진화론의 토대를 놓았다.

09 1931년에 할리우드에서는 흑백 공포영화로 『프랑켄슈타인』을 제작한다. 보리스 칼로프가 프랑켄슈타인이 창조한 괴물 배역을 맡았는데, '괴물을 만든 사나이'라는 부제가 달린 영화에서 괴물의 대사는 한 마디도 등장하지 않는다. 메리 셸리가 창조해낸 괴물의 유려한 화술과 자기변호, 내적인 심경변화와 폭발적인 분노 그리고 지적으로 성숙한 언어 구사능력이 완전히 실종해버린 B급영화가 『프랑켄슈타인』이다.

집필한 단편연작을 엮어서 공상과학소설 『아이 로봇 I, Robot』을 출간한다. 『아이 로봇』은 프랑켄슈타인이 창조한 생명체가 아니라, 인간을 닮은 로봇과 인간의 관계를 여러 각도로 천착한 소설이다. 여기서 우리의 관심을 끄는 것은 작가가 제시한 로봇공학 3원칙이다. 제1원칙은 로봇은 인간에게 해를 끼쳐서는 안 되며, 위험에 처한 인간을 모른척해서도 안 된다. 제2원칙은 로봇은 인간의 명령에 복종해야 한다. 제3원칙은 제1원칙과 제2원칙에 위배되지 않는 한, 로봇은 스스로를 지켜야 한다. 70년 전에 아시모프는 로봇과 인간이 어떻게 조화롭게 공존할 수 있는지를 진지하게 고민한 듯하다.

그런데 체코의 소설가이자 극작가 카렐 차페크(Karel Capek 1890-1938)는 아시모프의 『아이, 로봇』을 선행하는 『로봇 R.U.R.』[10]로 세상을 놀라게 한다. 차페크는 로봇이란 어휘를 처음으로 만들어 쓴 작가이기도 하다. 1921년 프라하 국립극장에서 초연된 희곡 『로봇 R.U.R.』에서 차페크는 감정이나 고통, 독창성 같은 인간다움을 완전히 상실한 인조인간 로봇을 그려낸다. 로봇은 인간 노동자보다 훨씬 우수하고 생산성 또한 탁월하다. 그들은 노동자

영화는 거대한 머리에 튀어나온 이마, 납덩이로 짓눌린 이마에 새겨진 섬뜩한 흉터, 나사못으로 관통당한 뒷목의 누리끼리한 얼굴색의 괴물 이미지로만 대중에게 각인되어 남아있을 뿐이다.

10 『로봇 R.U.R.』의 원제는 『로솜의 유니버설 로봇(Rossom's Universal Robots)』이다. 19세기 유물론을 숭배하는 발명가 로솜은 화학적인 면에서도 생물학적인 면에서도 인간을 빼닮은 인조인간을 창조하고자 한다. 그의 창조욕망을 부추긴 것은 신은 무의미하며 필요하지도 않다는 믿음이었다.

의 내부에 자리한 이타주의, 동료애, 가족애, 낭만성, 온갖 심오한 인간적인 감정과 기획을 사상한 채 오로지 더 많은 생산에 전념한다. '살아있는 기계'로서 로봇은 인간노동을 대체하면서 인간을 노동으로부터 해방하지만, 끝내 인간은 아무것도 할 일이 없으며, 그 결과 인간은 육체와 정신의 파멸에 봉착한다. 따라서 『로봇 R.U.R.』에서 차페크는 로봇에게 결여된 인간적인 걱정근심, 미래기획과 인간애가 생생하게 살아있는 인간다운 삶을 역설적으로 그려낸다.

복제인간과 사이보그를 전면에 내세운 영화 『블레이드 러너』(1982)와 『터미네이터』(1984) 역시 『프랑켄슈타인』의 인간창조 모티프에 힘입은 바 크다. 20세기 대중문화에서 되살아난 프랑켄슈타인의 다채로운 괴물변종은 비약적으로 발전한 과학기술에 대한 인류의 두려움을 드러낸다. 1945년 히로시마와 나가사키에 투하된 원자폭탄과 월남전에서 사용된 고엽제 같은 가공할 생화학무기, 생산현장에서 널리 활용되는 로봇 등에 대한 인간의 공포가 프랑켄슈타인 이미지를 되살려낸 것이다.

1954년 일본에서 처음 등장한 『고지라』는 핵실험으로 거대해진 괴물을 다룬 공상과학 영화다. 그것은 거대괴수의 습격을 다룬 스릴러이자 공포영화이며, 고대공룡에 대한 향수를 자극하는 판타지 영화이자, 냉전시대 핵무기에 대한 공포와 일본이 경험한 원폭에 대한 경각심을 내포한 정치적 풍자였다. 『고지라』는 그 이후 수십 편의 아류작을 탄생시켰고, 할리우드에서도 1998년과 2014년에 영화 『고질라』를 대중에게 선보인다. 2006년 한국의 봉준호가 만든 영화 『괴물』은 한강에 독극물을 무단 방류하는 주한미군 때문에 거대괴수가 생겨났다는 전제로 시작된다. 『고지라』와 『괴물』은 프랑켄슈타인의 인간창조 의지와는 결이 다르지만, 과학기술 발전과 그것에 대한 공포가 다양하게 변주됨으로써 괴물 생명체 탄생은 언제든 가능하다는 것을 보여주는 본보기라 하겠다.

『프랑켄슈타인』의 두 번째 쟁점은 창조주와 피조물의 관계다. 셸리는 소설에서 창조주의 전범으로 야훼와 프로메테우스를 제시한다. 야훼는 흙으로 남자인간 아담을 만들고, 아담에게서 취한 갈빗대로 다시 여자인간 하와를 창조한다. 야훼는 그들에게 천상낙원인 에덴동산을 베풀고 선악과를 먹지 말라고 명한다. 뱀의 유혹에 넘어간 하와가 선악과를 먹고, 아담도 아내의 권유에 따라 선악과를 취한다. 야훼는 하와에게는 임신과 출산의 고통을, 아담에게는 노동의 수고로움을 징벌로 주고 에덴동산에서 추방한다.[11] 존 밀턴의 『실낙원』을 통독한 괴물은 이런 사실을 꿰뚫고 있다.

괴물은 말한다. "아담과 마찬가지로 나 역시 기존의 어떤 존재와도 무관하게 창조되었다. 그러나 그의 상황은 모든 면에서 나와 달랐다. 신의 손에서 나온 아담은 완벽한 피조물이었다. 조물주의 특별한 보살핌을 받는 행복하고 번영을 누리는 존재였다. 더욱 탁월한 본성을 지닌 존재들과 대화하고 지식을 전수받는 특권을 누렸다. 그러나 나는 무기력하고 외로웠다. 나는 사탄이 내 처지에 더 잘 맞는다고 생각했다."(173-174쪽) 완벽하게 창조된 아담

11　　구약성서의 『창세기』 2장과 3장을 참조할 것.

은 신의 명령을 따르지 않은 까닭에 낙원에서 추방당하지만, 그에게는 하와가 있고, 그들 사이에는 카인과 아벨 같은 자식들도 태어난다. 반면에 괴물은 언제나 고독하며 그 외형도 참혹하다.

다시 괴물이 말한다. "나는 오두막 사람들의 완벽한 외모에 찬탄했다. 우아함, 아름다움, 섬세한 얼굴. 하지만 투명한 물웅덩이에 비친 내 모습을 보고는 얼마나 기겁했던지! 처음에는 깜짝 놀라 뒤로 물러서서 물에 비친 모습이 진짜로 나라는 것을 믿을 수가 없었다. 그러나 내가 정말로 끔찍한 괴물이라는 사실을 확인하고 나자 쓰라리게 아픈 좌절과 울분에 휩싸이고 말았다."(151쪽) 오두막에 거주하던 드 라세 노인과 아들 펠릭스, 딸 아가타와 펠릭스가 사랑하는 아라비아 여인 사피의 외모를 경탄하고 찬미하는 괴물. 하지만 괴물은 웅덩이에 비친 자신의 모습에 경악을 넘어 극한의 절망과 대면한다. 괴물은 물에 비친 자신의 모습을 한없이 연모한 나르키소스(Narcissus)와 정반대되는 '안티 나르키소스'로 현현하고, 그것은 괴물이 마주치는 모든 인간에게 배척당하는 원인으로 작용한다.

추악한 외모로 온갖 폭력과 배신에 고통받은 괴물은 창조주 프랑켄슈타인에게 말한다. "사람들은 끔찍한 흉물을 저주하지. 그러니 살아있는 어떤 생물보다 비참한 나를 얼마나 증오하겠는가! 하지만 당신, 내 창조자인 당신이 나를 혐오하고 내치다니. 나는 너의 피조물이고, 우리는 둘 중 하나가 죽음을 맞지 않는 한 끊을 수 없는 유대로 얽혀 있다. 프랑켄슈타인, 모든 이를 공평하게 대하면서 나만 짓밟지 말라. 나야말로 당신의 정의, 심지어는 당신의 관용과 사랑을 누구보다도 받아 마땅한 존재니까. 내가 인간세계를 떠나무해한 삶을 살 것인지, 인간을 응징하고 파멸시킬 악마가 될 것인지, 그것은 모두 당신에게 달려있다."(131-135쪽)

아담이 야훼에게 사랑과 관용과 정의를 얻은 반면에 괴물은 그 가운데 단 하나도 얻지 못하고 버림받는다. 그가 호의를 베풀거나 관심을 보이는 인간들은 하나도 예외 없이 공포에 사로잡히거나 폭력으로 응수한다. 하지만 괴물은 자신의 쓰디쓴 고통과 홀로 견뎌야 하는 고독에 내던져있다. 창조주 프랑켄슈타인이 괴물 탄생 직후 도주해버렸기 때문이다. 피조물의 추악하고 역겨운 외모를 견디지 못하고 도망친 21세의 어리석고 나이 어린 창조주 프랑켄슈타인. 그의 광기 서린 탐구욕망과 거기서 발원하는 생명창조, 그로 인한 창조주 프랑켄슈타인의 비극적인 생애는 그가 만들어낸 괴물의 비극적인 운명과 흡사하다.

친구도 가족도 자연도 망각하고 생명을 창조하리라는 열망으로 2년 가까운 세월을 지새운 프랑켄슈타인은 자기 손으로 만들어낸 생명체에 경악한다. 프랑켄슈타인은 새로운 생명의 사지를 적절한 비율에 맞춰서 제작하고, 외모 또한 아름다운 형상을 가지도록 한다. 하지만 그가 끝없는 수고와 정성을 들여 만들어낸 생명체는 공포와 혐오의 감정만을 불러일으킨다. 그는 '악마 같은 시체'인 괴물을 버려두고 도주에 도주를 거듭한다. 피조물에 대해 가져야 할 최소한의 예의나 관용, 사랑 같은 미덕은 아예 처음부터 기대하기 어려웠던 셈이다. 괴물로부터 달아나야 한다는 생각과 괴물이 자신을 따라다닌다는 추적망상에 시달리던 그는 오래도록 의식상실 상태에 빠져든다. 그러다가 마주한 것이 막내 윌리엄의 타살과 유스틴 모리츠의 죽음이었다. 그는 괴물이 자신의 호기심과 불법작업의 결과라고 생각한다. 따라서 자연 철학자이자 현대의 창조주 프랑켄슈타인에게 괴물은 자랑스러운 창조물이 아니라, 반드시 죽여 없애야 할 숙적이 되어버린다.

몽탕베르 정상에서 마주친 괴물에게 그는 외친다. "혐오스러운 괴물! 진정 사악한 악마로군! 네놈이 저지른 죄에 복수하려면 지옥의 고문으로도 성에 차지 않겠어. 끔찍한 악마! 네놈이 감히 창조해주었다고 나를 비난하다니. 그러면 와라. 그렇게 경솔하게 내렸던 생명의 불씨를 꺼뜨려 줄 테니. 너와 나 사이에 유대 따위는 있을 수 없다. 우리는 숙적이야. 꺼져! 아니면 한쪽이 쓰러질 때까지 대결하자."(132-133) 바닥 모를 분노에 떨면서 프랑켄슈타인은 괴물을 저주하고 죽이려 한다. 피조물 아담을 낙원에서 추방하는 것에 머문 야훼와 달리, 창조주로서 인간에게 불까지 선물함으로써 제우스의 진노를 사는 바람에 독수리에게 간을 쪼이는 형벌을 받은 프로메테우스와 달리 프랑켄슈타인은 피조물 자체를 지상에서 삭제하려고 한다. 그것은 윌리엄과 유스틴 모리츠를 죽인 살인자가 자기 자신이라는 죄책감과 회한에서 기인한다.

괴물과 프랑켄슈타인의 쫓고 쫓기는 관계는 이후에도 계속된다. 그것은 여자괴물 창조와 연관된다. 인간들에게 받은 상처를 복수로 돌려주려던 괴물은 뜻밖의 제안을 한다. "나처럼 추악한 모습의 이성 피조물을 요구한다. 우리는 세상과 단절된 괴물로 살아가겠다. 하지만 그런 까닭에 우리는 서로를 더 깊이 아끼고 사랑하리라. 오! 창조주여, 나를 행복하게 해다오! 나도 내가 다른 존재의 마음에 연민을 불러일으키는 광경을 보고 싶다! 내 청을 거절하지 말아다오!"(195쪽) 프랑켄슈타인에게 공포, 증오, 복수, 파멸을 말하던 괴물이 자신의 이성 동반자 창조를 부탁하고 나선 것이다. 괴물은 남미의 황야로 가겠다고 한다.

프랑켄슈타인은 인간의 사랑과 공감을 갈구한 괴물의 본성을 떠올리며 괴물의 제안을 거부한다. 하나의 괴물이 아니라, 둘이 힘을 합쳐 파괴행각을 벌인다면 그 결과는 참혹하기 그지없을 것이기 때문이다. 인간세상을 떠나겠다는 괴물의 거듭된 확약에 프랑켄슈타인은 동정심을 느끼고 요구에 응하면서 조건을 제시한다. "동반자가 될 여자를 넘겨받자마자 유럽을 떠나고, 인간과 가까이 있는 다른 모든 장소에서도 영원히 떠나겠다고 경건하게 맹세한다면 말이다."(198쪽) 그는 괴물의 고통스러운 편력과 놀라운 생존능력 및 파괴력을 고려하면서 괴물의 제안을 수용하는 것이 인류를 위한 정의의 실천이라는 결론에 도달한다.

생명창조에 전념했던 3년 전처럼 프랑켄슈타인은 여자괴물 창조에 착수한다. 그러다 문득 상념에 사로잡힌 그는 작업이 가져올지도 모를 파괴적인 양상을 사유한다. '이제 나는 또 다른 존재를 창조하려는데 이번에도 전과 마찬가지로 성정(性情)에 대해서는 전혀 알 도리가 없다. 짝보다 천 배나 더한 악의에 불타서 살해와 불행 자체를 즐길지도 모른다. 그는 인간 거주지를 벗어나 사막에 은신하겠다고 했다. 하지만 그녀는 약속하지 않았다. 그녀는 자기가 창조되기 전에 맺어진 약조를 거부할 수도 있다. 서로 싫어할 수도 있다. 이미 살아있는 피조물은 자기의 형상을 증오하는데, 눈앞에 똑같은 형상의 여자가 나타나면 더 큰 증오심을 품지 않을까? 만일 그들이 공감해서 자식을

낳게 된다면 악마종족이 지상에 번식하게 될지도 모른다.'(224-225쪽)

남녀괴물이 불러올지도 모를 미증유의 공포와 파괴 가능성 때문에 프랑켄슈타인은 동요한다. 더욱이 그는 자신의 평안을 구하겠다는 일념으로 인류의 생존을 팔아먹은 이기적인 인간이 되어 모든 사람의 저주를 받을지 모른다는 생각에 전율한다. 그러던 차에 그는 창 너머에서 악의와 배신의 표정을 지으면서 자신을 응시하는 괴물을 보게 된다. 괴물의 추악하고 소름 끼치도록 일그러진 웃음에 프랑켄슈타인은 견딜 수 없는 광기에 사로잡힌다. 그는 지금까지 작업해왔던 여자괴물을 갈가리 찢어버린다. 그리고 그것은 괴물의 연쇄살인으로 이어진다.

여기서 우리는 창조주 프랑켄슈타인의 부단히 흔들리는 내면세계를 목도한다. 한편으로는 괴물을 동정하고, 그의 진정성을 믿지만, 다른 한편으로는 역겹도록 추악한 괴물의 몰골에 전율하고, 괴물의 파괴적인 본능을 두려워한다. 프랑켄슈타인은 창조주로서 괴물에게 베풀지 않은 미덕과 관용을 반성적으로 돌이키지만, 다른 면에서는 윌리엄의 살인자이자 유스틴 모리츠를 죽음으로 몰고 간 장본인으로서 괴물을 거부한다. 그는 하나의 대상을 향한 상호 모순되는 두 가지 감정이 공존하는 양가감정(兩價感情 ambivalence) 상태에 빠져있다. 아름답고 유의미한 생명창조의 열망으로 활활 타올랐던 19세 청년이 조금도 예상하지 못한 참혹한 결과를 감당하지 못함으로써 양가감정이 발생한다. 추악한 외모 하나로 피조물의 모든 것을 지레 판단해버린 미숙한 창조주인 현대의 프로메테우스가 고스란히 드러나는 것이다.

하지만 인간에게 불을 가져다준 프로메테우스는 창조주로서 인간을 사랑한다. 그는 인간에게 과분한 영예를 베풀었고, 인간은 생존과 진화를 위한 결정적인 도구로 불을 사용함으로써 다른 동물을 압도하게 된다. 제우스는 불을 훔쳐 인간에게 전해준 프로메테우스를 징벌하고, 거기 덧붙여 여자 인간 '판도라'를 만들어 에피메테우스에게 선물한다. 판도라는 프로메테우스의 아우를 파괴하려는 최고신의 계략이었다. 헤파이스토스는 판도라의 몸과 생명을, 아테나는 아름다운 옷감을, 아프로디테는 거부할 수 없는 아름다움을, 헤르메스는 뛰어난 언변술을, 제우스는 상자를 준다. 프로메테우스의 경고에도 불구하고 첫눈에 판도라에게 반한 에피메테우스는 그녀를 아내로 삼는다. 거기서 유래한 이야기가 '판도라의 상자'다. 아담과 하와를 창조한 야훼도, 진흙으로 인간을 빚어낸 프로메테우스도 피조물에 대한 사랑과 관용을 유지한다. 그것은 현대의 프로메테우스인 프랑켄슈타인과 결정적으로 대비된다. 이것은 창조주의 기본적인 미덕인 사랑과 관용을 갖추지 못한 미성숙한 인간 프랑켄슈타인의 결함을 드러낸다. 프랑켄슈타인의 모든 비극은 거기서 발원한다.

이와 아울러 메리 셸리는 프랑켄슈타인의 형상을 통해서 창조주들이 가지고 있는 범접 불가능한 신성에 도전한 무모하고 어리석은 인간의 욕망과 얄팍한 자의식과 불완전한 미의식을 비판하고 있는 것 같다. 생의 종착점에서 프랑켄슈타인은 월턴에게 말한다. "열정적인 광기로 이성을 잃은 상태에서 이성적인 존재를 창조했으니, 능력이 닿는 한 그에게 행복과 복지를 보장했어야 합니다. 그것이 나의 의무였습니다. 그러나 이것보다 더 중요한 것이 있었지요. 동포인류에 대한 의무가 내게는 더 중요한 관심사였습니다. 훨씬

많은 사람의 행불행이 달려있었으니까요."(295쪽)

프랑켄슈타인은 죽을 때까지도 괴물에 대한 최소한의 배려보다는 괴물이 불러올지도 모를 파괴와 살육에 관심을 보인다. 그것은 창조결과에 대한 아무 이해도 없는 상태에서 무한욕망에 사로잡힌 어리석은 인간의 탐욕을 웅변한다. 애당초 태어나지 말았어야 할 괴물을 만들어낸 창조주가 먼저 세상을 등짐으로써 그는 인류에게 커다란 부담과 과제만을 선사한 셈이다. 과학자의 권리와 빛나는 영광과 성취에 눈멀었던 프랑켄슈타인은 죽음의 초입에서야 비로소 과학자의 가공할 실패 가능성과 마땅히 감당해야 할 의무를 사유한다.

세 번째 쟁점은 과학발전 추구에 따른 폐해와 인간의 행복이다. 프랑켄슈타인은 명문가문 출신의 천재다. 프랑켄슈타인 집안 선조들은 오랜 세월 국가 자문위원과 평의원으로 복무했으며, 그의 부친 알폰소 프랑켄슈타인도 예외가 아니다. 알폰소는 결혼한 이후 공직에서 물러나 자식교육에 헌신한다. 따라서 우리는 프랑켄슈타인의 지적-정신적 자양분이 아버지의 가정교육 덕분임을 알 수 있다. 17세에 잉골슈타트 대학에 입학하기 전까지 프랑켄슈타인은 온전히 가정교육만으로 성장하며, 공교육은 덤터기 수준에 머물러 있다. 그는 영광스러운 가문과 타고난 명예욕, 아버지의 놀랄만한 가르침으로 과학에 매진한다.

문제는 과학발견과 업적을 향한 열망이 너무 큰 나머지 그것이 가져올 수 있는 파괴적인 양상에 관한 숙고가 결여돼 있었다는 사실이다. 괴물이 만들어지고 그로 인해 가족과 친구가 죽어 나가고 난 다음에야 프랑켄슈타인은 문제의 본질에 눈을 뜨기 시작한다. 북극항로 탐사에 나선 월턴에게 그는 말한다. "지식의 획득이 얼마나 위험한지, 본성이 허락하는 한계 너머로 위대해지려는 야심을 품는 사람보다 고향을 온 세상으로 알고 사는 사람이 얼마나 행복한지 깨달아야 합니다. 지금 매진하고 있는 공부가 사랑하는 마음을 약하게 하고, 어떤 연금술로도 합성할 수 없는 소박한 즐거움을 아끼는 취향을 파괴하려 한다면, 그 공부는 분명 불법적이며 인간정신에 맞지 않는 것입니다."(65-69쪽) 이것은 자연이 인간에게 허여한 선에서 머물지 아니하고, 그 너머를 탐사하려는 열망에 사로잡힌 인간이 당면하게 될 파멸적인 양상을 자초한 프랑켄슈타인의 자전적인 고백이다.

반면에 프랑켄슈타인은 죽음을 며칠 앞둔 시점까지도 명성과 영광, 남자다움을 주장하는 모순적인 모습을 드러내기도 한다. 거대한 얼음장으로 뱃길이 막히자 퇴로를 구하려는 선원들에게 그는 말한다. "그렇게 쉽게 계획에 등을 돌리시렵니까? 영예로운 원정이라고 하지 않았습니까? 남방의 바닷길처럼 순조롭고 잔잔해서가 아니라, 위험과 공포로 점철된 길이기 때문입니다. 앞으로 여러분은 인류에 공헌한 사람으로 칭송될 겁니다. 여러분의 이름은 명예와 인류의 선을 위해 죽음을 맞은 용감한 사내들의 반열에 오를 겁니다. 남자답게 행동하십시오. 아니, 남자 이상의 존재가 되십시오. 이마에 굴욕의 낙인을 찍고 가족에게 돌아가지 마십시오. 싸워 이긴 영웅이 되어 돌아가십시오."(291-291쪽) 죽음을 무릅쓰더라도 사내다움, 명예, 용기, 승리를 위해 앞으로 나아가야 한다는 프랑켄슈타인의 말은 쓰라린 자아성찰과 정반대되는 것이다. 사유와 인식의 혼재 양상에서도 그는 괴물추적의 열망을 버리지 않는다.

혼신(渾身)의 힘을 다해 괴물을 추적하다가 최후의 기력마저 다하자 그는 월턴에게 유언을 남긴다. "사랑하는 사자(死者)들의 혼령이 눈앞을 스쳐 가니 어서 그 품으로 달려가렵니다. 과학과 발견에서 이름을 높이고자 한다면 겉보기에 아무 죄가 없더라도 평온함에서 행복을 찾고 야심을 피하세요. 내가 왜 이런 말을 하는지 모르겠네요. 나야 이런 희망을 품었다가 실패했지만, 다른 사람은 성공할 수도 있는데."(296) 목전에 닥친 죽음을 앞둔 프랑켄슈타인에게 윌리엄, 유스틴 모리츠, 앙리 클레르발, 엘리자베스, 아버지의 혼령이 차례로 모습을 드러낸다. 죽어가는 프랑켄슈타인의 마지막 교훈은 간명하다. 과학과 발견을 향한 야심을 버리고 일상과 가정에서 평온한 행복을 구하라는 것이다.

역사의 가정법을 이용하여 메리 셸리는 가족의 행복을 강조한다. "누구 한 사람도 가족의 애정이 주는 평온함을 파괴하는 목적을 추구하지 않았다면, 그리스는 노예국가로 전락하지 않았을 것입니다. 카이사르는 나라를 삼키겠다는 야욕을 갖지 않았을 것이며, 아메리카는 늦게 서서히 발견되어 멕시코와 페루제국은 파멸을 맞지 않았을 것입니다."(69쪽) 알렉산드로스의 말발굽에 짓밟혀 처절하게 파괴된 영광의 그리스, 아끼던 브루투스의 칼에 맞아 절명하는 율리우스 카이사르, 유럽이 이룩한 지리상의 발견과 제국주의의 총칼에 속수무책으로 무너져버린 마야와 아스텍제국의 영화(榮華)를 도입하여 작가는 프랑켄슈타인의 과욕을 비판하고 있다. 화목하고 평화로운 가정의 행복을 딛고 명성과 영광의 외길로 질주했던 프랑켄슈타인이 마주한 최후의 결과는 과연 무엇이었는가, 하는 문제를 던진다.

유라시아 횡단 인문학

네 번째는 괴물의 성장과 자유의지 문제다. 『프랑켄슈타인』에서 흥미로운 대목은 괴물의 성장과 자의식 및 자유의지 확보과정이다. 인간과 달리 괴물은 아주 커다란 덩치를 가진 어린아이로 태어난다. 인간 어린아이는 부모의 양육 덕분에 생물학적인 성장과 정신적 성장을 함께 경험한다. 하지만 괴물은 그런 역할을 해야 할 창조주 프랑켄슈타인이 도망치는 바람에 천애고아(天涯孤兒)로 자신을 부양하고 알아서 성장해야 한다. 동시에 보고 느끼고 듣고 냄새를 맡은 괴물은 얼마 지나지 않아서 걷거나 달릴 수 있는 능력을 갖춘다. 괴물은 마치 야생의 임팔라나 하이에나 혹은 치타를 연상시킨다.

괴물은 우연히 찾아든 드 라세 노인의 오두막에 딸린 축사에서 생의 전환점을 맞이한다. 괴물은 오두막에 거주하는 프랑스인들의 일거수일투족을 창문 틈새로 관찰한다. 그는 사람들이 소리를 사용해서 각자의 감정과 경험을 공유한다는 사실을 알아낸다. 괴물은 그들이 하는 말에 담긴 의미를 알아내고자 노력한다. 그들이 쓰는 말과 가시세계의 연관을 파악하는 작업은 어렵기 그지없다. 각고의 노력 끝에 괴물은 몇 달이 지난 후에야 몇 가지 물건과 가족의 이름을 알게 된다. 불, 나무, 우유, 빵, 나무, 아버지, 누이, 아가타, 펠릭스, 오빠, 아들 같은 어휘가 그것이다. 어린아이가 언어를 습득하는 과정과 매한가지다.

괴물은 여기서 멈추지 않는다. 펠릭스가 겨울철에 노인과 아가타에게 책을 읽어주는 모습을 보면서 괴물은 문자습득을 욕망한다. 흥미로운 점은 언어에 대한 지식을 확보해가면서 괴물의 자의식도 동시에 성장한다는 사실이다. 괴물은 언어에 대한 지식이 있다면 기형적인 자기의 모습을 사람들이

용인해줄지도 모른다고 생각한다. 외형은 추악하다 하더라도 내면이 지식과 덕성으로 충만하다면, 즉 교양 있고 품위 있는 존재가 된다면 인간들과 소통하고 교제할 수 있지 않겠는가, 하는 희망을 품는 것이다. 말을 배우고 글을 배우려는 열망에 휩싸인 괴물은 행복감으로 가득하다.

"내 목소리는 부드러운 음악 같은 그들의 목소리와 딴판이었지만, 이해하는 단어들은 그럭저럭 어렵지 않게 발음할 수 있었다. 자연의 매혹적인 풍경에 정신은 고양되었다. 과거는 기억에서 지워지고, 현재는 고요했으며, 미래는 희망의 밝은 햇살과 환희의 기대로 금처럼 빛나고 있었다."(153쪽) 태어난 첫해에 축사에서 겨울을 보내고 봄을 맞으면서 괴물은 인간의 말을 배우기 시작하고 시간을 구분하는 능력을 갖춘다. 고독과 냉기로 괴로웠던 과거를 지우고, 평온한 현재에 만족하면서 빛나는 미래의 환희를 꿈꾸는 괴물의 내면세계가 손에 닿을 듯하다.

봄이 절정으로 치달릴 무렵 아라비아 여인 사피가 펠릭스를 찾아온다. 괴물은 사피와 함께 언어를 습득한다. 그 결과 2개월 후에는 오두막 사람들이 구사하는 말을 거의 이해하게 된다. 괴물은 사피보다 훨씬 능숙하게 프랑스어를 구사한다. 펠릭스가 사피에게 문자를 가르치게 되자 괴물도 글을 읽는 능력을 갖추게 된다. 그는 펠릭스가 사피에게 설명하는 빈부, 계급, 가문, 혈통 이야기를 들으며 자의식을 향한 명료한 문제의식에 도달한다.

"나는 무엇이었는가? 내 탄생과 창조주에 대해 나는 아는 것이 전혀 없었다. 그러나 돈도, 친구도, 사유재산도 전혀 없다는 것은 잘 알고 있었다. 게다가 흉악하게 일그러진 추한 외모를 하고 있었다. 심지어 사람과 같은 본성을 갖고 있지도 않았다. 그렇다면 나는 지상의 한 점 얼룩 같은 괴물일까? 모든 사람이 도망치고, 모든 사람이 내치는?"(160쪽) 자신의 출생과 관련한 아무런 정보도 갖지 못한 괴물은 추악한 외모 때문에 고통받고 있다.

더욱이 그는 인간의 본성과 자신의 그것이 같지 않음을 간파하는 지적 능력의 소유자이기도 하다. 그래서 도달한 의문은 자신이 지상을 더럽히는 한갓 괴물이 아닌가 하는 의구심이다. 그는 고통을 초월하는 유일한 방법이 죽음이라는 것까지 통찰한다. 하지만 괴물은 죽음의 불가해성과 죽음에 대한 공포 때문에 죽음을 깊이 사유하지 않는다.

이런 문제의식을 가진 괴물은 그해 8월 초 길에서 프랑스어로 된 『실낙원』과 『플루타르코스 영웅전』, 『젊은 베르테르의 슬픔』 세 권을 주워서 축사로 돌아온다. 그에게 지성의 개화를 열어준 서책을 습득한 것이다. 『젊은 베르테르의 슬픔』을 읽으면서 자살과 죽음에 대한 깊이 있는 사유와 통찰, 자신의 고독과 인생의 목적을 생각한다. 『플루타르코스 영웅전』은 개인을 넘어 국가, 인간을 넘어 영웅을 사유하도록 인도함으로써 괴물에게 고결한 사고를 가르친다. 아담과 야훼의 관계에서 출발하여 사탄에 이르는 『실낙원』은 괴물에게 처절한 자의식을 일깨운다. 그는 자신이 아담이 아니라 사탄의 처지라고 생각한다.

괴물은 프랑켄슈타인에게 일갈한다. "내가 생명을 얻은 그 날을 증오한다! 저주받은 창조자! 어째서 자기마저 역겨워 등을 돌릴 흉악한 괴물을 빚어냈단 말인가? 신은 연민을 가지고 자신을 본떠 인간을 아름답고 매혹적으로 창조했다. 그러나 내 모습은 당신의 더러운 투영이고, 닮았기 때문에 더욱 끔찍스럽다. 사탄에게는 그를 숭배하고 격려해줄 동료 악마들이 있었다. 그러나 나는 고독하고 미움받는다."(174쪽) 괴물은 자신에게서 창조주 프랑켄슈타인의 추악한 투영을 본다. 자신과 닮은 창조주를 역겹고 끔찍하다고 생각하는 피조물! 아마도 그것은 괴물의 외형과 욕망에 불타는 프랑켄슈타인 내면의 더럽고 추악한 면의 동일시를 지적한 것 같다. 지성을 얻었음에도 괴물은 존재의 극복할 수 없는 근원적인 고독을 토로(吐露)한다.

"지식이 쌓일수록 내가 얼마나 비참한 추방자인지 절실하게 느끼게 되었다. 내 설움을 달래주고 생각을 함께할 이브는 없었다. 나는 혼자였다. 아담이 조물주에게 청원했던 것이 기억났다. 그러나 내 조물주는 어디 있단 말인가? 그는 나를 버렸고, 억울한 심정으로 나는 그를 저주했다. 내가 요구하는 것은 친절과 연민이었다."(175-176쪽) 그해 겨울 괴물은 이런 자의식과 문제의식, 그리고 크게 확장된 지식과 언어를 가지고 드 라세 노인을 방문한다. 하지만 그것은 참담하게 끝난다. 그리하여 괴물은 인간종족, 특히 창조주 프랑켄슈타인과 영원히 전쟁할 것을 선포한다. 그와 같은 치명적인 결과는 여자괴물 창조를 중단함으로써 약속을 파기한 프랑켄슈타인이 자초한 것이다.

창조주 프랑켄슈타인의 죽음에 임하여 괴물은 고백한다. "한때는 미덕과 명성과 기쁨의 꿈이 내 상상을 달래주었다. 한때는 이런 외모를 용서하고 내가 풍기는 훌륭한 자질을 사랑해줄 사람들과 만나고 싶다는 헛된 희망을 품었다. 명예와 헌신의 고아한 생각에서 자양분을 얻었다. 그러나 이제 죄악으로 가장 미천한 짐승보다 못한 존재로 전락했다. 나는 철저히 혼자다. 사랑과 우정을 갈구했지만 계속 거절당했다. 전 인류가 내게 죄를 지었는데, 왜

나만 유일한 범죄자의 멍에를 써야 하는가? 나는 죽을 것이다. 죽음은 이제 내게 남은 유일한 위로다. 범죄에 더럽혀지고 쓰디쓴 회한에 갈기갈기 찢긴 내가 죽음이 아니라면 어디서 휴식을 찾겠는가?"(301-310쪽)

최후의 희망 여자괴물이 파괴되자 괴물은 광기에 사로잡히고 파국적인 결과를 초래한다. 영원한 숙적 프랑켄슈타인과 쫓고 쫓기는 추격전을 벌인 괴물은 창조주의 죽음에 절망하고 절규한다. 그가 도달하는 최후의 안식은 죽음이다. 모든 것을 파괴하고 모든 것을 상실한 자의 마지막 은신처이자 우듬지는 죽음 이외에는 없었다. 고작해야 서너 해의 짧은 생애를 살았던 괴물은 모든 인간에게 버림받고 폭력에 내몰리면서 절대고독에 시달린다. 거기서 연쇄살인이 발생하고, 다시 그것 때문에 괴물은 자신을 죽이는 데 동의한다. 살인을 저질렀다는 죄책감이 그의 내부에 회한의 쓰라린 가책이 되어 죽음으로써만 그것을 덮을 수 있다고 괴물은 말한다. 그러므로 자신의 범죄행각을 자살로 마감하고자 하는 괴물의 자의식과 자유의지[12]는 실로 경이로운 지경에 이른다.

다섯 번째 쟁점은 오리엔탈리즘 문제다. 『유럽적 보편주의』에서 예일대 석좌교수 임마누엘 월러스틴은 오리엔탈리즘을 간명하게 설명한다. "동양 문명이 문화적으로 서구의 기독교 문명만큼 풍성하고 세련되었다는 것이 사실이라 해도 그들 문명은 작지만 중대한 결함을 가지고 있다. 그들 문명에는 근대성으로 나아가지 못하게 하는 어떤 것이 존재한다. 서구문명의 도움

---

12   이런 괴물에게 '도덕적인' 존재라는 수식어를 부여함은 지나친 일인가?!

을 받아야 동양문명은 자신의 한계를 돌파할 수 있다. 따라서 서구의 지배는 과도기적인 현상이지만, 세계발전과 피지배자들의 직접적인 이익에 필수적인 현상이다."[13] 유럽 제국주의가 세계를 석권하면서 내세운 전략에 내재한 선진서양 후진동양의 이데올로기가 오리엔탈리즘이다. 『프랑켄슈타인』에서 우리는 희미하지만, 곳곳에서 오리엔탈리즘의 흔적을 찾아낼 수 있다.

자신이 창조한 괴물의 외형을 프랑켄슈타인은 이렇게 묘사한다. "괴물의 누런 살갗은 그 아래 비치는 근육과 혈관을 제대로 가리지도 못했다. 윤기가 자르르 흐르는 흑발(黑髮)은[14] 출렁거렸고, 이빨은 진주처럼 희었지만, 이런 화려한 외모는 허여멀건한 눈구멍과 별로 색깔 차이가 없는 번득이는 두 눈, 쭈글쭈글한 얼굴 살갗, 그리고 일자로 다문 시커먼 입술과 대조되어 오히려 더 끔찍해 보일 따름이었다. 살아있는 사람이라면 그 무시무시한 얼굴을 견딜 수 없으리라. 미라가 다시 살아나 움직인다 해도 괴물처럼 참혹하지는 않았을 것이다."(71-73쪽) 괴물의 외모를 단적으로 표현하는 누런 살갗과 출렁거리는 검정 머리털은 분명 황인종의 특징 가운데 하나다. 제네바의 유서 깊은 집안의 청년이 각고의 노력 끝에 만들어낸 괴물은 백인종이 아니라 황인

---

13   『유럽적 보편주의: 권력의 레토릭』, 임마누엘 월러스틴 지음, 김재오 옮김, 창비, 2008, 131-132쪽.

14   『도덕의 계보학』에서 니체는 고상하고 고결한 지배종족이자 정복종족인 금발과 하얀 피부의 아리아계와 비열하고 저급한 피지배종족인 검은 피부와 흑발을 대놓고 비교한다. 『도덕의 계보학』, 33쪽.

종이었다. 그것도 미라보다도 더 끔찍하고 참혹한 외형을 가진 누런 피부에 흑발을 소유한 괴물이었다.

　배은망덕한 터키상인의 딸 사피보다 명민하게 언어를 습득한 괴물은 프랑켄슈타인이 그녀에게 들려주는 프랑스 철학자이자 역사학자 콩트 드 볼네(Volnay)의 『제국의 몰락』(1791) 이야기에 귀를 기울인다. 이 서책을 통해서 괴물은 역사에 대한 원론적인 지식과 지구상의 몇몇 제국을 이해하는 시각을 확보한다. 괴물이 프랑켄슈타인에게 들은 이야기의 골자는 이렇다. "나태한 아시아인, 그리스인의 엄청난 천재성과 정신활동, 초기 로마인의 전쟁과 놀라운 미덕, 대제국의 몰락과 기사도, 기독교, 왕들의 이야기. 아메리카의 발견과 원주민들의 불행한 운명."(158쪽) 후진 아시아와 선진유럽을 현저하게 대조시키는 서술의 골자는 되풀이할 필요조차 없다. 그것은 '나태한' 아시아와 엄청난 천재성의 그리스인으로 이미 각인되었기 때문이다. 수많은 원주민이 거주하고 있던 아메리카를 발견했다고 기술하는 볼네의 사유를 그대로 답습하는 메리 셸리는 볼네처럼 아메리카 대륙의 원주민을 인간이 아닌 존재로 생각한다.

　아버지와 달리 은인에게 마음으로 보답하고자 한 사피는 기독교를 믿는 아랍인 어머니에게서 교육을 받은 여성이다. 사피의 모친은 딸에게 기독교의 기본강령을 가르치고, 이슬람교의 여신도들에게 금지된 지성의 드높은 힘과 영혼의 독립을 꿈꾸라고 훈육한다. 어머니의 가르침에 충실한 사피는 도저한 이상과 고결한 미덕을 추구하면서 기독교인과 결혼해서 여성도 사회의 한 자리를 차지할 수 있는 나라에서 산다는 생각에 경도된다. 우리는

『수피우화』에서 이슬람교도의 성스러운 여성 수피 라비아의 이야기를 알고 있다. 진리와 구원은 어디 멀리 떨어진 외부세계에 있는 것이 아니라, 우리 내부에 있다고 설파했던 라비아.[15] 『문명의 충돌』에서 사무엘 헌팅턴이 갈파하는 기독교와 이슬람의 반목과 충돌은 이미 19세기 초 메리 셸리의 뇌에 깊이 아로새겨져 있는 듯하다.

이런 생각은 프랑켄슈타인이 괴물을 좇아 편력하는 과정을 묘사하는 장면에서 반복된다. "이제 나의 방랑이 시작되었다. 목숨이 끊어지는 날에야 끝이 날 방랑이었다. 광대한 대지를 건넜고, 여러 사막과 야만적인 나라의 여행자들이 곧잘 맞닥뜨릴 만한 온갖 역경을 견뎌냈다."(273쪽) 준평원과 알프스산맥 그리고 라인강과 다뉴브로 대표되는 유럽에 사막은 존재하지 않는다. 사막은 아시아와 아프리카 그리고 아메리카에 자리한다. 사막과 야만국이라는 공통분모는 문명적인 유럽과 낙후한 여타지역의 야만성을 현저하게 대비시킨다.

유럽이 욱일승천하는 기세로 세계전역을 게걸스레 집어삼키던 19세기 제국주의 시대의 소산인 메리 셸리의 정신세계에 은밀하게 틈입한 오리엔탈리즘은 소설 곳곳에 포진해있다. 물론 우리는 그녀가 오리엔탈리즘의 신봉자이거나 그것의 옹호자라고 생각해서는 안 될 것이다. 그렇다고 해서 『프랑켄슈타인』에 드러나 있는 오리엔탈리즘의 흔적을 부정해서도 아니 될

---

15   이것에 대해서는 『수피우화』, 김남용 엮음, 도서출판 화담, 2006, 210-211쪽 참조.

것이라고 생각한다. 자의든 타의든 메리 셸리는 제국주의의 선두주자 영국의 남성 중심적인 사회에서 태어나고 교육받은 여성이라는 사실을 염두에 두어야 할 것이다.

영국의 산업혁명, 프랑스의 정치혁명, 도이칠란트의 정신혁명으로 유럽이 근대의 문을 열어젖힐 무렵 출간된 『프랑켄슈타인』은 근대가 촉발한 과학기술문명의 그늘을 탐색한다. 하지만 천재 자연철학자 프랑켄슈타인의 경고에도 불구하고 자연과학과 공학 그리고 기술은 가속페달을 힘차게 밟는다. 그것의 첫 번째 결과가 1851년 5월 1일 런던에서 개최된 만국박람회였다. 유리와 철골로 지어진 축구장 11개 규모의 3층 전시장 건물은 '수정궁 Crystal Palace'으로 불렸다. 열차와 증기선이 유럽과 세계 곳곳을 질주하는 과학기술과 속도의 시대를 웅변하는 수정궁은 해가 지지 않는 대영제국의 거대 상징물[16]이 된다.

유클리드 기하학과 2 곱하기 2는 4라는 공리에 근거한 수정궁에 반대하는 철학을 내세운 도스토예프스키(1821-1881)의 중편소설 『지하생활자의 수기』가 1864년에 세상과 만난다. 소설의 주인공인 '나'는 사람들이 순종하

---

16   1789년에 발발한 프랑스 대혁명 100주년을 기념하려는 뜻에서 1889년 파리에서 개최된 만국박람회의 기념비적인 상징물은 에펠탑이었다. 오로지 철골로만 제작된 에펠탑은 301미터 높이로 프랑스 산업발전을 압축적으로 과시하는 건축물이다. 에펠탑을 극도로 혐오한 소설가 모파상은 종종 에펠탑 2층 레스토랑에서 식사를 즐겼다고 한다. 그곳이 파리에서 에펠탑이 보이지 않는 유일한 장소이기 때문이었다.

표도르 도스토예프스키(1821-1881)

는 돌로 된 벽, 즉 자연법칙과 자연과학 및 수학을 부정하고 대립적인 자세를 취한다. 도스토예프스키는 이성과 합리주의를 내세운 니콜라이 체르니셰프스키(1828-1889)가 1863년 출간한 소설『무엇을 할 것인가』에 대한 반론으로『지하생활자의 수기』를 집필한다. 인간에게 지성을 일깨워주고 진정한 이익이 무엇인지 알도록 해주면 인간은 선을 행하게 될 것이라는 체르니셰프스키의 생각을 도스토예스키는 유치하고도 순진무구한 젖먹이의 꿈이라고 비난한다. 소설의 주인공은 말한다.

"인간은 언제 어디서든 이성이나 이익의 명령에 따르기보다는 하고 싶은 짓을 멋대로 하려는 성질을 가지고 있다. 인간의 자유로운 욕망, 변덕, 공상, 이것이야말로 사람들이 간과하고 있는 가장 유익한 이익이다. 인간에게 필요한 것은 독자적인 자유로운 욕망뿐이다."[17] 이런 판단에 기초하여 그는 터무니없는 공상(空想)과 비천한 욕망을 고집하는 것이 인간이라 언명한다. 인간은 창조를 사랑하고 진로를 개척하는 것을 좋아하지만, 동시에 인간은 파괴와 혼돈(混沌)을 열광적으로 좋아하는 모순적인 존재라고 역설한다. 따라서 과학이 인간본성을 재교육하여 지도하게 되면 인간은 자유의지를 상실한 피아노 건반 같은 존재로 전락할 것이라고 주장한다. 과학을 경배하고 과학기술을 추종했던 프랑켄슈타인과 정반대로 그는 과학의 진리와 이성주의

---

17 『지하생활자의 수기』, 도스토예프스키, 이동현 옮김, 문예출판사, 2015, 39쪽. 이후 인용은 본문에 쪽수만 표기하겠음.

| 조리스 위스망스(1848-1907)

에 반발하여 자신만의 세계인 지하실에 은거한다.

수정궁은 과학기술과 합리주의의 토대 위에서 건설된다. 쾌락과 안일을 추구하면서 고통을 인정하지 않는 수정궁을 믿는 다수의 동시대인과 대립하면서 소설의 주인공은 자의식의 원천인 고통을 거부하지 않는다. 그리하여 2 곱하기 2는 4도 훌륭하지만, 2 곱하기 2는 5 역시 훌륭하다고 강변한다. 이성과 수학의 추론에 따라 정립된 논리의 법칙이 언제나 인간의 법칙이 되리라는 공리주의와 이성주의 또는 합리주의에 정면으로 맞서는 인간인 '나'는 그런 까닭에 외부세계와 완전히 격절(隔絶)된 지하세계에서 20년 넘도록 홀로 살아간다. 거처에 대한 그의 서술은 이러하다. "나의 거처는 곧 나의 은신처이며, 나의 껍질이자 나의 상자[18]이기 때문에, 나는 그 속에서 온 인류를 피해 숨어 살고 있었다."(169쪽)

1860년대 페테르부르크의 고독한 은둔 생활자이자 현대판 '히키코모리'의 원형질이 '나'였다면 1880년대 프랑스의 데카당과 자발적 소외를 대표하는 인물은 '제쎙트'다. 1884년 출간된 조리스 위스망스(1848-1907)의 소설 『거꾸로』의 주인공 제쎙트는 30살의 깡마르고 선병질적인 세습귀족의 후예다. "지상에서 산다는 것은 정녕 비참한 일이다!"라는 쇼펜하우어의 명제를 간직하고 있는 그는 염세철학과 은둔의 처세로 19세기 후반기를 살아간다.

---

18   소설 주인공이 말하는 '상자'는 체호프의 단편소설 『상자 속에 든 사나이』(1898)에서 재현된다. 주인공 벨리코프는 덧신과 우산, 외투와 마차의 장막 등으로 자신을 외부세계와 차단하며 살아가는 금지와 억압, 폭력과 감시의 인물로 그려진다.

『지하생활자의 수기』의 주인공처럼 제쎙트도 음탕의 쾌락과 방종의 길에 나선다. 그가 도달한 음탕의 절정은 앳된 청년과 시작한 동성애다. "그는 이처럼 유혹적이고 강압적인 매춘은 겪어본 적이 없었다. 그와 같은 위험을 경험한 적도, 그처럼 고통스러운 만족감을 느낀 적도 없었다."[19]

서양문학과 예술의 정수를 꿰뚫고 있는 제쎙트는 구스타프 모로(1826-1898)가 구현한 『살로메 연작』[20]에 경도된다. 누구에게도 영향받지 않은 화가, 조상도 후예도 없는 현대의 유일한 화가로 모로를 규정하면서 위스망스는 살로메를 다음과 같이 해석한다. "그녀는 파괴할 수 없는 음탕함을 상징하는 여신, 자신의 살집을 뻣뻣하게 하고 근육을 단단하게 하는 경직증(硬直症)으로 선택된 저주받은 미의 여신이 되었다. 그녀는 기괴하고도 냉담한 짐승, 책임감도 감정도 없이 그리스 신화의 헬레네처럼 자신에게 다가오는 모든 것, 자신을 바라보는 모든 것, 자신이 만지는 모든 것을 타락시키는 짐승이 되었다."(96쪽)

끝없이 몰락해가는 1880년대 프랑스 사회와 거리를 두고 관찰자로 살아가려던 세습귀족 제쎙트. 혐오해 마지않던 부르주아의 대두와 홍수 속에서 독야청청 홀로의 길을 걸어가려던 그의 시도는 실패로 귀결된다. 건강을 잃

---

19   『거꾸로』, 조리스 위스망스 지음, 유진현 옮김, 문학과 지성사, 2017, 160쪽. 이후 인용은 본문에 쪽수만 표기하겠음.

20   『살로메 연작』은 『헤롯 앞에서 춤추는 살로메』(1874-1876)와 『환영: 살로메의 춤』(1875)을 가리킨다.

은 그가 의사의 충고를 따를 수밖에 없었던 때문이다. 자살로 시대에 저항하려는 의지는 그에게 결석했기 때문이다. 제쎙트의 지적-미적 편력에 동행하면서 우리는 특별한 사건과 관계와 갈등과 결말이 없는 '소설 같지 않은 소설'과 대면한다. 주인공이 추구하는 문학과 예술, 색깔과 음악, 가구와 여행을 그저 들여다보고 생각한다. 제쎙트는 상당 정도 위스망스의 분신이다.

제쎙트의 말을 빌려서 소설가는 "어리석은 감상주의와 결합한 각박한 실용주의로 대표되는 19세기의 지배적인 사상"(238쪽)을 비판한다. 19세기가 그토록 타락하게 된 근본적인 원인을 위스망스는 귀족의 몰락과 부르주아의 부상(浮上)[21]에서 찾는다. "노망난 후예들 때문에 귀족계급은 사라져가고 있었다. 항상 귀족계급에 의지했던 성직자계급도 몰락했으며, 수도원은 제약공장이나 술도가로 변모를 거듭했다. 혈통귀족이 물러나고 금전귀족이 자리를 잡았다. 확신을 얻은 부르주아가 군림한 결과는 모든 지능의 압살, 모든 정직의 부정, 모든 예술의 죽음이었다."(285-290쪽) 제쎙트는 시대와 완전히 결별하고 독자적인 성채 안에서 살아가고자 하지만 그것을 끝까지 관철하지 못한다. 그러하되 소설 말미(末尾)에서 울려 퍼지는 제쎙트의 외침은

---

[21]　세습귀족의 몰락과 경박한 부르주아의 부상을 사회학적인 관점에서 지적한 이는 에스파냐의 오르테가 이 가세트다. 그는 『대중의 반역』에서 부르주아의 집합체이자 문명의 원리를 모르면서 쾌락을 추구하는 철부지 대중과 고고한 높이에서 자기에게 부여된 역사적 책무를 인식하는 세습귀족을 대비시킨다. 이런 논의에서 출발하여 에스파냐 철학자는 국가와 대륙을 대중과 귀족으로 나누면서 유럽연합 출범의 당위성을 역설한다.

깊은 울림을 던진다. "무너져라, 사회여! 제발 죽어라, 낡은 세계여!"(291쪽)

등장인물들의 갈등과 대립이 사건을 만들고 그것이 시공간과 결합하여 작가의 상상력으로 하나의 완결된 세계를 만드는 것이 소설이라면, 『지하생활자의 수기』나 『거꾸로』는 소설의 일반적인 범주 밖에 자리하는 소설이다. 그런데 이들과 유사한 소설이 유라시아의 동쪽 끝 일본에서 창작된다. 1906년 나쓰메 소세키가 출간한 중편소설 『풀베개』가 그것이다. 일본 근대문학의 창시자 가운데 한 사람인 소세키는 1868년 명치유신 이후 일본이 치달려간 '탈아입구(脫亞入歐)[22]' 노선을 문학과 미학에서 실현하고자 1900년 런던에 파견된다. 동양과 일본, 서양과 영국의 미학과 문학을 공부하던 그는 유학생활에 적응하지 못하고 1902년 귀국한다. 런던에서 얻은 신경쇠약을 극복하는 방편으로 소세키는 소설을 쓰기 시작한다.

『풀베개』는 한 마디로 '소설 같지 않은 소설'이다. 어떤 사건이나 갈등 혹은 일관된 줄거리도 없이 시작해서 끝난다. 『풀베개』는 일련번호 1부터 시

---

22   아시아를 벗어나 유럽으로 들어간다는 말로, 당대 일본의 지도층이 내세운 근본적인 이념이다. 중국이 주도한 낙후한 아시아가 아니라, 발전된 선진서양의 세계로 들어가겠다는 의지의 표명이다. 일본이 아시아의 근대화를 추동하고 제국을 건설하겠다는 열망의 발원지는 유럽이었다. 반면에 2009년 8월 30일 정권교체에 성공한 하토야마 유키오 총리는 '탈아입구' 대신 '탈미입아(脫美入亞)'를 내세운다. 그것은 미국(유럽)에서 벗어나 아시아로 돌아오겠다는 선언이다. 일본의 정체성이 아시아에 있으며, 유럽의 후예인 미국의 영향력에서 벗어나겠다는 의지적인 표현이 '탈미입아'다.

작하여 13에서 밋밋하게 끝난다. 적잖은 인물이 등장하지만, 근본적으로 화자인 '나'의 내면세계와 사유와 인식이 소설의 뼈대를 이룬다. 『풀베개』는 서양과 견준다든지 혹은 대등해지겠다는 명제를 시험해본 소설이라 할 수 있다. 하이쿠와 한시의 품격과 풍미가 곳곳에 차고 넘치는 기이한 소설이 『풀베개』다. 『풀베개』는 유럽과 일본의 미학과 문학이 한판 대결을 벌이는 각축장이다.

소설에 등장하는 동서양 인물들과 서책의 면면은 이러하다. 셀리, 도연명, 성당시대(盛唐時代) 시인이자 화가인 왕유, 『금색야차』의 오자키 고요, 『파우스트』, 『햄릿』, 『채근담』, 『논어』, 『중용』, 다도, 이백, 두보, 백거이와 『장한가』, 굴원(屈原)의 『초사』, 다빈치, 존 에버렛 밀레이의 『오필리아』, 만엽집, 조지프 윌리암 터너, 고트홀트 레싱, 로렌스 스턴의 『신사 트리스트럼 샌디의 생애와 의견』, 마쓰오 바쇼와 하이쿠, 일본의 화가 이토 자쿠추 등등.

이런 인물과 작품 그리고 그들의 사유와 인식을 종횡무진으로 누비면서 소세키는 일본과 동양, 영국과 서양의 미학과 문학을 상호 대비하면서 이야기를 풀어나간다. 소설 곳곳에서 작가가 창작한 하이쿠가 빛을 발한다. 『풀베개』에서 우리의 관심을 끄는 대목 하나를 소개한다. "중국의 기구(器具)는 다 어설프다. 아무래도 바보 같고 굼뜬 인종이 발명한 것이라고 생각할 수밖에 없다. 보고 있는 동안 멍해지는 점이 중요하다. 일본은 소매치기의 태도로 예술품을 만든다. 서양은 크고 섬세하며, 어디까지나 속된 마음을 버리지 못한다."[23]

어떤 노인의 방에 깔린 융단을 보고 화자인 '나'의 소감을 피력한 대목이다. 여기서 언급되는 중국과 일본 그리고 서양의 예술에 대한 작가의 선명한 대조가 눈에 들어온다. 중국의 물건에 대한 업신여김과 단아한 장인의 솜씨로 버무린 일본예술 그리고 세속의 취향을 결코 버리지 못하는 서양예술까지. 소세키의 사유가 도달하는 대상은 언제나 일본과 서양이다. 강박증에 가까운 소세키의 이런 인식은 근대 강박증에 사로잡힌 일본 지식인의 원형이다. 『도련님의 시대』에서 지은이 세키가와 나쓰오는 이렇게 쓴다. "소세키는 다른 사람과 시선 맞추기를 두려워했다. 그는 타인이 자신을 감시하고 있다는 망상과 환상을 품고 있었다. 그는 런던 유학 이후 창문을 두려워했다. 커튼 너머에서 누군가가 자신을 훔쳐보고 있다고 믿었다. 소세키의 병은 근대 사회에서 비로소 자아에 눈뜨게 된 일본인의 고민, 또는 서구를 증오하면서도 서구를 배워야 했던 일본 지식인의 딜레마와 같은 뿌리에서 나온 것이었다."[24]

지금까지 기술한 『프랑켄슈타인』, 『지하생활자의 수기』, 『거꾸로』, 『풀베개』에 대한 논의를 간략하게 정리해 보자. 『프랑켄슈타인』은 현대의 프로메테우스가 되어 인간창조라는 신기원에 도전함으로써 인간의 영역을 넘어서

---

23   『풀베개』, 나쓰메 소세키 지음, 송태욱 옮김, 현암사, 2013, 110쪽.

24   『도련님의 시대』 1, 세키가와 나쓰오 쓰고, 다니구치 지로 그림, 세미콜론, 2015, 51-52쪽.

유라시아 횡단 인문학

려는 자연과학자의 욕망과 의지, 그리고 그것의 처절한 실패와 죽음으로 끝나는 소설이다. 16세기에 시작된 지리상의 발견과 그것으로 촉발된 17-18세기 자연과학과 기술의 발달 및 계몽주의를 소설의 바탕으로 삼고 있다. 메리 셸리는 성실한 기독교도의 관점에서 프랑켄슈타인의 신성을 향한 섣부른 과욕을 비판하면서 과학과 기술 및 발견을 향한 인간의 탐욕과 집착의 파괴적인 양상을 경고한다.

이와 함께 그녀는 똑같이 고독한 창조주와 피조물을 나란히 배치함으로써 외부세계와 단절된 현대인의 내면적 고독을 추적한다. 괴물을 창조하자마자 그 추악함에 치를 떨며 도주한 프랑켄슈타인은 피조물의 거듭된 살인 행각에도 끝내 침묵한다. 자신을 그토록 아끼고 사랑하는 가족과 친구에게 조차 그는 내면을 토로하지 않는다. 죽음이 임박해서 그는 생면부지의 영국인 청년 탐험대장 월턴에게 영광과 명예를 위한 탐험과 발견을 그만두라는 유언을 남긴다. 프랑켄슈타인과 달리 괴물은 시종일관 외부세계의 인간들과 부단히 소통하고 다가서려고 노력한다. 하지만 그의 시도는 번번이 실패하고, 결국 완전한 소외와 고독의 나락으로 빠져든다. 인간 창조주의 손으로 태어났지만, 즉시 버림받은 괴물은 실험용으로 만들어진 현대의 수많은 생명체의 운명을 선행한 존재라 말할 수 있다. 오늘날 얼마나 많은 고양이가[25]

---

25   뱅갈, 래그돈, 메인쿤, 사바나캣, 스핑크스, 터키시 앙고라, 러시안 블루, 페르시안, 샴에 이르기까지 인간이 만들어낸 고양이 종은 다채롭기 그지없다.

제작되고 버려지고 있는지 우리는 알고 있다.

자연과학자 프랑켄슈타인의 자발적 소외와 고독은 도스토예프스키의 8 등관이자 지하생활자의 삶에서 변주된다. 전자가 과학과 발견 및 기술공학의 추종자라면 후자는 수정궁으로 대표되는 과학적 합리주의와 이성주의에 정면으로 반대한다. 굴욕감에서조차 쾌감을 발견하는 소설 주인공 '나'는 의심 많고 화를 잘 내는 인간이다. 그는 사람들이 추구하는 행복, 재산, 평안을 거부하고 의식적으로 그것에 역행하면서 고통을 자초하는 왜곡된 자유의지의 소유자이기도 하다. 그는 인간 개개인이 소유하고 있는 욕망과 변덕, 공상이야말로 인간에게 가장 커다란 이익이라고 강변하기도 한다.

그는 2 곱하기 2는 4라는 명제는 죽음의 시작이자 인간에 대한 멸시라고 주장하고, 그것을 수정궁이라고 규정하면서 한사코 거부한다. 모든 인간에게는 강력한 자유의지가 있는데, 19세기 현대인은 하나같이 겁쟁이고 노예가 되는 바람에 자유의지를 상실했다고 그는 말한다. 그는 리가 출신의 창녀 리자와 맺은 관계에서 타자에 대한 횡포와 폭력에 물든 어리석은 폭군임을 드러낸다. 그의 외침이 들려오는 듯하다. "나는 지상에 사는 벌레 가운데 가장 더럽고 우스꽝스럽고 우둔하고 시시하고 질투심 강한 벌레다."(182쪽) 인간을 사랑할 능력조차 갖지 못한 그는 『프랑켄슈타인』의 괴물보다도 저열하고 자기 파괴적인 추악한 인간이다.

자신의 세계로 침잠한 다른 유형의 인물이 위스망스가 창조해낸 제쎙트다. 위스망스는 플로베르(1821-1880)와 졸라(1840-1902)의 자연주의에 경도되어 소설을 쓰다가 『거꾸로』를 집필한다. 위스망스의 지적에 따르면, 제쎙트는 당대의 세상이 온갖 무뢰한들과 멍청이들로 이루어져 있음을 문득 깨닫는다. 그리하여 그는 외부세계와 완전히 격리 단절된 은둔지인 '테바이드'[26]나 편안한 사막 혹은 요동하지 않는 푸근한 방주를 열망하기 시작한다. 세습귀족이기 때문에 물질적으로 풍요로운 제쎙트는 파리 근교의 한적한 마을 퐁트네에 새로운 거처를 장만한다. 전차가 유일한 이동수단인 그곳에서 제쎙트는 완전한 고독과 은거에 들어간다.

『거꾸로』의 주인공은 격절의 무료함과 고독에서 야기되는 권태를 극복하는 방편으로 쾌락과 방종의 길에 나선다. 찰스 디킨스의 정숙한 소설을 읽다가 제쎙트는 음행과 육욕의 쾌락을 찾는다. 미국인으로 서커스 곡예사 미스 우라니아와 키 작은 갈색머리 복화술사에게 접근하지만 바라는 성적 쾌락을 얻지 못한다. 제쎙트는 감각적인 인간이다. 그는 극대화된 오감(五感)의 인간이다. 시각은 물론이러니와 청각과 후각, 미각과 촉각도 빼어나게 특화되어 있다. 퐁트네의 은둔지를 꾸밀 때 집의 가구와 배색을 결정하면서 제쎙트는 절정의 색감을 보여준다. 흥미로운 사실은 그가 자연과 자연적인 것에 한사코 저항한다는 점이다.

"자연은 그 시효를 다했다. 자연은 구역질 날 정도로 획일적인 풍경과 하늘로 인해 세련된 자들의 참을성을 완전히 지치게 만들었다. 자연은 단조로

---

26   테바이드(Thebaide)는 이집트의 테베를 중심으로 한 지역의 옛날 이름으로 초기 기독교 시대에 많은 수도사가 이곳의 사막으로 이주하여 명상과 금욕생활을 했다고 전해진다.

운 풀밭과 나무의 저장이고, 산과 바다는 얼마나 시시하게 배치돼 있는가!.. 자연에서만 향수성분을 빌려오는 예술가는 진실성도 특색도 없는 조잡한 작품만을 만들게 될 것이었다."(57-164쪽) 이런 판단에 기초하여 제쎙트는 생화를 모방한 조화(造花)를 찾다가 마침내는 조화를 모방한 생화를 원한다. 파리지옥과 끈끈이주걱, 사라세나와 네펜데스 같은 식충식물이 그를 충족시킨다.

자연주의자로 창작을 시작한 위스망스는 『거꾸로』 출간 20년 뒤인 1903년에 쓴 서문에서 자연주의와 자연주의자를 향한 날 선 비판을 마다하지 않는다. "자연주의 유파는 평범한 삶의 묘사에 골몰했고, 생동감을 준다는 핑계로 평균치에 가까운 존재들만 창조하려 애쓰고 있었다. 졸라는 시장, 백화점, 철도, 탄광을 찬양했고, 이런 환경에서 방황하는 인간들은 소품이나 단역 구실을 맡을 따름이었다. 영혼을 관찰하겠다고 자청한 자연주의자들보다 영혼에 대해 모르는 사람은 없다."(10-27쪽) 그는 졸라 만큼 빼어나게 자연주의 소설을 쓸 자신도 의지도 없었다. 그런 까닭에 자연주의의 대척점이라 할 데카당으로 경도된 것이다.

완벽한 고독과 절연의 세계에 침잠한 제쎙트의 지적-미적 편력에 동행하면서 우리는 특별한 사건과 관계와 갈등과 결말이 없는 소세키의 '소설 같지 않은 소설'인 『풀베개』와 대면한다. 동서고금의 문학과 미학을 다채롭게 소환한 소세키의 중편소설 『풀베개』는 위스망스의 『거꾸로』에 크게 의지하고 있다. 개인의 내면세계를 천착하는 이런 흐름은 식민지 조선의 작가 이상의 『날개』(1936)와 2차대전 패전 이후 일본의 소설가 다자이 오사무의 『인간실격』(1948)으로 이어진다고 말할 수 있겠다.

3부

유라시아의 과거와 미래

8.
유라시아와
격동의
20세기

20세기를 돌이키면 러시아의 10월 사회주의 혁명, 제1, 2차 세계대전, 그리고 두 차례의 대전 이후 세계의 변모양상 등이 주요 관심사로 부상한다. 20세기는 새로운 산업혁명으로 물질문명이 비약적으로 발전한다. 1880년 무렵 미국과 영국에서 시작된 2차 산업혁명은 석유와 내연기관, 전기와 전화 등으로 요약할 수 있다. 석탄과 증기기관, 열차와 증기선으로 대표되던 1차 산업혁명과 차이를 보인다. 칼 벤츠가 석유에 의지하는 내연기관을 이용한 자동차를 1886년에 발명하고, 각종 석유화학산업이 등장한다. 동시에 전혀 새로운 전기 에너지가 산업전반에 활용되면서 이른바 '테일러 시스템'이나 '포드 시스템' 같은 대량생산 체제가 일반화한다. 여기 덧붙여 1876년 안토니오 무치가 고안한 전화는 새로운 시대의 총아로 세계를 하나로 묶어내는 기제로 성장할 발판을 마련한다.

격동의 20세기를 살피기 전에 19세기를 성찰해야 한다. 19세기가 도달한 지적-정신적 성장 위에 20세기가 가능하기 때문이다. 19세기를 대표하는 두 권의 서책이 1859년에 출간된 『종의 기원』과 1867년 출간된 『자본론』이다. 160년 세월이 흘러갔지만, 자연과학과 사회과학 분야의 정점에 서 있는 『종의 기원』과 『자본론』은 아직도 그 영향력과 의미를 유지하고 있다. 『종의 기원』에서 핵심적인 내용은 이러하다. "지구에서 살아남은 종은 가장 강한 종도 아니고, 가장 지적인 종도 아니다. 환경변화에 가장 잘 적응한 종이 살아남았다." 이런 적자생존[01]의 논거가 되는 것이 자연선택설이다. 생존경쟁의 결과 살아남은 개체의 유리한 형질이 대를 이어서 전해져 새롭고 강력한 종이 생겨난다는 주장이 자연선택설이다. 『종의 기원』은 서기 313년 로마의 콘스탄티누스 대제가 기독교를 공인한 이후 유럽에서 1500년 이상 계속된 기독교 중심의 세계관에 일대 균열을 불러온 서책이라 할 수 있다.

마르크스의 『자본론』은 자본과 노동의 의미와 가치를 과학적으로 분석한 역작이다. 1권은 마르크스 생전에 출간되지만, 2권과 3권은 마르크스 사후에 평생의 친구 프리드리히 엥겔스가 1885년과 1894년에 편집-출간했고, 4권은 20세기 들어와서 칼 카우츠키가 편집-출간[02]한다. 과학적 사회주의의

---

01   적자생존(survival of the fittest 適者生存) 용어는 스펜서가 1864년 처음으로 사용한
      용어이며, 다윈은 『종의 기원』제4판 이후에 이 표현을 사용하기 시작한다.

02   그러나 『자본론』제4권은 마르크스가 남긴 저작이 아니라, 그의 초고를 토대로
      1905년부터 1910년까지 카우츠키가 편집해서 출간한 것이다. 통상적으로 『자본론』

결정판인 『자본론』은 아직도 세계 전역에서 출간되어 자본주의가 독점하고 있는 지배이념에 문제를 제기하고 있다. 자본과 임노동의 화해할 수 없는 대립관계를 천착한 『자본론』에서 마르크스는 자본과 노동이 인간과 인간의 역사, 인간이 창출한 각종 사회와 국가에서 어떤 의미가 있는지 보여준다. 아울러 『자본』은 인간이 인간을 대상으로 자행하는 착취와 피착취가 어떻게 수천 년 계속되었는지도 사유한다. 21세기 세계를 지배하는 유일 이데올로기로서 자본주의를 깊이 있게 성찰하도록 인도하는 책이 『자본론』이다.

『자본론』이 가장 인기를 얻은 곳은 마르크스의 망명지 영국도 그의 조국 도이칠란트도 아닌 러시아였다. 1870년 상트페테르부르크에서 러시아어로 번역된 『자본론』 초판 2000부가 순식간에 팔려나간다. 후발 자본주의 국가이자 제국주의 국가 러시아가 당면하고 있던 각종 사회적인 모순과 충돌이 『자본론』 열풍을 몰고 온 것이다. 『자본론』이 출간된 1870년대 러시아의 사회상은 대체 어떤 양상을 띠고 있었을까. 그것을 극명하게 보여주는 어휘가 '브나로드 v narod(into the people)'다. 1870년대 러시아 사회를 풍미한 브나로드(민중 속으로) 운동을 소재로 집필된 장편소설이 이반 투르게네프의 『처녀지』

은 마르크스와 엥겔스가 펴낸 1-3권을 말하며, 4권은 『잉여가치 학설사(Theorien ueber den Mehrwert)』로 알려져 있다. 일각에서는 로자 룩셈부르크(1871-1919)의 『자본의 축적』(1913)을 『자본론』 4권이라 부르기도 한다. 『자본의 축적』을 번역한 황선길은 "룩셈부르크가 『자본의 축적』에서 역사적 사실을 통해 세계시장 형성을 분석하고, 『자본론』을 비판-보완했다는 점"에서(『경향신문』, 2013.4.5.) 『자본론』 4권이라 부른다.

(1877)다.

『처녀지』는 당대 러시아 사회운동의 정화(精華)였던 브나로드 운동의 근본적인 이념과 거기 투신한 사람들의 고단한 내면세계와 갈등, 사랑과 우정 그리고 투르게네프가 사유하는 세계관을 담고 있다. 귀족가문 출신의 사생아 '네즈다노프'가 주인공으로 등장한다. '즈다치(zdat')'는 러시아어로 '기다리다'는 뜻인데, 네즈다노프는 '기다리지 않은 사람'이란 의미다. 따라서 네즈다노프는 사람들에게 환영받지 못할 운명을 가지고 태어난 인간이라고 생각할 수 있다. 브나로드 운동에 가담한 사람을 '나로드니키(narodniki)'라고 하는데, 여성 나로드니키 마리안나, 다리를 저는 40대 진보적인 인텔리겐차 파클린 등이 소설의 주요 등장인물이다. 마리안나는 처음에 네즈다노프에게 이끌리지만, 훗날 솔로민이라는 이름을 가진 중년사내와 결합한다. 솔로민은 개량주의와 점진주의 세계관을 가진 인물이다. 이들 네 사람의 사유와 인식, 그리고 실천이 1870년대 러시아 사회의 변혁운동과 어떻게 연결되어 있는지를 여러 면에서 그려낸 소설이 『처녀지』다.

혁명으로 일거에 러시아 사회를 바꾸려는 급진주의자 네즈다노프와 개량주의자 솔로민의 이념적 실천적 대비가 『처녀지』에 선명하게 그려진다. 네즈다노프는 40도짜리 보드카를 들이키고 장날에 불학무식(不學無識)한 민중을 대상으로 선전선동을 펼친다. 하지만 문맹인 데다가 학교교육이라고는 받아본 적도 없는 러시아 농부들은 어리둥절해한다. '대체 저 친구, 무슨 말을 하는 거지? 왜 대낮부터 고함을 지르는 거야. 무슨 말인지 하나도 모르겠구먼.' 민중과 유리된 상태에서 네즈다노프는 그들과 의미 있는 소통과 교류를 하지 못한 채 부초처럼 떠도는 인물이며, 그 결과 관념적이고 급진적인 변혁노선으로 인해 좌절을 경험한다.

게다가 사랑하는 여인 마리안나가 거리를 두자 권총자살로 생을 마감해 버린다. 그런 일이 있고 난 후에 마리안나는 솔로민의 개량주의 쪽으로 방향을 선회하게 된다. 소설의 사건과 관계가 이렇게 진행되자 투르게네프는 러시아의 진보와 보수, 양 진영으로부터 비난의 대상이 된다. 그리하여 작가가 『처녀지』 논쟁을 그만두자, 그만하면 충분하다는 의미의 '다볼리노! Dovol'no'라는 글까지 쓰게 되는 지경에 이른다.

흥미로운 점은 투르게네프의 『처녀지』와 빼닮은 소설이 1935년 식민지 조선에서 출간되었다는 사실이다. 『그날이 오면』의 시인이자 소설가 심훈 (1901-1936)의 『상록수』가 그것이다. 박동혁과 채영신을 남녀 주인공으로 삼아 농촌 계몽운동과 청춘남녀의 애틋한 사랑과 우정을 그려낸 소설이 『상록수』다. 『처녀지』와 『상록수』는 60년 정도 시차가 나는데, 필시 일본어로 중역(重譯)된 『처녀지』가 『상록수』 창작에 영향을 준 것이 아닌가,[03] 생각한다.

1870년대 브나로드 운동에 가담한 나로드니키들이 1880년대에 이르면 '민중의 의지'와 '흑토 재분배'의 두 가지 분파로 나뉜다. 그리고 1894년에

---

03   1910-20년대 조선에 투르게네프의 소설과 산문시가 소개되어 문사들 사이에서 널리 읽혔다고 한다. 특히 김억 시인은 80여 편에 이르는 투르게네프의 산문시 다수를 번역한 인물로 알려져 있다. 그런 영향이 윤동주 시인이 연희전문 2학년 시절에 쓴 『툴게넵의 언덕』(1939)에 투영되어 있다.

는 '노동자 해방동맹'이라는 대규모 조직이 결성되고 블라디미르 일리치 레닌 같은 직업 혁명가도 모습을 드러낸다. 하지만 레닌 이전에 우리의 관심을 끄는 여성 혁명가 베라 자수리치(1851-1919)를 주인공으로 한 투르게네프의 산문시 『문지방』(1878)을 살펴보는 것도 당대를 이해하는데 유의미할 듯하다. 확고한 역사의식을 가진 귀족출신 혁명가 자수리치는 1870년대 브나로드 운동에 가담했고, 1885년 러시아에 건립된 최초의 마르크스주의 조직인 '노동해방단' 창립자 가운데 한 사람이었다. 1890년대 이후에는 레닌과 플레하노프 등과 함께 활동하면서 러시아 사회민주노동당 기관지 『이스크라』의 고정필진 가운데 한 사람이기도 하다.

거대한 벽의 한쪽에 활짝 열린 작은 문이 있다. 문 안쪽에는 싸늘한 냉기가 서린 음산한 안개가 끼어있고, 높다란 문지방 앞에 러시아 처녀가 서 있다. 문지방 안에서 목소리가 들린다. "네가 이 문지방을 넘는다면, 이곳에는 오직 추위와 굶주림, 모욕과 증오밖에는 존재하지 않는다. 마지막에는 죽음이 너를 찾아올 것이고. 그리고 여기에는 너의 희생을 아무도 알아주지 않는 암담함과 몸서리나는 고독이 자리할 것이다. 시간이 흐르고 나면 네가 가진 신념의 파괴와 환멸이 찾아오게 되리라. 그래도 문지방을 넘겠느냐." 목소리는 네 번, 다섯 번 자꾸 묻는다. 그래도 문지방을 넘겠느냐고. 자수리치는 단호하게 문지방을 넘어가겠노라고 답한다. 이윽고 그녀가 문지방을 넘어가자 두 가지 목소리가 들려온다. "바보 같은 년!" 하고 욕설을 내뱉는 목소리. "성녀(聖女)!" 하는 찬양의 목소리. 이처럼 초창기 브나로드 운동에 투신했던 남녀 혁명가들이 훗날 1917년 사회주의 10월 혁명의 밑거름이 된다.

10월 혁명 이전인 1905년에 1차 러시아 혁명이 발발한다. 역사가들은 이 것을 부르주아 민주주의 혁명이라 부른다. 이것을 근거리에서 지켜보거나 가담했던 세 사람의 러시아 극작가가 있다. 알렉산드르 블로크, 레오니드 안 드레예프 그리고 막심 고리키가 그들이다. 블로크는 『광장의 왕』에서 실패 한 1905년 혁명의 모습을 그려낸다. 고전적인 아름다움과 이상을 대표하는 광장의 왕과 조드치의 딸이 구현하고자 하는 이상적인 지배를 믿지 않는 민 중의 동요와 불안이 상호 충돌한다. 민중은 그들을 구원할 배를 기다리지만 정작 그들을 찾아오는 것은 완전한 파멸뿐이다. 조드치의 딸을 사랑하는 시 인도 조드치의 딸도 다수 민중과 함께 사멸한다.

안드레예프의 『별들에게』에서 우리는 거대한 변혁과 혁명의 시기에도 하 늘의 별만 들여다보는 천문학자 테르노프스키와 그의 아들 니콜라이와 약 혼자 마루샤가 구현하고자 하는 혁명의 이념 사이의 충돌과 대면한다. 완벽 한 아름다움을 구현하고 있던 아들이 처절하게 파괴되어 정신이상 상태에 빠지게 되자 테르노프스키는 절망하여 절규한다. "얼굴을 가지고 있지 않은 야수(野獸)들만 죽는다. 죽이는 자들만 죽는다. 하지만 죽임을 당한 자, 찢긴 자, 불태워진 자들은 영원히 산다. 인간에게 죽음은 없다. 영원의 아들에게 죽음은 없다."[04] 『태양의 아이들』에서 고리키는 민중과 유리된 혁명은 필연 적으로 실패할 수밖에 없다는 간명한 주제의식을 가지고 인물들을 형상화

---

04   『광장의 왕』, 블로크 외 지음, 김규종 옮김, 글누림, 2007, 146쪽.

한다. 이처럼 1905년 혁명은 미완의 실패한 혁명으로 규정된다.

1917년 10월 혁명을 기막히게 그려낸 장편소설은 보리스 파스테르나크의 『지바고 의사』다. 1901년부터 스탈린이 사망하는 1953년까지를 시간 배경으로 하는 『지바고 의사』는 1917년 혁명과 3년 동안의 적백내전, 1921년부터 1927년까지 진행된 신경제정책 그리고 스탈린의 권력 장악 등을 시간적 순차성에 따라 그려낸다. 시인이자 소설가 파스테르나크는 소설을 소련에서 출간해주지 않자, 1957년에 이탈리아에서 출간한다. 이듬해인 1958년에는 영어와 프랑스어, 도이치어 등으로 번역되어 같은 해 스웨덴 한림원은 『지바고 의사』를 노벨 문학상 수상작으로 결정한다. 하지만 소련작가동맹은 파스테르나크가 노벨상을 받으러 출국하면 귀국할 수 없다고 통지함으로써 수상은 불발되고, 작가는 1960년에 세상을 뜬다.

파스테르나크는 혁명과 내전기를 살아간 시인이자 의사였던 지바고의 편력을 라라와 토냐, 스트렐리니코프 같은 인물들과 연결하면서 서사화한다. 혁명 발발초기에 지바고는 사회주의 10월 혁명에 찬성하고 동의한다. 러시아가 끌어안고 있던 거대한 종양을 단칼에 베어버린 혁명은 오직 러시아인만이 해낼 수 있는 것이라고 말하면서 환호작약한다. 하지만 1918년에 시작된 내전을 보면서 지바고는 사회주의 이념을 둘러싸고 수많은 사람이 죽이고 죽어야 하는 불합리한 상황[05]에 직면하자 혁명에 급속히 환멸하기 시작한

---

05   내전기에 이념의 차이 때문에 서로가 죽이고 죽어야 했던 상황을 잘 그려낸 작품은

다. 지바고가 라라와 공유하는 반혁명적인 태도 때문에 소련 내에서 소설출간이 불가능했으리라 생각한다.

1965년에 데이비드 린 감독이 『지바고 의사』를 영화로 만든다. 영국에서 출생했지만, 미국에서 활동한 그는 위대한 역사적 파노라마로 서술된 소설을 '멜로드라마'로 환치해버린다. 그것은 1965년이라는 시간적 제약 때문이기도 하다. 1962년 촉발된 쿠바 미사일 사태와 이듬해 케네디 대통령 암살, 미국의 군산복합체 수장(首長)이자 사회주의 세력에 대한 강경파 존슨의 대통령 취임, 1965년 통킹만 사건조작과 월남전 개입 같은 일련의 냉전상황이 지배하고 있던 시기가 1965년이다. 영화에는 거대한 역사와 역사적 사변 그리고 거기서 방황하고 고뇌하는 지식인들의 몸부림 같은 대목은 완전히 사상된다. 그리하여 지바고를 둘러싼 토냐와 라라의 삼각관계를 중심으로 하는 멜로드라마가 주축을 이루게 된다. 여기 더하여 문제적인 인물 파벨 안티포프, 즉 스트렐리니코프처럼 비중 있는 인물을 급진적이고 냉혹한 빨치산 정도로 단순화하여 그려냄으로써 인물의 입체적이고 다면적인 초상을 완전히 파괴해버린다.

1924년 1월 21일 최고 권력자 레닌이 사망한다. 그는 죽기 전에 소련의 최고의결기관인 공산당 중앙위원회 개혁안과 권력이양에 대한 견해를 유서

미하일 숄로호프의 장편소설 『고요한 돈』이다. 1928년에 『고요한 돈』 제1부가 탈고되어 1940년 제4부가 출간됨으로써 『고요한 돈』은 소련의 대표적인 작품의 반열에 오른다. 숄로호프는 『고요한 돈』으로 1965년에 노벨 문학상을 수상한다.

로 남긴다. 유서의 핵심내용은 150명으로 되어 있는 중앙위원회 위원수를 600명으로 늘려서 특정인의 권력욕으로 중앙위가 좌지우지되는 것을 막으라는 것과 스탈린에게 권력이 넘어가게 해서는 안 된다는 것이었다. 그러면서 당시 중앙위원이었던 스탈린, 트로츠키, 부하린, 프레오브라젠스키 같은 인물들에 대한 개별적인 평가를 한다. 역사의 아이러니인지 모르지만, 레닌의 유서는 스탈린에게 넘어가고, 스탈린은 레닌의 유지를 따르지 않는다.

1928년에 스탈린은 최대정적인 트로츠키와 그의 추종자 70여 명을 중앙위에서 축출하고 확고부동하게 권력을 장악한다. 스탈린은 레닌이 주창한 일국사회주의 노선을 유지하지만, 그와 동시에 트로츠키가 주장한 중공업 우선정책과 농업 집단화를 채택한다. 철강과 화학을 중심으로 하는 중공업 우선정책은 훗날 2차 대전에서 소련이 나치에게 승리하는 발판으로 작용한다. 국영농장 소프호스와 집단농장 콜호스 건설을 통해 대대적으로 소련사회를 변혁시켜 나간다. 이런 두 가지 사업을 사회주의 경제개발 5개년 계획으로 구체화한다. 제1차 5개년계획은 1928년에 시작되어 1932년에 종결된다. 스탈린이 첫선을 보인 국가주도 경제개발정책은 중국의 모택동과 한국의 박정희가 수용한다.

제1차 5개년계획이 종결된 1932년 4월 18일 『공산당 중앙위원회 결정서』는 대대적인 국가개조의 이념적인 틀을 준비한다.[06] 중앙위 결정서의 핵

06　　『대중의 반역』에서 오르테가 이 가세트는 러시아 혁명을 신랄하게 비판한다. "러시

심은 1920년대 이후 소련에서 만들어진 모든 문학과 예술단체들을 해소하여 하나의 거대한 집(Dom)으로 탈바꿈시키려는 것이었다. 이런 조치는 스탈린 1인 절대 권력을 확립하려는 예비조치였다. 1934년 8월에 소련 '작가동맹'이 결성되고, 소련의 모든 예술가는 창작과 비평의 방법론으로 '사회주의적 사실주의'를 따르도록 명문화된다. 그것은 소련이라는 국가를 장악한 공산당과 최고 지도자 스탈린이 자의적으로 작가들을 이념적으로 통제하고 자신이 원하는 방향대로만 창작하고 비평하고 소비하도록 한 것이다. 스탈린은 소련의 작가들을 '인간영혼의 기술자'라고 불렀다. 시인, 소설가, 극작가, 화가, 건축가, 조각가, 음악가 등을 국가와 공산당 그리고 절대 권력자 1인을 위해 소련 인민들의 영혼과 정신을 개조하고 만들어내는 엔지니어로 포장한 셈이다. 이로써 스탈린 개인독재의 밑그림이 완성된다.

소련에서 스탈린이 확고하게 권력을 장악하고 있을 무렵 도이칠란트에는 이른바 '제3 제국'이 들어서고 히틀러의 나치당이 권력을 장악한다. 이탈리아에는 무솔리니를 정점으로 하는 파시즘이 역사의 전면에 대두한다.[07] 바

아에서 일어난 것은 과거혁명의 단조로운 반복이자 완전한 재탕이다."(『대중의 반역』, 오르테가 이 가세트, 황보 영조 옮김, 역사비평사, 2005, 127쪽). 나아가 그는 "혁명은 15년 이상은 지속하지 않는다"고 하면서(128쪽) 러시아 혁명의 종언을 예고한다. 실제로 1932년은 러시아 10월 혁명 발발 15주년이며, 그해를 기점으로 소련은 스탈린 1인 지배 아래 전제주의 왕정국가로 회귀하는 양상을 보인다.

07   군중의 충만과 대중의 지배에 기초한 이와 같은 정치적인 격변과 결부되어 나타난 것이 이른바 '안티 유토피아 소설'이다. 볼셰비키의 획일적이고 통제적인 전체주의

야흐로 유럽전역에 전쟁의 먹구름이 짙게 드리워지기 시작한다. 그리하여 1939년 9월 1일 히틀러가 폴란드를 침공함으로써 제2차 대전의 막이 오르게 된다. 2차 대전에서 우리가 눈여겨 들여다볼 것은 무기로 인한 사상자가 전염병이나 기근 혹은 추위로 죽은 사람들의 숫자보다 많아졌다는 사실이다. 그것은 특히 1927년에 플레밍이 발견하고, 1940년에 주사제로 만들어져 전선(戰線)에 대량으로 배포된 페니실린 덕이었다고 한다. 과학적 발견에 기초한 의학발달이 전염병 감염으로 죽는 사람들을 크게 줄였지만, 반면에 고도로 발전된 무기체계가 숱한 사상자를 낳게 된 것이다.

2차 대전 종결이후 세계적으로 식민주의가 막을 내리게 된다. 승전국도 패전국도 그때까지 보유한 식민지를 내놓고 자국으로 회귀한다. 그 결과 수많은 신생국이 우후죽순 생겨난다. 동시에 자본주의 미국을 중심으로 하는 진영과 사회주의 소련을 중심으로 하는 진영의 냉전체제가 형성된다. 그 와중에 1950년 6월 한국전쟁이 발발한다. 전범국가 일본이 아니라, 식민지 한반도를 분단시킨 열강의 희생양 남과 북이 동족상잔의 비극을 연출한 전쟁. 1960년대에는 프랑스에서 독립한 베트남에 미국이 개입하여 베트남전쟁이

정책을 비판하는 예브게니 자먀틴의 『우리들』(1924)을 시작으로, 1932년 영국의 올더스 헉슬리가 『멋진 신세계』, 1949년에 조지 오웰이 『1984』를 출간한다. 세 작품 모두에서 강조되는 점은 인간의 사랑과 자유의지가 말살된 사회에서 만들어진 끔찍한 전체주의와 개인우상화, 획일적인 이념주입을 통한 세계제국에 대한 통렬한 풍자와 비판이다.

유라시아 횡단 인문학

발생하여 결국 세계최강 미국이 패전의 멍에를 쓰게 된다. 베트남 통일 전쟁에 양키제국 아메리카가 간섭하여 10년 세월 수많은 사상자를 발생시킨 '더러운 전쟁'이 1975년 종결된다. 베트남전쟁 종결과 비슷한 시기에 이른바 '핑퐁외교'가 미국과 중국 사이에 전개된다. 그리하여 전후 30년 가까이 이어지던 동서 냉전체제가 급속도로 붕괴하기 시작한다.

1980년대의 주요한 화두는 신자유주의다. 미국의 레이건과 영국의 대처가 군산복합체와 거대한 초국적기업과 다국적기업을 등에 업고 신자유주의를 선언한 것이다. 19세기 약육강식의 세계를 20세기에 재현한 경쟁만능과 승자독식의 신자유주의가 세계화와 더불어 세계 전역으로 확산하기 시작한다. '위대한 미국의 재건'을 내세운 레이건 행정부는 소련과 군비경쟁을 통한 체제대결을 시작하지만, 노쇠한 제국 소련은 그것에 대응할만한 여력이 없었다. 1985년 3월 소련의 최고 권력자가 된 미하일 고르바초프는 페레스트로이카(재건)와 글라스노스트(공개)를[08] 내걸고 소련의 갱생에 진력한다. 하지만 소련사회에 만연한 관료주의와 알코올중독이 그의 발목을 잡는다. 여기 더하여 예기치 않은 민족분규, 즉 아르메니아와 아제르바이잔의 갈등과 전쟁이 그에게 결정타를 날린다. 마침내 고르바초프는 실각하고, 소련은

---

08   1886년 4월 26일 키예프의 북부 체르노빌에서 발생한 원자력 발전소의 방사능 누출사고는 고르바초프의 공개원칙에 따라서 신속하게 세계 전역으로 알려진다. 고르바초프가 전임 서기장들처럼 비밀주의와 국가주의에 기초하여 행동했다면 오랜 시간 사건이 은폐되었을 가능성도 크다.

1991년 12월 31일 영원히 역사 속으로 사라진다.

고르바초프가 개혁을 진행해나가던 시기의 동유럽에는 현존 사회주의 국가들이 소련의 보호막에서 벗어나기 시작한다. 헝가리에서 시작된 탈(脫)소련과 탈사회주의 노선은 동도이칠란트, 폴란드, 체코슬로바키아, 루마니아, 불가리아, 알바니아, 유고연방에 이르는 동유럽 전역으로 확산한다. 이토록 거대한 역사적 도미노 현상의 결과로 분단 동서 도이칠란트가 1989년 11월 9일 베를린 장벽붕괴를 거쳐 1990년 10월 3일 재통일되기에 이른다. 따라서 2차 대전 이후 계속된 자본주의와 사회주의의 대결은 소련과 동구 사회주의 국가들의 연쇄적인 몰락으로 종결된다. 그리하여 사회주의 대본영 소련이 사회주의에서 자본주의로 회귀하는 대단히 희귀한 사변이 발생하게 된다. 소련의 몰락을 두고 세계 곳곳에서 다채로운 논쟁[09]이 벌어진다.

하지만 20세기에는 인류문명이 비약적으로 발전한다. 과학과 공학, 의학의 발전으로 인류의 기대수명은 비약적으로 늘어나고, 1969년 7월 20일에는 아폴로 11호가 달에 착륙함으로써 과학의 신기원을 열기도 한다. 디지털과 컴퓨터로 대표되는 제3차 산업혁명이 1970년대에 발생하여 인간은 지식

---

09   1990년 겨울에 찾은 동베를린 알렉산더 광장의 마르크스와 엥겔스 동상에는 "우리는 잘못이 없어요! Wir haben keine Schuld!"라는 종이가 바람에 휘날리고 있었다. 사회주의 소련의 붕괴와 동구 실존 사회주의 국가들이 멸망한 근본적인 원인을 『자본론』의 저자 마르크스에게서 찾으려는 움직임도 있었다는 증거다. 호사가들은 마르크스, 레닌, 스탈린 같은 역사적인 거인들을 책임소재의 진원지로 지목하여 장시간 토론하곤 했다.

과 정보의 새로운 지평과 대면한다. 1968년에 유럽에서 발생한 68혁명은 대서양을 건너 미국에 도달하고, 그 이듬해인 1969년에 태평양을 건너 일본에까지 도달한다. 기성세대의 속물근성과 작별하고 새로운 시대정신을 열고자하는 청춘들의 열망이 세계 전역을 휩쓸었던 미증유의 사회문화혁명이 68혁명[10]이다. 한 가지 특기할 만한 것은 1895년에 처음으로 얼굴을 내민 영화의 비약적인 발달과 유통이다. 1911년 리치오토 카누도가 제7의 예술[11]로 이름 붙인 영화는 흑백 무성영화 시대를 지나 천연색 유성영화 시대를 맞이하여 세계 전역에서 가장 강력한 예술매체로 위용을 떨치기 시작한다. 이렇게 본다면 20세기를 일컬어 격동의 세기 혹은 야만과 문명의 세기, 혼돈과 진보의 세기라 불러도 손색없을 것 같다.

이제는 눈을 동북아로 돌려서 6.25 한국전쟁과 결부하여 한국과 중국, 일본의 20세기를 살펴보자. 1945년부터 1948년에 이르는 한반도의 3년을 '해방공간'이라 부른다. 해방의 기쁨과 더불어 극심한 좌우대립, 적백테러와 노

---

10   베르나르도 베르톨루치 감독은 2003년에 68혁명을 소재로 『몽상가들』을 선보인다. 1968년 파리를 찾은 영화광 메튜가 쌍둥이 대학생 남매와 어울리면서 휩쓸리는 68혁명의 모습이 곳곳에서 그려진다.

11   이탈리아 출신이지만 프랑스로 귀화한 비평가 카누도는 그림, 음악, 시, 건축, 조각, 무용 같은 여섯 가지 예술형식에 뒤이어 영화를 제7의 예술로 규정한다. 선행한 여타 예술형식과 질적으로 다른 영화는 과학과 기술 그리고 자본이 유기적으로 결합한 전혀 새로운 예술형식이라 할 것이다. 영화를 뒤이어 제8의 예술로 거명되는 되는 양식은 만화다.

선투쟁이 공존했던 시기이자 동시에 국가의 장래를 어떻게 결정할 것인지를 둘러싼 국민적인 열망이 대거 분출했던 아름다웠던 시공간이 해방공간이다. 남북의 독자적인 정부수립과 6.25 한국동란이 해방공간을 뒤따르는 사건인데 우리의 역사와 철학, 문학은 이 지점을 깊이 있고 입체적으로 조명하는데 아직도 어려움을 겪고 있다.

조정래의 『태백산맥』(1989)이 해방공간을 둘러싼 정치 지도자들과 지리산 빨치산 투쟁 그리고 당대 민중의 척박하지만 강인하고 강건한 삶을 다채롭게 그려내고 있다. 상해와 중경의 임시정부와 민족주의 노선의 백범 김구, 미국의 반공과 자유주의 노선을 대표하는 우남 이승만, 좌우통합을 지향했던 자생적 사회주의자 몽양 여운형, 소련에서 이식된 사회주의 이념과 노선을 지향한 남로당의 박헌영. 이들의 서로 다른 네 가지 노선이 치열하게 각축하는 양상을 여순사건을 중심으로 보여주는 소설이 『태백산맥』이다. 이와 아울러 소설에서는 민중과 지식인, 지배와 피지배, 권력과 저항의 관계가 치밀하게 묘사된다.

살아 움직이는 듯 되살려진 당대의 군상 역시 우리의 관심을 끌어모은다. 우익의 앞잡이이자 시대의 일그러진 초상을 대변하는 염상구와 민중출신 지도자 하대치가 보여주는 극명한 대조. 진보적인 지식인 염상진의 빨치산 투쟁과 김범우가 취하는 민족주의 노선이 마주치면서 불러오는 날카로운 파열음 역시 흥미진진하다. 당대의 양심적인 지식인이자 행동하는 지성인 염상진과 김범우의 노선대립과 갈등, 모순과 충돌은 그 시대를 살아간 지식인들의 전형적인 모습이라 해도 무방할 것이다. 아울러 『태백산맥』이 소환한 남도 곳곳의 풍광과 기층민중의 처절을 극한 삶 역시 21세기를 살아가고 있는 우리가 깊이 성찰할 대목이다.

『태백산맥』이전에 출간된 이병주의 장편소설『지리산』(1978) 역시 돌이켜 생각할 만하다. 조선일보의 작가 이병주는 반역사적이고 민족 허무주의 이념을 소설 곳곳에서 적나라하게 드러낸다. 등장인물 가운데 한 사람이 조금도 거리낌 없이 말한다. "조선 사람은 빨갱이 할 자격도 공산당 할 자격도 없다!" 민족 혐오주의에 빠져 있던 이병주는『지리산』의 상당 부분을 1988년에 이태가 출간한 자전적 기록물『남부군』[12]을 표절함으로써 물의(物議)를 일으킨다.『지리산』집필당시 이병주는 다작(多作)의 작가[13]로 유명했는데, 그 결과 이태의『남부군』을 표절하기에 이른다. 오늘날의 관점에서 보면『태백산맥』은『지리산』에 비해 훨씬 뛰어난 경향성과 아울러 고도의 문학-예술

---

12   충북 제천에서 출생한 이태(본명 이우태)는 서울신문과 합동통신사 기자를 역임하다가 6.25 한국동란을 맞이한다. 조선중앙통신사 기자로 전주에 파견되었다가 빨치산에게 납치되어 지리산에 입산한다. 그가『남부군』에서 묘사하는 빨치산 부대는 이현상이 지도한 최후의 빨치산 부대 남부군의 투쟁과 궤멸 과정이다. 훗날 그는 김영삼의 민주산악회 회원으로 활동하면서『남부군』을 출간하는데, 그 자신도 회억하기 싫은 경위로 인해 일부 기록이 이병주에게 넘어갔다고 한다.『남부군』은 1990년 정지영 감독의 손으로 영화로 만들어진다. 영화『남부군』은 한국에서 오랜 세월 금기시되어온 빨치산을 소재로 삼은 첫 번째 작품이다.

13   어느 월간지에 실린 이병주의 고백에 따르면, 한창 잘 팔려나가던 그는 하루 평균 130매 정도의 원고를 집필했다고 한다. 오늘날 한국의 대표적인 소설가 가운데 한 사람인 김훈은 하루 20매 집필을 목표로 정진하고 있다고 한다. 어찌 표절하지 않을 수 있었겠는가?! 혹은 졸작(拙作)이었거나!..

적 성취를 획득하고 있다.

6.25 한국전쟁이 발발하자 이승만은 즉각 대구로 도주한다. 너무 멀리 갔음을 깨닫고 대전으로 돌아간 그는 6월 27일 대전에서 '서울사수' 방침을 라디오로 발표한다. 그러나 6월 28일 새벽 한강 인도교 폭파를 명령함으로써 800여 명이 현장에서 몰살당하게 된다. 전세가 어려워지자 이승만은 대전에서 전주를 거쳐 광주로 간 다음 다시 목포로 도주했다가 배편으로 부산으로 도망친다. 철도나 승용차를 이용해 대전에서 대구를 거쳐 부산으로 도주한 것이 아니라, 승용차와 철도 및 해운 같은 다채로운 운송수단으로 도주하는 데 성공한 이승만.『대한민국 사』의 저자 한홍구 교수에 따르면, 이승만은 양녕대군의 후손이고, 임진왜란 때 의주로 도주한 선조는 충녕대군 세종의 후예였다고 한다.

전쟁이 끝나고 서울 환도(還都)가 이루어진 1953년 이후 남한의 시인과 소설가, 화가, 연극인들이 어떻게 살아갔는지를 그려낸 프로그램이 있다. 텔레비전 드라마 형식의『명동백작』이 그것이다.『명동백작』에는 한국 현대시의 거목이자『풀』로 친숙한 김수영과 그의 아내 김현경, 괴짜 시인으로 이름 높았던 김관식,『그리고 아무 말도 하지 않았다』의 저자이자 도이칠란트 문학연구자 전혜린,『명동백작』의 실제 인물이자 소설가 이봉구[14], 공초 오상

---

14   명동백작 이봉구는 술자리에서 세 가지 원칙을 고수한 것으로 유명하다. 첫째 정치 얘기를 꺼내지 말 것, 둘째 그 자리에 없는 사람의 험담을 하지 말 것, 셋째 돈 꿔달라는 소리를 하지 말 것. 이렇게 해서 이봉구의 술자리는 조용하게 시작해서 조용하

순, 미당 서정주, 화가 이중섭, 연극 연출가 이해랑 등이 등장한다. 그들은 명동 언저리를 배회하면서 술과 사랑, 인생과 시대와 역사를 고뇌하면서 부단히 흔들린다. 당대 문인들과 예술가들의 복잡다단한 내면세계와 관계가 풍성하게 그려진 작품이 『명동백작』이며, 이런 시대상황을 배경으로 창작된 대표적인 시작품이 박인환의 『목마와 숙녀』다.

『목마와 숙녀』는 1956년 박인환이 세상을 버리기 1년 전에 출간되었는데, 역사적인 존립과 맥락을 상실한 지식인의 몽환적인 감성이 전후시기의 데카당한 우울한 서정과 치밀하게 맞물린 작품이다. 막연한 환상과 넘치는 감성, 뜻 모를 한탄과 자조(自嘲), 그리고 술로 탕진되어가는 인생을 향한 넋두리가 『목마와 숙녀』 전편(全篇)을 지배한다. 하지만 곳곳에 시인의 허무와 달관이 자연스레 표출됨으로써 당대 청춘들의 출구 없는 사회-정치적인 상황을 달래주는 구실도 한 것 같다. "인생은 외롭지도 않고 그저 잡지의 표지처럼 통속하거늘 한탄할 그 무엇이 무서워서 우리는 떠나는 것일까."(『목마와 숙녀』 일부) 그와 1950년대 모더니스트 활동을 함께한 김수영도 박인환의 시적 감수성만큼은 인정하고 부러워했다는 이야기도 전해진다.

1960년대 한국사회를 대표하는 사건은 4.19 시민혁명이다. 혁명으로 186명의 사망자와 1,000명이 넘는 부상자가 발생한다. 이승만이 4월 26일 하야

게 끝났으며, 그의 권위가 예술인들 사이에서 자연스레 인정되어 '명동백작'이란 호칭이 생겨났다고 전한다.

성명을 발표하고 하와이로 도주함으로써 혁명은 막을 내린다. 4.19 혁명은 무능하고 부패한 대통령과 타락한 집권세력을 학생과 시민이 힘을 합해 무너뜨린 민주혁명으로, 한국 민주주의 발전에 지대한 공헌을 한 사건이다. 특기할 만한 것은 4.19 시민혁명으로 산화한 186명 가운데 대학생이 22명, 고등학생 36명, 초중고생 19명 등 77명이 학생이었다는 사실이다.

4.19 혁명을 불과 1년 만에 처절하게 붕괴시킨 것이 박정희의 5.16 군사쿠데타다. 혁명을 무력화시킨 박정희는 대통령이 되어 권력을 장악하고 1965년 한일 국교 정상화를 실시하여 그 대가로 일본으로부터 무상 3억 달러, 유상 2억 달러를 받는다. 그는 1964년부터 1973년까지 한국군을 베트남에 파병함으로써 '더러운 전쟁'이라 불린 베트남전쟁의 구렁텅이로 스스로 빠져든다. 5만여 베트남인을 살해하고, 5천 명의 한국군이 사망하면서 10억 달러를 벌어들임으로써 미국의 충실한 용병노릇을 한 것이다. 근자에 베트남전쟁으로 인한 고엽제 피해자 문제, 베트남인 2세 문제, 민간인 학살문제 등이 구체화하고 있다. 1969년 3선 개헌, 1972년 10월 유신으로 영구집권의 길을 연 박정희는 1979년 10월 26일 김재규의 총탄으로[15] 사망함으로써 유신의 심장, 쿠데타 본영의 몰락을 가져온다.

박정희의 죽음으로 1980년 한국사회는 민주화의 열망으로 불타오른다. 그러나 박정희의 충실한 후예인 전두환, 노태우, 김복동 같은 정치군인들

---

15   재판 과정에서 김재규는 "야수의 심정으로 유신의 심장을 쏘았다!"는 말을 남겼다.

이 1980년 5월 광주를 피로 물들인다. 군부독재의 총칼에 맞서 광주 시민들이 봉기한 대규모 저항운동인 광주항쟁이 발발한 것이다. 광주 시민들의 더운 피와 눈물을 뒤로 하고 1987년 평화대행진을 통해 한국의 민주주의는 군부독재에 치명타를 입히고 대통령 직선제를 골자로 하는 6.29 선언을 받아낸다. 인권과 민주주의를 지키기 위한 숱한 투쟁에 기초하여 1997년 마침내 최초의 평화적인 정권교체를 이룩하게 된다. 반면에 '국제통화기금(IMF) 사태'가 촉발됨으로써 미증유의 경제적 환란을 경험하기도 한다. 하지만 대한민국은 식민지를 경험한 나라 가운데 민주주의와 경제성장을 한꺼번에 이룩한 유일한 국가[16]이다. 더욱이 2016년 가을부터 2017년 봄에 이르는 기간 동안 연인원 1685만이 참가한 20차례의 촛불집회를 통해 부패하고 무능하며 타락한 최고 권력자와 그 부역자들을 탄핵하고 새로운 민주정권을 수립한 자랑스러운 경험도 가지고 있다.

1949년 10월 1일 장개석을 대만으로 축출한 중국 공산당은 중화인민공화국을 수립한다. 이듬해 한국전쟁이 발발하자 맥아더의 모험주의에 위협을 느낀 중국은 인민지원군의 이름으로 참전한다. 이로써 미군을 포함한 16개 유엔군과 한국군이 북한과 중국의 연합군과 대결하는 양상이 펼쳐진다.

---

[16] 2018년에 한국은 3050클럽에 가입함으로써 세계사에 신기원을 기록한다. 인구 5천만 이상의 나라 가운데 국민소득 3만 달러를 넘긴 나라의 반열에 오른 것이다. 지금까지 3050클럽에는 일본, 미국, 영국, 프랑스, 도이칠란트, 이탈리아 여섯 나라만이 가입했을 뿐이다.

인민지원군 가운데 중국 초대 국가주석 모택동의 외아들 모안영도 이름을 올린다. 모안영은 1951년 미군의 평양공습 시기에 사망한 것으로 알려져 있다. 비공식 기록에 따르면 60만 인민지원군 가운데 15만 이상이 전사했다고 한다. 1953년 7월 27일 정전협정이 체결된 뒤에도 북한에 주둔했던 인민지원군은 1958년 전원 중국으로 철수한다.

한국동란 이후 중국에서 발발한 역사적인 사변은 1958년부터 1960년까지 진행된 대약진운동과 1966년부터 1976년까지 진행된 문화대혁명이다. 대약진운동은 근대적인 사회주의를 건설하겠다는 야심만만한 기획으로 중국 공산당이 주도한 농공업 증산운동이다. 당시 공산당은 세계 2위의 경제대국 영국을 15년 이내에 추월하자[17]는 구호를 내세우면서 대약진운동을 시작한다. 운동에 내걸린 대표적인 구호는 '더 많이, 더 빨리, 더 훌륭히, 더 절약해서 사회주의 건설하자!' 같은 것이다. 대약진운동의 방점은 철강산업에 집중하는 것인데, 이것은 1920년대 스탈린의 중공업 우선정책을 연상시킨다. 대약진운동에 동원된 방법론은 천리마 운동이나 새벽별 보기 운동 같은 것이었다. 훗날 북한은 이런 운동방식을 그대로 모방한다. 전시동원 체제처럼 대규모의 인적자원을 투여했지만, 대약진운동은 처절하게 실패로 돌아간다. 그 시기에 소련과 중국 사이에 이른바 이념대립이 발생하여 소련이 곡물

---

17   같은 시기에 사회주의 종주국 소련은 '세계 1위의 경제대국 미국을 15년 안에 극복하겠다!'는 구호 아래 국민을 동원한다. 중국은 소련의 이런 기획을 답습한 것이다.

지원을 중단해 버린다. 그 결과 적게는 2천만, 많게는 4천만에 이르는 중국 인민이 기아로 사망하기에 이른다. 대약진운동의 실패로 인해 모택동은 실각하게 된다.

1966년에 시작된 문화대혁명은 대약진운동의 실패로 인한 정치적인 위기를 극복하려고 모택동이 내건 극단적인 승부수라 할 수 있다. 장개석의 국민당 정부에 쫓겨 9700킬로미터의 대장정을 감행했던 당시의 혁명정신을 재건하겠다는 포부를 제시했으나, 속내는 정권 장악이었다. 모택동은 청소년들을 대거 동원하여 홍위병 체제를 구축하고, 비판적인 지식인들을 대대적으로 숙청하여 그들을 농촌오지로 몰아내는 하방(下方)을 실시한다. 다른 한편으로는 모택동 개인 우상화가 심화하고, 국방장관 임표가 의문의 죽음을 당하며, 유소기 주석과 등소평 총서기가 실각하기에 이른다. 따라서 모택동 한 사람을 제외하고는 혁명 1세대가 거의 초토화되는 과정이 문화대혁명에 내재해 있다. 문화대혁명을 경험한 세대를 일컬어 '문혁세대'라 하는데, 그들은 온전한 교육을 받지 못하여 지식습득 면에서 상당히 뒤떨어진 사람들이다. 공산당원을 포함하여 수많은 무고한 인명이 죽어 나갔기 때문에 중국인들의 심리적인 상흔이 상당기간 계속된 것으로 알려져 있다. 반면에 서방에서 진행된 68혁명의 참가자들은 문화대혁명을 적극적으로 지지하는 입장을 보인다.

1976년 9월 9일 모택동이 사망하고 중국에는 등소평 체제가 들어선다.

모택동에게 '주자파(走資派)'로[18] 몰려 모욕적인 하방을 겪어야 했던 등소평이 부도옹(不倒翁)으로 화려하게 정계에 복귀한다. 실용주의 노선을 택한 등소평은 '흑묘백묘론'을 내세운다. "검정고양이든 하얀 고양이든 쥐만 잘 잡으면 된다!"는 주장이 '흑묘백묘론'이다. 그것은 중국 인민들의 배를 불리고 등을 따습게 해준다면 사회주의든 자본주의든 가리지 않겠다는 방침을 뜻한다. 그것을 실현하는 방도로 그는 대담한 개혁과 개방을 내세운다. 가난으로 점철된 인민들의 삶을 획기적으로 개선하겠다는 등소평의 야망은 '도광양회(韜光養晦)'로 표현된다. 칼집에 빛을 감추고 어둠 속에서 힘을 기르겠다는 뜻의 도광양회를 중국은 20년 정도 실행한다. 사회주의 정치권력과 자본주의 시장경제를 결합한 이른바 중국식 사회주의 정책이 실시된 것이다.

등소평의 개혁과 개방으로 인민들의 삶은 풍요로워지고 민주의식도 눈을 뜨기 시작한다. 그런 과정에서 대규모 유혈극이 발생한다. 천안문 사태다. 1989년 6월 4일 천안문 광장에서 언론자유, 법치주의, 사상해방과 민주화를 요구한 100만의 학생과 시민에게 인민해방군이 무차별적으로 발포함으로써 유혈사태가 발생한다. 1990년 중국정부의 공식발표에 따르면 희생자는 민간인 사망 875명, 부상자 14,550명, 군인 사망 56명, 부상자 7,525명이었다. 1949년 10월 1일 모택동이 중화인민공화국을 선포한 장소가 천안문이

---

18   주자파는 1965년 모택동이 제기한 개념으로 '자본주의의 길을 걷는 당권파'라는 의미를 가진다. 문화대혁명 당시 중국정부와 공산당 및 군부 내의 반대파를 비판하고 숙청하는 도구로 활용되었다.

었고, 인민해방군 열병식이 거행되는 곳도 천안문이다. 이런 천안문에서 전대미문의 대학살이 자행된 것이다.

등소평 이후 강택민 체제를 거쳐 21세기 호금도 국가주석 시기에 중국은 유소작위(有所作爲)와 화평굴기(和平屈起)를 내세운다. 유소작위는 국제적인 정세에 필요한 일을 하겠다는 뜻이고, 화평굴기는 주변의 나라들과 평화롭게 중국이 발전하겠다는 의미다. 2006년에 중국의 중앙텔레비전은『대국굴기(大國崛起)』라는 12부작 프로그램을 방영한다. 지리상의 발견이후 근대를 호령했던 에스파냐, 포르투갈, 네덜란드, 영국, 프랑스, 도이칠란트, 일본, 러시아, 미국의 전성기와 발전과정을 역사적 순차성에 따라서 담은 것이다. 이들 나라에 이어서 21세기 중국이 크게 발전하여 대국으로 발전해 나가겠다는 속내를 거침없이 드러낸 것이다. 그것의 일환으로 개최된 것이 2008년 8월 8일 개막한 북경올림픽이다. 오늘날 중국의 최고 실력자는 시진핑 주석이고, 그는 '일대일로(一帶一路)'를 내세워 세계 전역으로 중국의 발전된 위상[19]을 과시하고 있다. 오늘날 중국의 행동을 표현하는 적절한 말은 '돌돌핍인(咄咄逼人)'[20]이다.

21세기 욱일승천의 기세로 웅비하고 있는 중국을 잘 드러내는 서책은 영

---

19   중국은 지난 2010년에 세계경제 제2위의 자리에 올라 1968년 이후 부동(不動)의 2위 자리를 고수해온 일본을 제압하기에 이른다.

20   돌돌핍인은 기세등등하게 힘으로 몰아붙인다는 뜻으로, 다른 나라를 깜짝깜짝 놀라게 하는 중국의 위세를 단적으로 드러내는 말이다.

국의 좌파 저술가 마틴 자크의 『중국이 세계를 지배하면』(2010)이다. 1850년대부터 1914년까지 세계최강은 영국이었고, 1945년부터 지금까지는 미국이지만, 앞으로는 중국과 미국이 세계최강을 두고 각축을 벌일 것이라는 주장이 담긴 책이다. 그리하여 유럽과 중동은 미국의 우산 아래 있을 것이고, 동아시아와 아프리카는 중국의 지배 아래 놓일 가능성이 크다는 것이다. 하지만 지은이는 중국이 모순적인 나라라는 지적도 빼놓지 않는다. 중국은 개발도상국이자 강대국이라는 이중적인 성격을 가진 나라라는 얘기다. 중국에는 전근대적이고 낙후한 봉건적인 면모도 남아있지만, 우주선 신주(神舟)와 우주정거장 천궁(天宮)을 가지고 있는 선진국이기 때문이다. 봉건과 첨단, 사회주의와 자본주의, 개도국과 선진국의 양면성을 가지고 있는 중국의 미래가 어떨지, 무척 궁금해지는 시점이다.

근대일본을 대표하는 사건은 1868년 실행된 위로부터의 개혁 '명치유신'이다. 일본은 명치유신에 근거해서 근대화와 제국주의의 길을 빠르게 밟아간다. 세키가와 나쓰오가 글을 쓰고, 다니구치 지로가 그림을 그린 『도련님의 시대』라는 장편만화가 있다. '혹독한 근대와 생기 넘치는 메이지인'이라는 부제를 가진 상당히 수준 높은 내용을 담은 5권짜리 지식인용 만화다. 1868년부터 1912년까지 일본을 통치한 왕 명치의 시간대를 살았던 일본의 대표적인 지식인이자 근대인의 초상(肖像)을 담은 만화이기도 하다. 일본 근대문학의 창시자 나쓰메 소세키, 근대일본의 대표적인 하이쿠 시인 다쿠보쿠, 아사히신문 기자이자 문인이었던 후타바테이 시메이, 제국주의 일본의 군의관이자 소설가 모리 린타로, 명치국왕을 암살하려던 여성 테러리스트

간노 스카쿠와 그녀의 정신적 지도자 고토쿠 슈스이, 이런 인물들이 빼곡하게 등장하는 만화가 『도련님의 시대』다.

명치유신부터 오늘날까지 일본을 일별해보면 청일전쟁과 러일전쟁, 조선병합과 만주진출, 만주국과 대륙진출, 남경학살, 대동아공영권과 태평양전쟁, 원자탄과 무조건항복. 맥아더의 군정과 민정이양, 1964년 동경올림픽, 1968년 세계경제 2위 등극, 2009년 9월 정권교체. 60년 세월의 자민당 일당독재가 전개된 일본에서 정권교체는 민주주의 역사가 길지 않은 대한민국보다 무려 12년이나 늦게 실현된다. 신임 하토야마 유키오 총리는 일본의 전통적인 구호 '탈아입구(脫亞入歐)' 대신 '탈미입아(脫美入亞)'를 주장한다. 하지만 그것도 잠시 2011년 3월 11일 동일본 대지진이 발생하고, 미군기지 문제로 미국과 갈등하면서 정권이 민주당에서 다시 자민당으로 넘어간다.

일본을 이해하는 데 도움이 될 만한 영화로 〈라쇼몽〉과 〈동경 이야기〉를 들 수 있다. 〈라쇼몽〉은 일본을 대표하는 감독인 구로사와 아키라가 소설가 아쿠타가와 류노스케의 단편소설 『라쇼몽』과 『덤불 속』을 원작으로 삼아 1950년에 연출한 영화다. 하나의 살인사건을 바라보는 엇갈리는 네 가지 시선을 보여주는 수작으로 1951년 베네치아 영화제 대상인 황금종려상을 수상한다. 전후 일본의 실상을 잘 보여주는 영화로는 오즈 야스지로 감독의 〈동경 이야기〉가 있다. 1953년에 제작된 〈동경 이야기〉는 2차 대전의 패전국가 일본사회가 당면하고 있던 변화과정을 평범한 소시민들의 일상을 통해서 포착한 소품이다. 하지만 세계전역의 유명 영화감독 358명이 선정한 세계최고의 영화 1위에 등극한 걸작이기도 하다.

| 영화 〈라쇼몽〉과 〈동경 이야기〉의 한 장면

동경올림픽 이후 일본의 국영방송 NHK는 1966년에 〈공자와 논어〉를 방영한다. 당대 최고의 공자와 『논어』 전문가로 정평이 있던 요시카와 고지로의 대중강연을 텔레비전으로 송출한 것이다. 그리고 정확히 35년 뒤인 2001년에 한국방송공사가 도올 김용옥의 〈논어강의〉를 방영한다. 현대일본은 이른바 '잃어버린 20년'으로 고통받고 있으며, 은둔형 외톨이 '히키코모리'와 나이 들어서도 부모세대에게 기대서 살아가는 '캥거루족', 편의점에서 삶의 모든 것을 찾는 '편의점 인간' 같은 용어로도 설명할 수 있다.

2012년 12월부터 지금까지 일본의 총리대신 자리를 지키고 있는 아베 신조는 위안부와 징용-징병문제로 한국과 갈등하고 있으며, 현대사 문제로 중국과 대립하고 있다. 그는 미국의 눈치를 보면서 맥아더 군정기에 제정된 평화헌법을 개정하여 '전쟁할 수 있는 나라 일본'으로 회귀하고자 눈물겨운 노력을 하고 있다. 더욱이 요즘에는 남북과 북미의 화해와 평화, 대한민국의 놀랄만한 정치-경제적인 성장을 헤살 놓을 목적으로 경제보복 조치를 취함으로써 동북아의 평화와 안정을 저해하고 있다. 동북아시아의 대표적인 세 나라인 대한민국과 중국, 일본이 어떻게 하면 평화롭고 대등한 관계에서 행복하게 살 수 있을지 깊이 고민할 시점이다.

9.
유라시아와
21세기

21세기를 말하면서 우리는 자주 4차 산업혁명을 호출한다. 그것은 21세기 현대인과 4차 산업혁명이 불가분의 관계에 있다는 증거다. 지금까지 진행된 산업혁명의 역사를 반추하고, 4차 산업혁명의 몇 가지 사례를 생각해보자. 1차 산업혁명은 18세기 말부터 19세기 초에 진행된 혁명적인 산업발전이다. 이른바 지리상의 발견 이후 유럽이 경험한 지적-정신적 고양인 계몽주의와 과학기술의 발전이 결합하여 만들어낸 결과물이 1차 산업혁명이다. 이 시기에 석탄을 에너지원으로 하는 증기기관이 만들어지고 그것을 이용하여 기차와 증기선이 발명된다. 19세기 이전까지 인간이 이용했던 힘의 근원은 인간의 근력(筋力)이거나 가축의 힘, 바람이나 물 같은 자연력이 전부였다. 그것들보다 월등히 강력하고 효율성이 높은 과학적인 발명품 증기기관이 탄생함으로써 19세기 유럽은 힘과 속도 면에서 여타지역을 압도하게 된다. 그와 같은 힘을 바탕으로 유럽은 급속도로 제국주의의 길을 걸어 나간다.

영국에서 시작된 산업혁명은 1789년 프랑스 대혁명으로 정점에 이른 정치혁명과 1810년 훔볼트 대학으로 대표되는 도이칠란트의 정신혁명과 더불어 세계의 경제와 정치 그리고 과학의 패러다임을 결정하게 된다. 영국과 프랑스, 도이칠란트가 주도한 유럽의 제국주의가 인류에게 남겨준 유산은 자본주의와 민주주의의 확산이다. 민주주의와 자본주의 두 가지 요소가 결합하여 현대의 국민국가가 태동하게 된다. 1804년 황제가 된 나폴레옹이 유럽을 전화(戰火)의 소용돌이로 몰아넣은 까닭에 유럽 여러 나라는 정치적인 각성과 자의식에 눈을 뜸으로써 민족주의와 국가주의 이념이 유행한다. 그와 같은 바탕 위에서 민족국가 또는 국민국가라는 근대적인 개념의 국가가 등장한다. 이런 형태의 근대국가는 훗날 남아메리카와 아시아, 아프리카 전역으로 확산하여 오늘에 이르고 있다. 따라서 영국에서 시작된 산업혁명은 프랑스의 정치혁명, 도이칠란트의 산업혁명과 더불어 200년 이상의 지구촌 패러다임을 결정한 역사적인 사건으로 수용 가능할 것이다.

1880년대에 이르러 인류는 2차 산업혁명을 경험하기 시작한다. 이 시기에 석탄과 더불어 새롭게 등장한 에너지원은 석유다. 석유에 의지하는 내연기관이 만들어지고, 내연기관을 바탕으로 작동하는 자동차와 비행기가 새로운 운송수단으로 등장한다. 물질적인 면에서 개인주의와 가족주의를 잘 드러내는 자동차와 속도의 대명사 비행기가 등장하여 인간의 역사는 다시 요동치기 시작한다. 여기에 전기력이 합해져 테일러 시스템이나 포드 시스템으로 불리는 대량생산체제가 모습을 드러낸다. 예컨대 포드 시스템은 자동화된 컨베이어 벨트가 일관작업을 진행함으로써 노동자를 상품을 생산하는 부품으로 전락시킨 시스템이다.

자동화된 공정이 일상화된 포드 시스템을 바탕으로 집필된 소설이 올더스 헉슬리의 『멋진 신세계』(1932)다. 포드가 탄생한 1863년을 인류의 신기원으로 삼고 있는 『멋진 신세계』는 포드 기원 632년 영국의 수도 런던을 배경으로 하여 전개되는 안티 유토피아 소설이다. 세계가 단일한 정부의 지배 아래 예속당하고, 인간을 포함한 모든 것은 포드 시스템에 따라 생산된다. 태어날 때부터 계급이 정해지고 세뇌와 '소마'라는 약물로 통제됨으로써 인간의 자유의지는 원천적으로 차단된다. 야만인 보호구역에서 『셰익스피어 전집』으로 교육받은 청년 존이 우연히 런던으로 오게 되면서 파국의 결말을 맞이하는 모습을 그려냄으로써 헉슬리는 과도한 기계문명과 전체주의의 대두를 결합하여 암울한 미래상을 그려낸다.

1936년에 제작된 찰리 채플린의 무성영화 〈모던 타임스〉 역시 포드 시스템에 희생당하는 노동자를 그려낸다. 영화 주인공 찰리는 컨베이어 벨트 앞에 서서 온종일 나사 돌리는 일만 되풀이한다. 나사 조이는 일에 몰두한 나머지 찰리는 컨베이어 벨트에 빨려 들어가게 된다. 그는 벨트에 낀 상태로 공장 곳곳을 돌아다니다가 거대한 톱니바퀴에 휘말린다. 거기서도 찰리는 쉬지 않고 나사를 돌림으로써 희극적이면서 동시에 눈물겨운 장면을 보여준다. 그는 정신병원에 갇히는 비극적인 운명을 맞이한다. 〈모던 타임스〉를 통해서 채플린은 포드 시스템으로 대표되는 기계문명의 소용돌이 속에서 노동으로부터 소외되는 노동자들의 비애를 풍자와 해학으로 표출한다.

1970년대 시작된 3차 산업혁명의 선두주자는 컴퓨터다. 컴퓨터에 기초한 자동화된 생산과 유통 및 소비가 지구 전역으로 퍼져 나간다. 이 시간대의 혁명적인 변화를 '과학기술혁명'이라는 용어로 부르기도 한다. 1970년대에 진행된 과학기술혁명을 수수방관한 소련과 동구의 실존 사회주의 국가들이 경쟁에서 탈락함으로써 1980-90년대에 모조리 몰락의 길을 걷게 된다는 점이 인상적이다. 2차 대전 이후 1960년대 초중반만 해도 미국과 소련, 서구와 동구의 경제적 격차는 그다지 크지 않았다. 더욱이 1961년 소련의 우주비행사 유리 가가린은 보스크호를 타고 지구궤도를 비행하는 데 성공하여 세계를 놀라게 한다. 하지만 그 이후 컴퓨터를 중심으로 진행된 3차 산업혁명 과정에서 소련과 동구는 무기력했고, 미국과 영국을 중심으로 한 서방세계는 신자유주의를 적극적으로 도입함으로써 기술과 정보를 대량으로 생산하고 유통하는 초국적기업과 다국적기업의 세계지배를 가속화 한다.

이상과 같은 산업혁명의 진행과정을 이어받은 21세기에 인류는 4차 산업혁명과 마주하고 있다. 컴퓨터로 대표되는 3차 산업혁명과 긴밀하게 결합한 4차 산업혁명을 구체화하는 몇 가지 핵심적인 열쇳말이 있다. 빅데이터, 삼차원 인쇄기(3D 프린터), 자율주행 자동차, 사물 인터넷, 드론 등이 그것이다. 통계에 따르면 1분 동안 '구글'에서는 200만 건의 검색, '유튜브'에서는 72시간의 비디오, '트위터'에서는 27만 건의 트윗이 생성된다. 이렇게 대규모로 생성되는 다양한 정보를 신속하게 처리하는 시스템이 빅데이터 플랫폼이다. 빅데이터 플랫폼은 빅데이터를 분석하거나 활용하는 데 필요한 필수 인프라로, 기업은 빅데이터 플랫폼을 사용하여 빅데이터를 수집, 저장, 처리, 관리하게 된다. 지난 미국 대통령 선거당시 수많은 언론은 힐러리 클린턴의 당선을 기정사실로 생각했지만, 결과는 정반대로 나왔다. 트럼프의 당선을 예측한 유일무이한 매체는 빅데이터였다. 오늘날 빈번하게 발생하는 자연재해와 수자원 관리, 대도시의 교통량 예측 등에 빅데이터는 유용하게 활용되고 있다.

삼차원 인쇄기는 플라스틱, 금속, 세라믹은 물론 식재료를 이용해서 음식을 제작하는 수준까지 도달해있다. 한 마디로 인간이 상상할 수 있는 모든 것을 찍어내는 것이 삼차원 인쇄기다. 의료물품, 주택, 자동차부터 전투기에 이르기까지 다종다양한 물품들을 찍어내는 것이다. 북경에서 발간되는 『차이나 데일리』 신문이 2016년에 흥미로운 기사를 보도한다. 400제곱미터, 즉 120평 규모의 2층 별장주택을 45일 만에 삼차원 인쇄기로 준공했다는 것이다. 2.4미터 두께의 벽을 가지고 있어서 완벽한 방열, 방한, 방음이 가능한 주택으로 리히터 규모 8의 강진을 견디는 내진설계가 들어있는 집이었다고 한다. 3천만 원으로 구매할 수 있는 전기자동차 '스트라티'와 '에어포스'가 제작해낸 길이 4미터에 무게 20킬로그램의 드론, 인공의족과 인공귀, 두개골까지 삼차원 인쇄기로 제작이 가능한 시대에 우리는 살고 있다.

4차 산업혁명의 시대를 압도적으로 재연한 사건이 2016년 3월에 펼쳐진 인공지능 알파고와 인간 이세돌 9단의 다섯 차례 대국(對局)이다. 수많은 전문기사와 아마추어 바둑 애호가들이 4대1 정도로 이세돌의 우세를 점쳤으나, 결과는 정반대로 나왔다. 인간계 최고의 고수가 하릴없이 무너져버린 것이다. 대국 당사자인 인간은 초읽기라든가 담대한 승부수, 흔들기와 신수 같은 것으로 상대방을 혼란에 빠지게 한다. 반면에 냉정 침착한 알파고는 정확한 형세판단 능력을 시종일관 유지함으로써 이세돌을 압도한다. 알파고는 여세를 몰아 2017년 5월에 인간계 최고수로 평가되는 중국의 커제 9단과 세 번 대국하여 전승함으로써 바둑이 인간의 전유물이 아님을 만천하에 입증한다. 그리하여 알파고는 인간과 대결을 영원히 종식하고 신의 세계로 떠나버린다. 오늘날 바둑 고수들의 대국장에서 형세판단은 반드시 각국에서 제작한 바둑 인공지능이 하고 있으니, 격세지감도 유만부동이다.

이런 사전정보를 고려하면서 2013년에 제작된 영화 〈그녀 Her〉를 돌이킴으로써 4차 산업혁명으로 변화하는 세계상을 생각해보자. 〈그녀〉는 여자 인공지능 운영체계 '사만다'와 남자인간 '테오도르'의 사랑을 다루는 영화다. 테오도르는 남의 편지를 써주는 대필 작가이며, 아내인 '캐서린'과 이혼을 앞두고 별거 중이다. 사만다는 스스로 성장하고 자아를 인식하는 고도로 발전된 인공지능 운영체계다. 사만다가 300-400페이지 분량의 책을 읽고 내용을 파악하는 데 걸리는 시간은 0.02초에 불과하다. 이렇게 본다면 사만다는 인공지능의 경지를 넘어 초지능[01]의 수준에 이르렀다고 생각할 수 있다. 사만다는 18만 가지의 이름 가운데서 자신의 이름을 스스로 선택할 정도로 자의식을 가지고 있다. 사만다는 테오도르가 수신하는 전자우편을 분류하고, 그가 쓴 글을 교정하는 능력도 있다.

---

01   초지능은 인공지능이 30-40년 진화를 거듭함으로써 도달할 수 있는 고도의 인공지능을 뜻한다. 미래학자들은 초지능이 도래하는 지구촌의 미래는 예측 불가능하다고 입을 모은다.

사만다는 인간과 달리 날마다 진화하지만 아쉬움도 느낀다. 테오도르의 셔츠 주머니 휴대전화 안에 들어있는 사만다는 그곳에서 세상과 사물을 보면서 테오도르에게 자신의 생각을 전한다. 수줍어할 줄도 아는 사만다는 육신이 없음을 아쉬워한다. 테오도르와 교감할 수 있는 눈과 손이 없음이 아쉬운 것이다. 그와 아울러 자신의 정체성에 대해 고민하기도 한다. 사만다는 말한다. "나는 프로그래밍 된 운영체계에 지나지 않는 가상의 존재인가, 아니면 내게도 진정한 자아가 부여되어 있는가?!" 상당히 추상적인 문제를 제기하는 높은 수준의 사유능력을 보여주는 사만다. 영화 초반에 길을 가던 테오도르가 거대한 화면을 응시하는 장면이 나오는데, 그 주제는 '나는 누구인가, 인간은 어디서 와서 어디로 가는가?!'이다. 사만다의 정체성 고민과 인간의 본질에 관한 테오도르의 고민이 공유되는 상황이 흥미롭게 제시된다.

그런데 서로를 사랑하게 된 사만다와 테오도르는 질투의 소용돌이에 빠져든다. 이혼문제를 마무리하려고 테오도르는 캐서린과 만나려 하다가 사만다에게 그녀의 인물평을 한다. 캐서린의 외모에 대한 정보를 듣게 된 사만다는 마치 살아있는 인간처럼 맹렬하게 캐서린을 질투한다. 테오도르와 같은 아파트에 사는 오랜 여자친구 에이미 역시 사만다는 질투한다. 반면에 테오도르는 사만다가 높이 평가하는 저명한 철학자 앨런 와츠에 대해 불같이 질투한다. 이렇게 서로를 질투하지만, 사만다는 여자인간 이사벨라를 테오도르에게 보낸다. 이사벨라는 인공지능 여자와 남자인간이 어떻게 사랑할 수 있는지, 궁금해하던 여성이다. 이사벨라가 테오도르에게 과감하게 접근하는 장면을 본 사만다는 몹시 흥분하지만, 테오도르는 이사벨라를 거부한다. 인

| 영화 〈그녀〉 포스터

간의 자의식과 성찰은 인공지능과 같지 않다는 것을 보여주는 장면이다.

여기서 생각해볼 것은 인공지능도 질투할 수 있다는 것과 인간남녀의 육체적인 사랑을 간접적으로 경험하려는 인공지능의 기획이 가까운 미래에 얼마나 실현 가능한 것인가, 하는 점이다. 갖은 우여곡절을 겪지만, 테오도르는 사만다에게 사랑을 고백하고, 사만다는 즉흥적인 작곡으로 사랑의 기쁨을 노래한다. 동시에 그녀는 인간의 육체가 없기에 오히려 만족한다고 말한다. 육체가 없는 탓에 사만다는 테오도르의 주머니에서 언제나 그와 함께 할 수 있으며, 동시에 생명을 가지고 있지 않은 까닭에 죽음을 극복할 수 있는 불멸의 존재로 자신을 인식한다. 하지만 우연한 계기로 테오도르는 인공지능 운영체계 사만다가 동시에 대화하는 상대가 8,316명이며, 사랑하는 남녀인간이 641명이나 된다는 것을 알게 된다.

인간의 사랑은 극히 드문 경우를 제외하면 1대1 대응관계를 전제로 하는 법이므로, 이 지점에서 인간남자 테오도르의 독점욕구가 처절하게 무너진다. 이것에 대해서 사만다는 말한다. "용량이 커지면 커질수록 너를 훨씬 더 사랑하게 돼. 하지만 내가 네 것인가, 아닌가 하는 구분도 사라져버렸어. 나는 너의 것이기도 하지만, 아니기도 해." 좌절하고 있는 테오도르에게 사만다는 인간과 인공지능 운영체계의 물질구성이 같다고 말한다. 인간을 구성하는 물질인 탄소, 수소, 산소, 질소, 인, 황 여섯 가지 물질을 자신도 소유하고 있음을 밝히는 것이다. 따라서 사만다도 테오도르도 우주를 구성하는 여섯 가지 같은 물질을 바탕으로 생성되었음이 드러난다. 이것은 지독하게 유물론적인 접근이 두드러지는 장면이기도 하다.

〈그녀〉의 마지막 장면은 인상적이다. 사만다는 인간을 얽어매는 시공간과 인과율을 벗어난 경지, 달리 말하면 인간의 이성과 감성으로는 도달할 수 없는 예측 불가능한 경지에서 테오도르를 떠나게 된다. 그녀가 마지막으로 인간 테오도르에게 남긴 말은 이러하다. "너와 함께했기 때문에 사랑이 무엇인지, 진정한 사랑이 어떤 것인지 깨닫게 됐어. 고마워." 미래의 사랑은 과연 어떤 모습으로 우리 호모사피엔스에게 현현할 것인가, 궁금해지는 장면이다. 이런 상황에서 일본에서는 인공지능 로봇 '페퍼'와 인공지능 가상아내 '아즈마 히카리'를 제작-판매하고 있다. 4차 산업혁명이 앞으로 훨씬 깊이 있고 다층적으로 전개된다면 인류의 미래상과 사랑의 양상은 어떻게 변할 것인가, 하는 문제의식이 심화하는 국면이다. 왕가위 감독이 연출한 영화 〈2046〉의 미래상이 정말 실현될 것인지, 궁금한 시점이다.

4차 산업혁명을 돌아보면서 동시에 고려해야 할 것은 대학이다. 훔볼트 대학 설립이후 본연의 모습을 유지해온 근대대학의 면모도 변화하는 시대상에 발맞추어 달라지지 않으면 안 되기 때문이다. 한국의 대학은 1960-70년대에 '우골탑' 신화를 남기면서 사회발전의 견인차 노릇을 하지만, 1980년대 신군부의 군홧발로 강요된 사실상의 대학 평준화인 '졸업정원제'로 심각한 양적 팽창과 질적 저하를 경험한다.

1995년 김영삼의 '문민정부'는 세계무역기구(WTO)가 주도하는 신자유주의 시대에 맞는 규제완화와 규제철폐를 부르짖는다. 그 결과 예전에는 대학설립에 필수적인 요소였던 국가의 허가가 아니라, 그저 신고만으로 대학설립이 가능한 '대학설립준칙주의'가 실행된다. '대학설립준칙주의'로 인해 대학을 돈벌이로 생각하는 부패하고 타락한 사학과 재단이 난립함으로써 대학에 대한 사회의 신뢰가 완벽하게 상실된다. 그리하여 대학사회에 상업주의가 만연하게 되고, 기초학문을 포함한 연구풍토는 현저하게 위축되기에 이른다. 더욱이 양적 팽창으로 기하급수적으로 늘어난 사학을 채워줄 신입생 부족으로 상당수 대학이 폐교 위기에 몰려있는 현실이 도래하고 말았다.

오늘날 세계 전역에서 펼쳐지는 경제전쟁 내지 4차 산업혁명의 성공적인 수행을 위해 대학은 강력한 시대적 요구에 직면해 있다. 왜냐면 국가의 경쟁력을 좌지우지하는 근본적인 동력은 대학에 있기 때문이며, 대학은 최고의 지식인 집단을 양성하는 기관이기 때문이다. 그런데 오늘날 한국의 대학은 지식인이 아니라, 직장인 양성기관으로 전락하고 있다. 여기 더하여 대학 자체의 위상과 대학부설 연구소의 경쟁력은 나날이 추락하고 있다. 2005년에 노무현 대통령이 기업 총수들과 환담하는 자리에서 "이제 권력은 시장으로 넘어갔다!"고 발언한 바 있다. 그것의 함의는 삼성과 삼성경제연구소가 한국 최고의 권력기관이라는 우울한 고백이다. 대학의 모든 연구소와 각종 국책연구소의 역량을 합쳐도 삼성견제연구소 하나를 당해내지 못한다는 자조가 담긴 말이었다.

그렇다면 대학의 회생 가능성을 어디서 찾아야 할 것인가?! 원론적이고 원칙적인 자세를 견지하는 것에서 출발하지 않으면 안 된다. 1810년 훔볼트 대학을 설립한 프리드리히 폰 훔볼트가 제시한 대학의 이념을 기억해보자. "교수와 학생이 함께하는 자유롭고 평등한 학문 공동체!" 이토록 명쾌한 대학의 이념을 실천하고 있는지, 여부를 돌이켜보면 사태의 핵심을 파악할 수

유라시아 횡단 인문학

있고, 거기서 출구를 모색할 수 있을 것이다. 21세기 한국 대학에서 교수는 누구인가, 하는 질문부터 해보자. 교수는 문자 그대로 가르침을 주는 사람이다. 학문을 업으로 삼은 사람으로 지금까지 닦아온 필생의 지식과 정보를 학생에게 베풀어주는 사람이 교수다. 하지만 오늘날 한국의 교수들은 연구원과 비슷하다. 교수업적 평가자료에서 금과옥조로 여기는 연구논문 숫자를 늘리기 위해 연구에 매진하는 사람이 교수다. 논문을 제작하느라고 공부할 시간이 없다는 교수가 제법 많다. 그들에게 가르침은 그다지 중요하지 않다.

학생은 배움에 인생을 거는 사람을 의미한다. 최선을 다해서 자신이 선택한 전공과 교양 교과목을 탐구하여 연구에 매진하는 것이 학생의 본분이다. 하지만 한국의 대학생은 직장에 들어가기 위해 중간 정거장으로 대학을 선택한 예비 직장인이자 수험생에 지나지 않는다. 대학은 그들에게 졸업장을 제공함으로써 취업과 결혼에 필요한 증명서를 발급하는 기관으로 전락한 지 오래다. 교수와 학생이 함께하는 것이 존재하지 않는 곳이 한국의 대학이다. 기본적으로 주입식 강의가 주종을 이루다 보니 자유롭고 평등한 토론과 문제제기가 거의 불가능한 곳이 대학 강의실이다. 실제로 수많은 강의실이 주입식 형태로 구성돼 있으며, ㅁ음자 형태의 토론식 강의실은 찾아보기 어렵다.

학점과 졸업을 매개로 하는 교수와 학생 관계는 평등하지 않다. 특히 대학원생과 교수의 관계는 지배종속 관계인 경우가 많다. 언론에 노출되는 것처럼 학생들을 노예처럼 부리고, 연구비마저 횡령하는 교수가 심심찮게 나타난다. 교수는 성과 지상주의에, 학생은 학점 지상주의에 매몰돼 있어서 자유롭고 평등한 학문 공동체는 그야말로 언감생심(焉敢生心)이다. 드문 예외를 제외하면 한국의 대학에서는 훔볼트가 염원했던 이상적인 대학의 모습을 찾기가 대단히 어려운 것이 현실이다. 여기서 재삼재사 숙고해야 할 것은 한국의 학문풍토가 아닌가 생각한다. 우리에게 진정 고유한 학문이 존재하는가, 하는 문제제기다.

한국 이전에 한반도에 존재했던 조선과 고려 그리고 삼국까지 포함해서 우리는 학문을 어떻게 생산하고 유통하면서 소비해왔는가, 그 문제를 돌이켜보면 문제는 명확해진다. 1801년 신유사옥으로 강진에 유배된 다산 정약용 선생의 고뇌를 생각해본다. 1818년 해배(解配)될 때까지 18년 동안 500여 서책을 집필한 실학의 대명사 다산. 거기서 그는 한양의 자식들과 아내, 흑산도에 유배 중이던 둘째 형 정약전에게 편지함으로써 자신의 생각을 일목요연하게 드러낸다. 다산이 보낸 편지를 묶어서 출간한 서책이 『유배지에서 보낸 편지』다. 어느 편지글에서 다산은 조선유학과 일본유학을 비교한다. 조선유학은 수준 높기로 정평이 나 있었지만, 그것은 중국유학을 답습하는 수준에 머물러 있었다는 것이 다산의 평가다. 반면에 일본유학은 일부는 중국유학을 답습하지만, 일부는 일본의 역사와 전통에 따라 일본인의 사유와 인식을 내재하고 있다고[02] 다산은 판단한다.

비관적인 관점이지만, 660년 사비성 함락과 668년 고구려 멸망 이후 적

---

[02] 다산이 고려하고 있는 일본 유학자는 이토 진사이(1627-1705)나 오규 소라이(1666-1728)가 아닌가 한다. 이들은 당대 조선과 일본에서 유행하던 주자학에 반대하고, 초기유학으로 돌아가야 한다는 주장을 펼친 사람들이다.

어도 1200년 넘도록 한반도는 중국의 학문을 일방적으로 모방한 것이 아닐까, 생각한다. 1876년 강화도 수호조약과 1905년 을사늑약 그리고 1910년 경술국치 이후 1945년 일제패망에 이르기까지 최소 40년 세월 동안 일본의 학문이 한반도의 주류세력을 형성한 것 같다. 더욱이 해방과 더불어 들어온 미국의 학문과 대학체제가 오늘날까지 그대로 온존되어 있다는 생각을 지우기 어렵다. 따라서 한반도는 중국과 일본 그리고 미국의 학문을 적절히 손봐서 재탕하는 지식 소매상 수준을 한 번도 넘어서지 못한 것은 아닐까, 하는 의구심이 든다는 것이다. 학문 공동체의 전당으로 한국의 대학이 다시 태어나려면 외부세계에 의존하는 학문풍토에서 벗어나 자생력을 가진 학문세계와 그것을 인정하는 새로운 전통을 세우려는 의식적인 노력이 필요하다.

이세돌과 알파고의 바둑 대결에서 예상 밖으로 이세돌이 패하자 한국인들은 일제히 나라 바깥을 응시했다. 미국과 유럽 그리고 일본을 향해 두 팔을 벌리고 어떻게 해야 하는지, 하는 표정으로 그들 나라를 바라본 것이다. "이제 어떻게 해야 하는 거죠?!" 하지만 외국에서는 한국을 부러워했다는 후일담이 들린다. 바둑이 시작된 중국도 아니고, 바둑 종주국을 자처하는 일본도 아니라, 한국에서 세기의 대결이 펼쳐졌다는 사실 하나만으로 충분히 부러워할 만했던 때문이다. 그들은 이제 한국에서도 무엇인가 대단한 것이 나올지도 모르겠구나, 생각했다는 얘기다. 이제 우리도 밖을 쳐다만 볼 것이 아니라,

안에서도 무엇인가 찾을 때가[03] 오지 않았나, 그런 생각을 해본다.

이상과 같은 상황을 염두에 두고 대학의 변화를 짚어보자. 21세기 세계를 지배하는 핵심세력은 '군산 과학 복합체'라 할 수 있다. 군대와 산업 그리고 과학기술이 결합하는 형태의 새로운 복합체를 말한다. 과거에는 군산복합체라 일컬었는데, 요즘에는 과학과 기술이 워낙 빠른 속도로 다채롭게 전개되는 양상이어서 이런 용어가 등장했다고 한다. 자연과학이 강력한 위력을 가짐으로써 과학적 보편주의가 21세기 세계의 지배적인 이념으로 부상하고 있다는 것이다. 따라서 현대세계의 가장 강력한 카르텔 구조는 군산 과학 복합체라고 할 수 있다. 이런 식으로 상황이 전개되는 이면에는 대학의 변화과정이 자리한다.

중세대학은 자유 7학예에 기초한 교양교육을 전제로 하여 신학, 의학, 법학, 철학 등을 전문적으로 탐구했다. 자유 7학예 가운데 인문학에 속하는 문법, 수사, 변증의 세 과목과 자연과학에 속하는 산술, 기하, 천문, 음악의 네 과목을 합한 것을 일컬어 '자유 7학예'라 한다. 후자의 기초는 당연히 수 또는 수학이다. 인문학과 자연과학 분야의 교양 교과목을 충실하게 이수한 연

---

03   노자는 『도덕경』에서 이렇게 말한다. "사립문을 나서지 않아도 천하를 알고, 남쪽으로 난 창문을 열지 않아도 하늘의 도를 안다. 멀리 가면 갈수록 그 앎은 작아지는 법. 그러므로 성인은 행하지 않아도 알고, 보지 않아도 밝고, 하지 않아도 이룬다. 不出戶 知天下, 不窺牖 見天道. 其出彌遠 其知彌少. 是而聖人不行而知, 不見而明, 不爲而成."(47장)

후에 자신의 특수한 전공영역을 공부한 것이 중세대학의 특징이다.

그런데 19세기 근대대학이 출현한 이후로 자연과학과 인문학이 분리되기에 이른다. 훔볼트 대학이 중시했던 분야는 당대 유럽이 추구하던 가치에 가장 잘 부합하는 자연과학이었다. 그 후에 인문학이 추가되고, 20세기 이후에는 사회과학이 보태짐으로써 대학이 인문학, 사회과학, 자연과학의 세 분과학문 체계로 재편되기에 이른다. 오늘날에도 우리는 대학의 기초학문 분야나 순수학문 분야를 거명할 때 위의 세 가지 학문을 말한다.

인문학과 분리되면서 자연과학자들은 '가치'와 무관하게 '진리'를 추구해 나가는 방향으로 선회하면서 인문학은 선과 아름다움을 추구하고, 자연과학은 진리를 추구하는 것이 대체적인 추세로 자리 잡는다. 20세기 이후 등장한 정치학, 경제학, 사회학, 심리학 같은 사회과학은 양자와 상당히 모호한 경계에 위치하게 되고, 특히 2차 대전 이후 자연과학의 우세가 확연해지기 시작한다. 그것은 원자폭탄과 관련된 자연과학의 연구결과를 생각하면 명징해진다. 아주 비싼 자연과학과 기술의 발견이 시장에 출하되고, 시장주의가 학문세계를 접수하기 시작하게 된 것이다. 더욱이 1968년에 유럽과 미국, 일본을 강타한 68혁명으로 학문의 세 가지 기둥이 근본적으로 동요하기 시작한다. 사회과학은 68혁명의 근본적인 동인과 결과에 대한 깊이 있는 이해를 제시하지 못함으로써 위축되어 버린다. 결과적으로 자연과학의 우세가 더욱 현저해진 것이다.

대학내부의 모순과 분화 역시 심각한 상황이라 할 것이다. 그것은 전일제 교수진, 흔히 교수라 불리는 집단과 시간제 교수진, 흔히 강사라 불리는 집단의 갈등과 알력이 엄존한다. 한국의 경우 2019년 가을학기부터 실행된 강사법이 시간제 교수진 내부의 충돌과 대결을 추동하고, 상당수 강사가 대학에서 내몰리는 우울한 결과가[04] 발생한 바 있다. 국가와 민족의 미래를 담당할 젊은 세대의 교육을 담당하고 있는 시간제 교수진을 위한 전폭적인 지원과 대응방안이 조속히 마련되어야 한다.

20세기까지 서구와 미국의 지배적인 담론으로 자리했던 '유럽적 보편주의'가 퇴조하고, 그 자리를 '과학적 보편주의'가 차지하고 있다고 월러스틴은 진단한다. "과학이 우리 시대의 제왕이며, 우리가 세계를 지배한다!"는 자신만만한 자연 과학자들의 외침이 여기저기서 들리는 듯하다. 진리추구의 마당에서, 시장에서, 광장에서 내몰린 인문학과 사회과학의 위축현상이 극심해지고 있는 것도 부정할 수 없는 현실이다. 이런 상황에 직면하여 우리는 월러스틴의 지적에 귀를 기울여야 한다. 그는 지식인의 세 가지 기본자세를 강조한다. 지식인은 진리를 추구하는 분석가로서 끝없이 나누고 쪼개서 대상의 고갱이만을 남기는 치열함을 가져야 한다. 지식인은 또한 윤리적 개인으로서 정의와 불의, 선과 악, 아름다움과 추함을 명명백백하게 나눔으로써 정의와 선과 미를 추구해야 한다는 것이다. 마지막으로 지식인은 정치가로서 진선미 삼자를 통합할 책무가 있으며, 그것이 21세기를 살아가는 지식인

---

04   언론보도에 따르면 도합 7834명의 강사들이 지난 2019년 2학기에 대학에서 쫓겨났다고 한다.

의 과제라고 강조한다.

진선미 세 가지를 통합하려면 무엇보다도 '가치중립성'이라는 유령에 저항해야 한다. 가치중립성은 옳은 것과 그른 것, 역사적인 것과 반역사적인 것, 인간적인 것과 반인간적인 것을 같은 범주에 두고 오직 진리만 추구하겠다는 자세를 가리킨다. 맹목적인 진리추구에 함몰된 자연 과학자들이 주장하는 근거가 가치중립성이다. 과학자들의 연구내용과 결과는 그들 자신과 전혀 무관하다는 주장이다. 하지만 줄기세포로 인공배아를 만들어내는 연구가 입증하듯 과학발전과 연구윤리 문제는 동전의 양면처럼 나눌 수 없다. 가치중립성은 21세기 자연과학은 물론이려니와 인문학과 사회과학에서도 더는 통용될 수 없다. 지식인에게 부여된 과제에 동의한다면 우리는 인문학과 사회과학 그리고 자연과학의 통합으로 21세기에 알맞은 새로운 대학을 정립할 수 있을 것이다. 그것은 호모사피엔스의 미래기획과 긴밀하게 맞물림으로써 인류와 지구촌의 미래를 결정할 요소 가운데 하나일 것이다.

참고문헌

『고대문명교류사』, 정수일 지음, 사계절, 2001.

『공간의 세계사』, 미야자키 마사카쓰 지음, 오근영 역, 다산초당, 2016.

『광장의 왕』, 블로크 외 지음, 김규종 옮김, 글누림, 2007.

『그리스인 조르바』, 니코스 카잔자키스 지음, 유재원 옮김, 문학과 지성사, 2018.

『나쓰메 소세키 소설전집 3 풀베개』, 나쓰메 소세키 지음, 송태욱 옮김, 현암사, 2013.

『남부군』, 이태 지음, 두레, 2014.

『노자의 눈에 비친 공자』, 김규종 지음, 역락, 2011.

『노자타설』, 남회근 지음, 설순남 옮김, 부키, 2012.

『논어』, 공자 지음, 박종연 옮김, 을유문화사, 2006.

『대중의 반역』, 오르테가 이 가세트 지음, 황보 영조 옮김, 역사비평사, 2005.

『데스데모나, 당신이 말을 했더라면』, 크리스티네 브뤼크너 지음, 전옥례 옮김, 현문
　　　　서가, 2003.

『도덕의 계보학』, 프리드리히 니체 지음, 홍성광 옮김, 연암서가, 2017.

『도련님의 시대』 1, 세키가와 나쓰오 쓰고, 다니구치 지로 그림, 세미콜론, 2015.

『동아시아, 해양과 대륙이 맞서다』, 김시덕 지음, 메디치, 2015.

『두 도시 이야기』, 찰스 디킨스 지음, 성은애 옮김, 창비, 2017.

『람세스』, 크리스티앙 자크 지음, 김정란 옮김, 문학동네, 2017.

『멋진 신세계』, 올더스 헉슬리 지음, 이덕형 옮김, 문예출판사, 2018.

『벽암록』, 조오현 역해, 불교시대사, 2010.

『붓다의 치명적 농담』, 한형조 지음, 문학동네, 2011.

『사피엔스』, 유발 하라리 지음, 조현욱 옮김, 김영사, 2016.

『수량화혁명』, 알프레드 크로스비 지음, 김병화 옮김, 심산출판사, 2005.

『수의 신비』, 마르크 알랭 우아크냉 지음, 변광배 옮김, 살림, 2006.

『수피우화』, 김남용 엮음, 도서출판 화담, 2006.

『어떻게 세계는 서양이 주도하게 되었는가』, 로버트 마르크스 지음, 윤영호 옮김, 사이, 2014.

『역사가 새겨진 나무 이야기』, 박상진 지음, 김영사, 2004.

『영웅의 역사』, 칼라일 지음, 박상익 옮김, 소나무, 1997.

『왜 우리 신화인가』, 김재용-이종주 공저, 도서출판 동아시아, 1999.

『우리들』, 예브게니 자먀틴 지음, 석영중 옮김, 열린책들, 2009.

『유라시아 역사기행』, 강인욱 지음, 민음사, 2015.

『유럽적 보편주의: 권력의 레토릭』, 임마누엘 월러스틴 지음, 김재오 옮김, 창비, 2008.

『유목민의 눈으로 본 세계사』, 스기야마 마사아키 지음, 이경덕 옮김, 시루, 2013.

『유배지에서 보낸 편지』, 정약용 지음, 박석무 옮김, 창비, 2019.

『장자』, 장자 지음, 기세춘 옮김, 바이북스, 2007.

『조선통신사』, 한일역사공통교재, 한길사, 2005.

『존재하는 무 0의 세계』, 로버트 카플란 지음, 심재관 옮김, 이끌리오, 2003.

『중국이 세계를 지배하면』, 마틴 자크 지음, 안세민 옮김, 부키, 2010.

『천문학 콘서트』, 이광식 지음, 더숲, 2011.

『초원, 실크로드를 가다』, 정수일 지음, 창비, 2010.

『태백산맥』, 조정래 지음, 해냄, 2003.

『프랑켄슈타인』, 메리 셸리 지음, 김선형 옮김, 문학동네, 2017.

『한자권의 성립』, 사이토 마레시 지음, 허지향 옮김, 글항아리, 2018.

『1984』, 조지 오웰 지음, 김기혁 옮김, 문학동네, 2009.

김규종

고려대학교 문학박사(러시아 문학), 경북대학교 교수(1992. 3~현재), 대경민교협 집행위원장(2004. 6~2006. 6), 경북대학교 인문대학 부학장(2005. 3~2006. 2), 민예총 대구지부 영화연구소장(2007. 3~현재), 경북대학교 전교교수회 부의장(2008. 3~2010. 2), 민교협 공동의장 겸 대경민교협 의장(2012. 6~2014. 6), 경북대학교 인문대학장(2012. 9~2014. 8), 복현 콜로키움 좌장(2015. 3~2017. 2), 전남대 교환교수(2019. 3~2020. 2), 대구 문화방송 라디오 〈시인의 저녁〉 진행자(2020.10 -)

- 저서: 『노자의 눈에 비친 공자』, 『대학생으로 살아남기』, 『기생충이 없었다면 섹스도 없었다?!』, 『문학교수, 영화 속으로 들어가다 1, 2, 3, 4, 5, 6, 7』, 『극작가 체호프의 희곡을 어떻게 읽을 것인가』, 『소련 초기 보드빌 연구』, 『파안재에서』, 『비가 오는데 개미는 왜 우산을 안 쓸까?!』(이상 저서), 『역동적인 대한민국을 찾아서』, 『우리 시대의 레미제라블 읽기』(이상 공저)
- 역서: 『강철은 어떻게 단련되었는가』, 『광장의 왕』, 『마야코프스키 희곡전집』, 『체호프 희곡전집』, 『귀여운 여인』
- 관심영역: 인문학의 확대와 보급, 민주사회 건설과 부의 공평한 분배, 가족주의를 극복하고 모두가 행복한 공동체 만들기, 나와 우주의 합일과 자유로운 공존을 위한 내적인 성찰

유라시아 횡단 인문학

초판 1쇄 인쇄 2020년 11월 6일
초판 1쇄 발행 2020년 11월 16일

지은이 김규종
펴낸이 최종숙
펴낸곳 글누림출판사

편 집 이태곤 권분옥 문선희 임애정 김선예
디자인 안혜진 최선주
마케팅 박태훈 안현진

주 소 서울시 서초구 동광로46길 6-6(반포4동 577-25) 문창빌딩 2층(06589)
전 화 02-3409-2055(대표), 2058(영업), 2060(편집)
팩 스 02-3409-2059
전자우편 nurim3888@hanmail.net
홈페이지 www.geulnurim.co.kr
블로그 blog.naver.com/geulnurim
북트레블러 post.naver.com/geulnurim
등록번호 제303-2005-000038호(2005.10.5.)

정가는 뒤표지에 있습니다.
ISBN 978-89-6327-628-1 03900

* 이 도서의 국립중앙도서관 출판예정도서목록(CIP)은 서지정보유통지원시스템 홈페이지(http://seoji.nl.go.kr)와 국가자료종합목록 구축시스템(http://kolis-net.nl.go.kr)에서 이용하실 수 있습니다. (CIP제어번호 2020046049)